U0451559

田野调查

Tsinghua Journal of Field Research

第一辑

毕世鸿 张静 高柏 主编

清华大学国际与地区研究院 主办

1

理论和方法之争：美国区域国别研究史上的三次辩论
　　　　高柏

墨西哥农用地转为城市用地机制和挑战分析（2000—2016）：基于埃卡特佩克两个集体农庄的调查
　　　　刘学东

从"他者"到"我们"：俄罗斯黑土区田野工作的回顾
　　　　马强

反面思考的能力：社会学理论发展中的"反面案例分析法"
　　　　丽贝卡·珍·伊麦

商务印书馆
The Commercial Press

Tsinghua Journal of Field Research

田野调查

主办单位

清华大学国际与地区研究院

编委会

主　编　毕世鸿　张　静　高　柏
顾　问　Tim Niblock
编　委　（以姓氏笔画为序）
　　　　王　旭　王霆懿　李小云　李中海
　　　　李福泉　何　演　张青仁　潘华琼
　　　　河野泰之（Kono Yasuyuki）
编辑部主任　何　演
　　　　编辑　马　悦　王　涛　王霆懿　刘岚雨
　　　　　　　李　音　姚　颖　袁梦琪　郑　楠
　　　　　　　徐沛原　高良敏　傅聪聪　熊星翰

编辑部联系方式：
　　地址：北京市海淀区清华大学主楼 205 国际与地区研究院
　　电话：（010）62780635
　　邮箱：fieldresearch@tsinghua.edu.cn

目 录

特稿

003　理论和方法之争：美国区域国别研究史上的
　　　　三次辩论　　/ 高　柏

田野案例研究

057　墨西哥农用地转为城市用地机制和挑战分析
　　　（2000—2016）：基于埃卡特佩克两个
　　　集体农庄的调查　　/ 刘学东

084　老挝高地田野调查中的情绪、感知
　　　以及伦理考虑　　/ 李云霞

107　从"他者"到"我们"：
　　　俄罗斯黑土区田野工作的回顾　　/ 马　强

理论与方法

127　发展中国家田野研究伦理：
　　　涵义、复杂性与困境应对　　/ 熊星翰

156	经济学田野调查：回顾与思考	/徐沛原
187	反面思考的能力：社会学理论发展中的"反面案例分析法"	/丽贝卡·珍·伊麦
231	《田野调查》征稿启事	

特稿

理论和方法之争：
美国区域国别研究史上的三次辩论

高 柏*

摘 要：过去一个世纪的美国区域国别研究史上有三次大辩论，这三次辩论都是关于理论和方法的纷争。理论纷争的主线始终围绕着是建构具有普适价值的大理论，还是建构解释各国差异的中程理论而展开。普适理论视欧美发展过程为人类历史发展的必由之路，视欧美的政治经济制度选择为发展中国家的未来；中程理论则从一个国家与国际环境的关系中，从研究对象国本身的历史纵深中解释各个国家发展道路差异。方法论纷争的主线则始终围绕着是应该以科学的方法，通过定量分析大样本数据，为验证具有普适价值的大理论服务；还是通过田野调查深入研究对象国的方方面面，追求对研究对象国综合总体的理解，为验证侧重一国内部适用性的中程理论服务。这些纷争展开的驱动力来自区域国别研究的三大影响因子：受启蒙运动深刻影响，美国社会科学各学科要求区域国别研究追求普适性的大理论和科学的研究方法；而外交政策和国际关系，以及研究对象国的价值体系和结构条件则要求区域国别研究更加重视通过田野调查对研究对象国进行深入细致的

---

* 高柏，美国杜克大学社会学系教授，主要研究方向为经济社会学、国际政治经济学和比较政治经济学。

了解，并发展出能更有力地解释该国现象的中程理论。

关键词：区域国别研究；理论发展；研究方法；田野调查；现代化理论

随着区域国别研究在中国大学被定为一级学科，中国学术界开始热烈讨论与此相关的问题：这个学科的属性到底是什么？它到底应该如何发展？它的发展动力是什么？它应该如何处理与传统学科的关系？它与研究对象国是什么关系？为什么田野调查在区域国别研究中占有十分重要的地位？各学科之间关于田野调查的理解为什么不一样？田野调查在界定区域国别研究与学科的关系时到底有什么样的作用？

为了给相关讨论提供一个参考，本文将简单地回顾美国区域国别研究的历史轨迹，并通过分析其中三次大辩论来揭示区域国别研究背后的发展动力，以及这一研究领域的发展与社会科学学科、美国外交政策和国际关系、研究对象国的价值体系和结构条件之间的复杂关系。这三次大辩论包括20世纪20—30年代的文化相对主义对19世纪以来欧美区域国别研究中根深蒂固的我族中心主义（Ethnocentrism）的批判，20世纪50—70年代现代化理论和行为主义与依附理论、世界体系理论以及新马克思主义之间的辩论，以及冷战后美国政治学的理性选择理论与其他从事区域国别研究的社会科学学者之间的辩论。这三次辩论的焦点都是区域国别研究的理论与方法，田野调查更是首当其冲。

这些辩论表明：第一，外交政策与国际关系无论是在19世纪的欧洲还是20世纪的美国，都是区域国别研究发展背后最强大的推动力。正因为此，区域国别研究有较强的实用倾向，也十分重视通过田野调查掌握第一手资料。第二，区域国别研究与社会科学学科之间有天然的、经久不衰的张力和矛盾。每个社会科学的学科都有较强的追求理论的倾向，同时也都更倾向于追求用大样本数据检验理论的科学论证方法。这与区域国别研究较强的实用倾向和以田野调查为主的研究方法经常产生直接的矛盾和冲突。第三，区域国别研究对象国的价值体系和现实与渗透在主流社会科学理论的我族中心主义经常有较大的背离。自启蒙运动起，欧美的社会科学就倾向于把自己的历史经验概念化为普适的理论。带着这种分析框架的区域国别研究者们进入一个各种结构条件完全不相符的国家进行田野调查，必然每天都将面对着本国主流学科理论与研究对象国的经验现实之间的巨大张力。这种张力经常成为区域国别研究者挑战西方主流社会科学理论的强大推动力。

一、第一次大辩论：文化相对主义对我族中心主义的批判

（一）启蒙运动、殖民主义扩张与我族中心主义

美国区域国别研究史上的第一次辩论以 20 世纪 20—30 年代的文化相对主义对我族中心主义所代表的西方中心主义的批判为标志。在讨论欧美的区域国别研究时，我族中心主义的具体体现就是西方中心主义（在第二次世界大战以前为欧洲中心主义）。这场辩论虽然不如后来的两次涉及的学科范围广，但是就其讨论问题的层次而言，这次辩论的命题代表着双方在历史观方面的根本分歧。这次辩论的结果对后来区域国别研究的发展有深远的影响。

我族中心主义是广泛存在的现象，我族中心主义指的是以本民族文化为中心看待问题，对本民族文化给予更多的注意力。一般而言这是自然的，也是符合逻辑的。在中国有中央之国的概念，非洲也存在非洲中心主义。[①] 然而我族中心主义对待其他文化有三种不同的态度：

---

① Antoon De Baets, "Eurocentrism", in Thomas Benjamin (ed.), *Encyclopedia of Western Colonialism since 1450*, Detroit: Thomson Gale, 2007, pp. 456-461.

第一种指相对其他文化而言更喜爱（或者更倾向）本族文化，这种态度给人们以民族群体认同和本民族在历史中的位置，这些亦无可厚非。第二种则以本民族文化为看待一切事物的中心，对所有其他文化的态度都以此为衡量的标准。最恶劣的我族中心主义，也即第三种，则不仅把自己的规则强加于其他群体，而且贬低这些群体认为有价值的东西。①

我族中心主义在欧洲体现为欧洲中心主义，其出现与启蒙运动和殖民主义扩张有直接的关联。始于17世纪的启蒙运动指的是欧洲一系列关于文化、社会、经济和政治的思想变革。它非常强调理性和以经验为基础的知识，并与欧洲各个帝国在全世界的殖民主义扩张有着十分紧密的关系。启蒙运动政治思想的基础直接受到欧洲海外扩张过程中与其他民族接触的启发。通过这些扩张，欧洲探险家和殖民主义者发现，无论是在北美大陆还是在太平洋地区，许多原住民的社会还处于自然原始的，更接近于人类社会开始形成时的状态。不仅如此，欧洲人认为他们在全球的殖民主义扩张过程中发现了许多人类社会处于不同发展阶段的证据，他们认为只有欧洲社会才已经进化到文明时代，所有不属于欧洲文明的殖民地都仍然处于原始时代。由此发明的各种理论纷纷把欧洲放在人类进化史的顶端。这些理论给了欧洲人一种"鹤立鸡群"的优越感。②欧洲中心主义直接来自于启蒙运动时期的各种欧洲社会科学理论从殖民主义扩张过程中总结出来的线性历史观。

欧洲中心主义是我族中心主义的一个危险转折，这不仅是因为这个中心变得优越，更是因为有这种优越感的民族开始统治其他民族。欧洲中心主义当时之所以比其他任何一种我族中心主义都更有影响，是因为以它为文化意识形态的欧洲先是成为早期的现代国家，之后又在19世纪作为工业化国家通过殖民主义征服世界。这种傲慢的欧洲

---

① Caleb Rosado, "Understanding Cultural Relativism in a Multicultural World", *The Elements of Moral Philosophy*, 1994, pp. 15-29.
② Philip J. Stern, "Enlightenment and Empire", in Thomas Benjamin (ed.), *Encyclopedia of Western Colonialism since 1450*, Detroit: Thomson Gale, 2007, p. 445.

中心主义对非西方国家和它们的历史有十分负面的影响。欧洲中心主义在不同的非西方国家有不同的影响，其中最恶劣的就是黑格尔等人鼓吹的"不存在非西方的历史"的观点。在这种观点看来，原始人是没有历史的民族，因为他们没有人在历史中的主观能动性。原始人的过去充满了混乱、野蛮、贫困和停滞。他们只能创造出神话，却无法用因果逻辑解释过去发生的事情。① 这些殖民主义者以一种赤裸裸的种族主义做法，通过把殖民地描绘成需要欧洲的理性和控制来拯救的蛮荒之地，来为他们的殖民主义提供合法性。

殖民主义对外扩张是欧洲区域国别研究发展的重要推动力。资本主义经济中的一个直接后果就是单个的民族国家已经无法容纳其生产力的发展。资本对利润的追求导致西方国家纷纷对外扩张，争夺市场和原材料。对外殖民主义扩张产生了了解殖民地的知识需求，这就催生了现代意义上的区域国别研究。殖民主义时期，欧洲的区域国别研究人员通过田野调查来记载他们在刚刚获得的殖民地接触到的原住民的各种土著文化。受启蒙运动影响的许多人类学者则认为各种文化是可以相互比较的，而且还坚信某些文化，特别是他们自己的欧洲文化优于其他文化。由这种线性历史观带来的优越感就体现在西方社会科学在形成各种理论时的西方中心主义。这种追求普适原理，同时又相信人类社会线性发展的倾向，体现在当时西方社会科学的各种理论之中。这些理论的逻辑普遍基于欧洲国家的历史经验，其暗含的假设是这种理论代表着对先进文明经验的历史总结。

以西方中心论为特征的我族中心主义催生了区域国别研究历史上著名的东方主义。在18—19世纪，东方学家指的是东方语言和文学的研究者，其中包括许多东印度公司的英国官员。直到19世纪20年代，东印度公司的统治者们倾向于将东方主义作为一种与印度人发展和保持积极关系的手段。爱德华·萨义德（Edward Said）在他的

---

① Antoon De Baets, "Eurocentrism", in Thomas Benjamin (ed.), *Encyclopedia of Western Colonialism since 1450*, Detroit: Thomson Gale, 2007, pp. 456-461.

著作《东方学》(*Orientalism*)中重新定义了"东方主义"一词,即按照西方传统——学术和艺术——的标准对东方世界进行有偏见的他者解释。① 这样一种学术传统是由18世纪欧洲殖民主义的文化态度塑造的。后来许多学者对《东方学》体现的欧洲中心主义提出批评:安东尼奥·葛兰西(Antonio Gramsci)提出文化霸权理论,米歇尔·福柯(Michel Foucault)提出分析知识与权力关系的话语理论。按照萨义德的说法,这样一种区域国别研究中"再现的概念是一种戏剧的概念:整个东方被限制在东方学里的东方这样一个舞台上",这些东方学家研究的主题"与其说是东方本身,不如说是让西方读者能够理解因而不那么可怕的东方"。②

从方法论的视角看问题,欧洲殖民主义时期的区域国别研究就已经以田野调查为主要研究方法。这种田野调查并不一定意味着是参与式的,但是它的确是基于现场观察和访谈的。这种在当地获得第一手材料的区域国别研究不仅帮助宗主国了解殖民地,而且对宗主国的统治策略也产生很大的影响。在这方面英国的例子最为典型。英国的殖民者在殖民地遇到了不同的部落群体,几个世纪以来,这些部落一直按照自身的传统生活。英国人认识到,对部落的人进行控制和统治是一项艰巨的任务。为了寻找最有效的统治手段,英国的行政人员和人类学家深入这些部落,仔细地观察和研究了不同的部落结构。他们认识到,如果在殖民地实行英国本土式的统治结构,将会破坏殖民地原有的政治秩序。这不仅仅是一个政治问题,因为政治还与文化、身份、意识形态和尊严等问题紧密关联。英国人认识到,如果由他们进行直接统治将会面临不断的抗争、起义和动荡,这将使得殖民者很难控制殖民地。他们得出的结论是间接统治是最佳选择,这种统治方式能使他们以微薄的成本维持当地的政治结构。在这种间接统治中,殖民地治理的等级制度在上层由英国行政长官统治,下层则为地方首领

---

① Edward W. Said, *Orientalism*, New York: Vintage Books, 1979.
② Edward W. Said, *Orientalism*, New York: Vintage Books, 1979.

独立管理日常事务留下足够的政治空间。①

殖民主义时期区域国别研究中的田野调查与当时的社会科学体现的理性主义以及追求一般性原则并不冲突。当时的人类学者试图通过比较在世界不同地点出现的相似的民族志现象来发现人类社会进化史上的一般性规律。但是这些研究经常是从一个错误的假设开始，即同样的文化特征一定是由共同的原因发展出来的，并且最终得出结论：人类社会在世界各地的进化发展一定是依照一个大系统，而它们之间的差异只不过是这个统一的进化过程的细节而已。②当时的区域国别研究与学科之间也并不存在张力和冲突，因为这个时期的研究人员中除少数人类学者以外，更多的是驻研究对象国的公司管理者和由本国政府任命的驻研究对象国的学者，其母国大学社会科学的各学科除了人类学以外基本与这些对殖民地的研究没有太多的关联。虽然当时西方大学的人类学已经公开接受田野调查的研究方法，但是其他社会科学学科仍然处于十分封闭的状态。

（二）文化相对主义：田野调查与跨学科在区域国别研究中的制度化

到了 20 世纪初，德裔美籍文化人类学者弗朗兹·博厄斯（Franz Boas）和他的学生们主张的文化相对主义开始挑战欧洲殖民主义时期形成的区域国别研究中的西方中心主义。主张文化相对主义的人类学者们强调要真正地理解一个部落的文化必须研究这个部落文化整体包含的各个习俗，必须调查这些文化习俗产生和变化的环境条件，考察它们发展背后真正的历史原因和相互联系，以及当地人伴随着这些发

---

① Raid Khan et al., "British Colonialism and Indirect Rule: A Hierarchical Administrative Structure to Control the Unruly Tribes", *Humanities & Social Sciences Reviews*, Vol. 9, No. 3, 2021, pp. 1366-1372.
② Franz Boas, "The Limitations of the Comparative Method of Anthropology", *Science*, Vol. 4, No. 103, 1896, p. 905.

展的心理过程。① 这些学者认为，区域国别研究者们不应该根据本民族的文化标准去评判一个不同文化的对或者错、正常或者怪异，而是应该在研究对象自己的文化背景下去理解一个人的信仰和行为。文化相对主义对人类学提出的核心挑战是如何摆脱影响着每个学者本身文化对其世界观的束缚和偏见，如何通过理解研究对象国文化本身去解读一个完全不熟悉的文化中人们的行为，而不是把其他文化中的人的行为与欧洲的传统进行比较。②

文化相对主义强调文化的整体性，认为这个原则对理解异文化而言十分重要。文化相对主义认为文化不仅仅包括关于食品、艺术、音乐和宗教信仰的品味，还包括由个人组成的社会群体如何在精神和物理层面处理与周围自然环境、其他社会群体以及社会群体中的每个人之间关系的典型特征。文化相对主义认为对一个文化整体的人文性质的认识应该建立在尽可能广泛和不同的个人抽样的基础之上。当一个文化越是与研究者本身的文化不同，研究者才越能认识到他们自身的信仰和活动本身实际上也是受到本国文化环境的严重制约，并不能代表普适的原理。③ 强调文化的整体性和对研究对象国综合理解的重要性使跨学科成为区域国别研究的一个重要特征。

要达到这些目标，参与式观察就十分重要。信奉文化相对主义的学者认为离开当地环境根本无法理解人们的信仰和行为的意义，而民族志是帮助他们在科学地研究异文化时摆脱自身的西方中心主义限制的重要研究方法，这种方法要求研究者必须在研究对象国或者地区生活比较长的一段时间，掌握当地的语言并至少部分地融入当地文化，通过参与观察的方式进行研究。文化相对主义为田野调查这个区域国

---

① Franz Boas, "The Limitations of the Comparative Method of Anthropology", *Science*, Vol. 4, No. 103, 1896, p. 906.
② Caleb Rosado, "Understanding Cultural Relativism in a Multicultural World", *The Elements of Moral Philosophy*, 1994, pp. 15-29.
③ "Cultural Relativism Article", *Khan Academy*, https://www.khanacademy.org/test-prep/mcat/society-and-culture/culture/a/cultural-relativism-article.

别研究的重要研究方法提供了合法性。

文化相对主义对我族中心主义的批评以及它对参与式观察的重视也为区域国别研究在以后近百年的历史中与西方社会科学学科之间的缠斗留下了伏笔。当民族志被赋予更为重要的意义，研究者开始在研究对象国长期生活，通过参与式观察真正地深入当地社会，并通过对研究对象国更全面的理解来解释该国的现象时，田野调查就不可避免地开始与启蒙运动以来形成的西方社会科学对普适理论的追求发生正面冲突。当研究者不再比较不同的文化并寻找关于人类行为的普遍规律，而是描述特定地点特定时间的特定文化或社会时，田野调查追求的知识就经常被认为是不具备普遍意义的。正是作为这个倾向的代表性研究方法，田野调查后来才成为主流学科不断批评的对象。[①]

不过，在两次世界大战之前，美国人对国际事务的关心很少超过其最近的邻国以外的地区。只有一些报纸的驻外记者、传教士和小说家生产一些有关外国的知识。绝大部分的美国精英在这一时期都将注意力集中在国内事务上，美国的外交政策也只关心自己的"后院"，即加勒比海地区与拉丁美洲而已。[②]

（三）第二次世界大战期间的美国区域国别研究

第二次世界大战为美国区域国别研究的发展提供了强大动力，它为美国两个主要的区域国别知识的生产者在制度上的长足发展提供了机会，一个是情报机构的成立和发展，另一个是区域国别研究进入美国大学。这二者在战争中共同发展、紧密合作的结果是美国区域国别研究与美国的对外政策和国际关系直接挂钩。

---

① E. Wade Davis & Michael Wesch, "History and Branches of Anthropology", *National Geographyic Education*, February 3, 2023, https://education.nationalgeographic.org/resource/history-branches-anthropology.
② Nicholas Dirks & Nils Gilman, "American Knowledge of the World", in David C. Engerman, Max Paul Friedman & Melani McAlister (eds.), *The Cambridge History of America and the World, Volume IV, 1945 to the Present*, New York: Cambridge University Press, 2021, pp. 102-123.

第二次世界大战就规模而言是全球性的,在范围上讲是综合整体的。美国人需要尽可能多地了解交战国的情况,军方认识到区域国别知识的重要性。在军方的强烈要求下,美国的许多大学开设了各种提供外语培训和介绍各国概况的区域国别课程。战争使美国大学第一次广泛深入地接触了区域国别研究,这是二战以后区域国别研究在美国大学全面制度化的起点。在战争动员中,美国学术界的三大全国性研究组织都设立了专门的委员会协调全国的教学和研究。学者们自己组织起来成立了民族地理委员会,统计外国文化和语言的专家名单。到1942年,中央情报局的前身——战略服务办公室的研究分析部门已经集结了大量的专家。① 由于第二次世界大战期间美国政府动员学者和大学为战争服务,学术与现实的相关性和学术的社会意义开始成为美国大学自我定位的中心。从20世纪30年代开始一直到40年代末,美国大学里原有的传统学科的边界被打乱,开始流行跨学科的、工具性较强的、问题导向的研究。这一时期,美国社会科学的学科边界对区域国别研究基本没有任何束缚。②

二战期间迅速发展的美国区域国别研究受战争的影响有着强烈的实用倾向。日本偷袭珍珠港时,美国政府内关于盟友和敌人的详细知识基本上为零。当美国宣战后,区域国别研究开始爆发式地增长。战争期间的区域国别研究紧密地配合战争的需要,不仅了解交战国事务的专家几乎全部被政府征聘,而且由于专家的数量仍然远远不够,美国政府不得不聘任大量曾有海外生活或工作经验的各色人等作为补充。由于缺少有能力的管理者,许多大学里设立的提供区域国别知识和语言训练的项目经常是没有现成的教材,不得不在极短的时间内攒出来一套教材。战争期间的区域国别研究比传统的社会科学学科要活

---

① David C. Engerman, "The Pedagogical Purpose of Interdisciplinary Social Science: A View from Area Studies in the United States", *Journal of the History of the Behavioral Science*, Vol. 51, No. 1, 2014, p. 82.

② David C. Engerman, "The Pedagogical Purpose of Interdisciplinary Social Science: A View from Area Studies in the United States", *Journal of the History of the Behavioral Science*, Vol. 51, No. 1, 2014, p. 80.

跃得多。传统的政治学对美国在二战中几乎没有作出任何贡献，而区域国别研究的专家们则或者当翻译、收集情报和进行心理战，或者帮助美军准备在敌对国成立军政府。①

大量为政府服务的专家和有海外经验的人依靠的知识源于他们过去在研究对象国生活的经历。这些人拥有的区域国别知识是通过实地生活得来的，如果套用研究方法的术语，他们的知识来源相当于田野调查中的参与式观察，尽管这种观察通常并没有研究意识。

虽然二战期间美国的区域国别知识生产以提供实用的语言教学、基于文本分析的各种外国概况课程为主，但是人类学家鲁思·本尼迪克特（Ruth Benedict）研究日本的力作《菊与刀》（The Chrysanthemum and the Sword）可说是一个突出的例外。至今为止，《菊与刀》可能仍然是关于现代日本社会和文化研究最有影响的书。至20世纪末，光是在日本就卖了140多万册。"可以毫不夸张地说，本尼迪克特的书建构了不仅是美国和日本，作为延伸，还包括全世界在战后对日本的认知。"②

从区域国别研究方法的层面看，本尼迪克特的这本书可谓意义重大。作为博厄斯的学生和文化相对主义的领军人物之一，本尼迪克特在这部名著的研究中使用了与其主张的参与式观察的民族志完全不同的田野调查方法并大获成功。本尼迪克特既不会日语，也从来没去过日本。由于战争的缘故，她也无法去日本进行参与式观察。但是她深度访谈了许多日裔美国人和日本战犯，阅读大量的文字材料，看日本电影，并参考了可以与日本进行比较的太平洋岛国的其他案例。③正像一位批评者指出的那样，"参与式观察是民族志方法的关键，她

---

① Lucian W. Pye, "Asian Studies and the Discipline", *Political Science & Politics*, Vol. 34, No. 4, 2001, p. 805.
② John Lie, "Ruth Benedict's Legacy of Shame: Orientalism and Occidentalism in the Study of Japan", *Asian Journal of Social Science*, Vol. 29, No. 2, 2001, p. 249.
③ John Lie, "Ruth Benedict's Legacy of Shame: Orientalism and Occidentalism in the Study of Japan", *Asian Journal of Social Science*, Vol. 29, No. 2, 2001, pp. 249-261.

（没有这样做）无异于犯下了对人类学的原罪"①，但是使用其他的田野调查方法并没有妨碍她完成了一部名垂史册的巨作。这对战后美国区域国别研究的方法论而言有深远的影响。一方面，这表明对研究对象国通过田野调查进行深入了解非常重要；另一方面，它也表明人类学以参与式观察为主的田野调查并不是区域国别研究的唯一方法，使用其他研究方法也可以取得非凡的成绩。

（四）从闭关自守转向国际视野

在冷战刚刚爆发的 1947 年，美国社会科学研究委员会由其下属的世界地区委员会主席、密歇根大学政治学教授罗伯特·霍尔（Robert Hall）领衔，对美国的区域国别研究进行了一次调研。调研的原因是美国的区域国别研究在二战期间迅速发展，但在战后，随着美国大学开始从战时状态向和平状态回归，被战争需求掩盖的区域国别研究与社会科学学科之间的矛盾开始显现出来。一方面，区域国别研究在战争期间获得迅速发展，许多战争期间接受过训练的人带着他们战争期间的经验进入国际研究领域。与此同时，各个大学也积累了相当的关于外语训练和区域国别知识训练的教学经验，并发展出一些区域国别研究的方法。更重要的是，战后的美国高等教育界有一个广为接受的理念，即学术界有责任不让美国再次陷入到战争中完全没有准备的境地，因此必须找到打破学科之间相互隔绝的方法并克服当时学术界不关心外国事务的风气。②另一方面，美国的区域国别研究与社会科学学科之间的矛盾一直存在。美国的大学都是围绕着传统学科来建立的。尽管战前的美国大学有一些区域国别研究，但是它们一般被认为是非主流的。区域国别研究跨学科的基本特征也使它在以单一学科为主的大学组织结构里显得格格不入。虽然在战争

---

① John Lie, "Ruth Benedict's Legacy of Shame: Orientalism and Occidentalism in the Study of Japan", *Asian Journal of Social Science*, Vol. 29, No. 2, 2001, p. 249.
② Robert B. Hall, *Area Studies: With Special Reference to Their Implications for Research in the Social Sciences*, New York: Social Science Research Council, 1947, pp. 19-20.

期间，区域国别研究大步进入了大学，但是战后初期许多人仍然怀疑区域国别研究是否有足够的实质内涵和学术核心，从而在高等教育界占据一个永久的位置。

然而，在20世纪40年代末，不仅冷战爆发，而且美国也进入一个对外影响力空前扩张的时期。在这样一种国际秩序激烈重组的过程中，新独立的前殖民地国家成为美国与苏联两个超级大国在意识形态和影响力方面争夺势力范围的主要战场。随着美国的社会科学体系又被重新动员为外交政策服务，区域国别研究的主要任务也被定位成提供正在变化的国际体系的相关知识。①

在20世纪40年代末期，美国学术界就区域国别研究的未来走向达成了几个共识。

第一，区域国别研究仍然应该坚持以生产实用知识为主，摆脱传统学科重视理论的限制。冷战期间美国区域国别研究的这种特征实际上是二战期间实用主义的延续。美国学术界在战争期间看到了国家对区域国别知识的需求并对传统学科的狭隘性进行了反思，这使得各大学在战后初期对待非西方文化研究和田野调查方法的态度相当宽容。冷战产生的对国际知识的新需求也在客观上要求这种宽容。同时，虽然传统学科重视研究的学术价值而不是知识的实用性，但是在二战期间，美国社会科学的各学科都很少关心纯理论，而是更多地为战争需要打造各种分析工具，模型、图表、类别以及无穷无尽的地理数据。这些研究方法都着眼于完成一个具体的工作，其目的在于介入以实现目标并赢得一场战争。这些在冷战初期并没有发生太大变化，区域国别研究的功能仍然被定位为实现工具性目标。②

第二，区域国别研究应该坚持跨学科的传统。社会科学发展出来的理论和方法不应该与人文传统割裂，二者的结合将对美国通过区域

---

① Elliott C. Child & Trevor J. Barnes, "American Imperial Expansion and Area Studies without Geography", *Journal of Historical Geography*, Vol. 66, 2019, pp. 43-54.

② Elliott C. Child & Trevor J. Barnes, "American Imperial Expansion and Area Studies without Geography", *Journal of Historical Geography*, Vol. 66, 2019, p. 47.

国别研究理解全球事务有极大的帮助。传统的学科视角过于狭窄和封闭，未能同正在出现的新知识领域建立联系。新一代的区域国别研究学者必须在一个特定的国家或地区和一个特定的学科这两方面都要过硬。正是这种跨学科的混合才有希望把人文与社会科学融合在一起，从而对国际事务有更深度的理解并能提供聪明的政策建议。① 跨学科不仅仅是冷战的需要，人文学科提供的语言以及与文化历史有关的各种课程将帮助美国人认识国际事务，并引领已经到来的"美国世纪"。为扮演一个世界领导者的角色，美国必须超越狭隘的民族主义视野，培养公众有与该国战后霸权地位相应的国际视野。霍尔在其领衔并执笔的 1947 年关于区域国别研究的调研报告中问道："可以毫不夸张地认为，（当年）英国人通过（研究其他文化带来的）这些不同颜色的'眼镜'在很大程度上打掉了他们自身的土气，这使英国能在七大洋最遥远的各个角落部署舰队，抓住机会和责任去建立一个统一大世界。这难道不是与我们自己今天的地位很相似吗？我们是否也需要这些不同颜色的'眼镜'来建立我们新的统一世界？"②

第三，田野调查是区域国别研究者加深国际理解的重要方法。田野调查的意义不仅在于能为美国制定各种外交政策提供不可或缺的背景知识，而且更重要的是研究者通过田野调查对外国事务的把握程度将会直接影响美国对外政策的有效性。增进国际理解、维护和平也是美国学术界许多人的愿望。许多美国人开始反思，我们刚刚打完一代人中的第二次残酷战争，我们与其他国家的关系远非令人满意，有些甚至高度危险。我们原有的教育方法和研究方向已被证明既不能帮助我们维护和平，也不能有效地赢得战争。如果我们更多地了解我们的敌人，战争的残酷程度是否能减少一些？如果我们充分了解与我们走向冲突的民族的生活状态和想法，这些战争是

---

① Peter J. Katzenstein, "Area and Regional Studies in the United States", *Political Science & Politics*, Vol. 34, No. 4, 2001, pp. 789-791.
② Robert B. Hall, *Area Studies: With Special Reference to Their Implications for Research in the Social Sciences*, New York: Social Science Research Council, 1947, p. 14.

否仍然不可避免，还是可以通过制定更明智的对外政策防止它们发生？如果我们更了解我们必须打交道的国家和人民，我们是否能更快地实现并能更有效地维持持久的和平？对于美国学术界而言，回答这些问题既带来希望，也带来责任。学术界对原有教育和研究的方法和观点都不满意，这些迄今为止没能被回答的问题要求一个跨学科和跨文化的视角。①

美国成为西方世界的霸主并与苏联在全球范围内的竞争成为美国区域国别研究发展的强大推动力。美国在两个层面上对国际知识的需求空前增长：从地理的层面讲，美国对世界的各个角落都有强烈的兴趣。因为与第二次世界大战一样，冷战同样是全球规模的，世界各国对美国的全球战略利益都有影响。特别是随着欧洲殖民体系的崩溃，美国和苏联争相去填补在独立的新兴国家出现的政治和意识形态的真空。从研究题目的层面讲，美国几乎对外国的所有事情都感兴趣。其关心的不仅仅是外国的军事能力和自然资源，也包括经济组织、政治、人口结构、语言、公共卫生和其他社会方面的情况。②用1947年报告的执笔者霍尔的话讲，区域国别研究可能是在社会科学各学科之间交叉施肥，填平社会科学、自然科学和人文学科之间的鸿沟，发展出一种涵盖各学科的基础性整体知识的重要渠道和方法。③

冷战期间，美国为区域国别研究提供了大量的资助。"从第二次世界大战至60年代，（美国政府的）军事、情报和宣传部门为美国社会科学的大型研究项目提供了迄今为止最多的经费，这些经费的目的

---

① Robert B. Hall, *Area Studies: With Special Reference to Their Implications for Research in the Social Sciences*, New York: Social Science Research Council, 1947, p. 21.
② Nicholas Dirks & Nils Gilman, "American Knowledge of the World", in David C. Engerman, Max Paul Friedman & Melani McAlister (eds.), *The Cambridge History of America and the World, Volume IV, 1945 to the Present*, New York: Cambridge University Press, 2021, p. 104.
③ Kenton W. Worcester, "Social Science Research Council, 1923-1998", 2001, pp. 43-44, http://ssrc-cdn1.s3.amazonaws.com/crmuploads/new_publication_3/social-science-research-council-1923-1998.pdf.

是用于支持与当时国家安全有关的各种项目。"① 美国政府在 1958 年颁布的《国防教育法》和 1961 年设立的富布莱特-海斯奖学金是官方资助区域国别研究的代表。美国的私人基金会也对区域国别研究有强烈的兴趣，福特基金会、洛克菲勒基金会和卡内基基金会在冷战期间为区域国别研究提供了大量的研究经费。② 在冷战期间美国的私人基金会为区域国别研究提供了更多的经费，而不是资助各学科的纯理论研究，这一做法使区域国别研究在美国大学里与学科之间既形成了一种相对的权力平衡，又进一步激化了两者之间的矛盾。这是因为，虽然区域国别研究有更多的科研经费，也因此有更多的机会来完成科研任务，但是雇人和晋升的权力仍然属于各学科。③

自 20 世纪 40 年代末起，社会科学研究理事会开始成立以拉美、中近东、斯拉夫与东欧以及南亚为代表的区域国别研究委员会。到了 50 年代后期，社会科学研究理事会又与美国学术协会理事会全面合作，建立了非洲、现代中国、日本、朝鲜以及苏联等专题委员会。④

二、第二次大辩论：现代化理论的兴起及挑战

（一）现代化理论研究范式的兴起

现代化理论研究范式的出现在美国区域国别研究的历史上具有十

---

① Christopher Simpson, "Universities, Empire, and the Production of Knowledge: An Introduction", in Chritopher Simpson (ed.), *Universities and Empire: Money and Politics in the Social Science during the Cold War*, New York: The New Press, 1998, p. xii.
② Nicholas Dirks & Nils Gilman, "American Knowledge of the World", in David C. Engerman, Max Paul Friedman & Melani McAlister (eds.), *The Cambridge History of America and the World, Volume IV, 1945 to the Present*, New York: Cambridge University Press, 2021, pp. 102-123.
③ Lucian W. Pye, "Asian Studies and the Discipline", *Political Science & Politics*, Vol. 34, No. 4, 2001, p. 805.
④ Kenton W. Worcester, "Social Science Research Council, 1923-1998", 2001, p. 44, http://ssrc-cdn1.s3.amazonaws.com/crmuploads/new_publication_3/social-science-research-council-1923-1998.pdf.

分独特的意义,其特殊之处在于这个研究范式是美国社会科学为配合美国对外政策专门为区域国别研究领域发明的,然而这个为区域国别研究发明的范式却在20世纪五六十年代横扫美国学术界,成为当时各社会科学学科的主流范式。这是美国区域国别研究在此之前和之后都未曾有过的殊荣。换言之,影响美国区域国别研究的两大主要变量——学科与外交政策在其他时期都处于矛盾和冲突之中,但是这一时期却实现了少有的和谐共存。

战后初期的世界格局与美国对外政策是现代化理论出台的重要背景。当时的国际秩序处于激烈的重组过程中:冷战已经全面拉开帷幕,以美国为首的西方集团与以苏联为首的东方集团在世界范围内展开激烈的竞争,双方都认为这场竞争的最终目标是谁能成为战后国际秩序的主导者,而竞争的焦点地区又在广大的第三世界。随着欧洲殖民主义在第二次世界大战后式微,原来的殖民地纷纷变成独立的新兴国家。然而这些新兴国家面临着经济发展严重落后和政治动荡等各种困局。

美国的政策制定者和知识分子认为,为了给已经到来的"美国世纪"建立起一个新的国际秩序,在冷战中争取广泛的同盟,为了在与苏联的竞争中赢得广大第三世界的支持,美国必须为新兴国家的经济发展做些事情。1949年1月,杜鲁门在总统连任的就职典礼上提出著名的四点计划,在重申美国对联合国、欧洲战后重建和北大西洋公约组织的支持之外,他专门提出美国将用自己的科技进步和工业发展去帮助世界上的后发展地区实现经济增长。杜鲁门指出,美国主导的国际秩序能给世界各国带来的不只限于人的尊严、自我治理的能力和宗教自由,更在于提供物质上的改善,让人们过上体面和满意的生活。[①]

然而,美国政府在把杜鲁门提出的这一政策方向变成可操作的具体政策时面临着巨大的挑战,即美国人对这些后发展地区和国家的认

---

① David Ekbladh, *The Great American Mission: Modernization and the Construction of an American World Order*, Princeton: Princeton University Press, 2010, p. 77.

知十分有限。到 20 世纪 50 年代初，美国的政策制定者和学术界都认识到他们迫切需要一个分析框架去理解世界上刚刚从殖民主义解放出来的新兴国家面临的共同问题，这个框架应该把世界作为一个单一而又相互连接的整体来分析，必须在整合社会科学各学科知识的基础上形成一个综合性的分析框架。为打造这个分析框架，他们首先需要一个能够指导和整合各学科知识的理论基础。既然新兴国家面临的问题如此复杂，他们也需要一个相似的理论来应对和诠释这些地方正在发生的事情。[1] 这个综合性理论不仅能帮助美国政府理解后殖民国家正在发生的事情，而且也能在这些地区鼓励变化，使它们变得更像西方，而不是更像苏联或中国。[2]

社会学为现代化理论的诞生提供了重要的理论基础。塔尔科特·帕森斯（Talcott Parsons）的社会理论成为现代化理论的理论基础。帕森斯比同时代的任何其他美国学者都更加完整地表述了对现代性的复杂理解，他的社会理论既保留了目的/手段的工具理性，又把它与文化规范信仰等价值体系嫁接，由此推出极具特色的行动理论。对帕森斯而言，现代性首先是一种价值取向，它代表着进步、宽容、自由主义基础上的理性主义。[3] 帕森斯在把这样一种行动理论用于分析社会变迁时指出，特殊主义、集体主义、父权制度、地位和宿命论是影响发展中国家经济发展的重大障碍。要想实现经济现代化，普适性、个人主义、靠个人成就决定地位和任人唯贤是必不可少的。帕森斯提出的现代性概念既把当时美国社会科学各学科试图在学科内部回答的研究问题变为一个打通社会科学各领域的基础理论问题，又为美国的知识分子和政策制定者理解后殖民国家发展方向和社会变迁的最终目标提供了一个基本而又简单的模板。

---

[1] Nils Gilman, *Mandarins of the Future: Modernization Theory in Cold War America*, Baltimore: The Johns Hopkins University Press, 2003, p. 72.
[2] Nils Gilman, *Mandarins of the Future: Modernization Theory in Cold War America*, Baltimore: The Johns Hopkins University Press, 2003, p. 3.
[3] Nils Gilman, *Mandarins of the Future: Modernization Theory in Cold War America*, Baltimore: The Johns Hopkins University Press, 2003, p. 89.

现代化理论在创建的过程中得到跨学科的有力支持。由于帕森斯的社会理论可以用于分析每个社会科学学科关心的问题，哈佛大学专门为他成立了社会关系系（Department of Social Relations），这个系聚集了来自各个专业的社会科学家，他们后来都成为现代化理论的代表人物。当时这个系的教授除了帕森斯，还有戴维·麦克利兰（David McClelland）、埃里克斯·英克尔斯（Alex Inkeles）、爱德华·希尔斯（Edward Shils）以及什密尔·艾森施塔特（Shmuel N. Eisenstadt）。学生则有弗朗西斯·萨顿（Francis Sutton）、罗伯特·贝拉（Robert Bellah）、尼尔·斯美尔萨（Neil Smelser）、马里温·莱维（Marion Levy）和克利福德·格尔茨（Clifford Geertz）。这些学者以启蒙运动时期的人类科学为理想，试图建立一个普适的解释社会和人类行为的基础理论。用格尔茨的话来说，他们的目标是"打造出与物理学牛顿定律等同的社会学理论"，这个理论将打破社会科学各学科之间的条块化，提供一个整合所有分析社会行为的知识的概念体系。[1] 这些学者一致认为，现代化就是一个趋同过程，历史已经一次又一次地、不分时间和地点地显示，相同的原因最后总是导致相同的结果。这个世界正在走向均质化，所有的现代国家看起来都很相似，现代人的思想、行动、感觉和行为也都大同小异。现代化理论的核心观点就是这个世界正在从风采各异的传统生活方式向着一个单一、普适的现代性趋同。[2]

20世纪50年代后期及整个60年代，现代化理论垄断了美国社会科学对后殖民国家的经济、政治和社会变迁的思考。现代化理论秉承了启蒙运动以来西方社会科学理论中的线性历史观，通过传统与现代之间的对比，提出一个人类社会发展的共同模型。这个发展模型以技术、军事和科层组织、政治与社会结构的进步为基本特征。美国的社会科学用现代化这一概念来描述亚非拉新独立国家的工业化过程。

---

[1] Nils Gilman, *Mandarins of the Future: Modernization Theory in Cold War America*, Baltimore: The Johns Hopkins University Press, 2003, p. 78.

[2] Nils Gilman, *Mandarins of the Future: Modernization Theory in Cold War America*, Baltimore: The Johns Hopkins University Press, 2003, p. 101.

现代化理论通过界定一个变迁的简单路径，简化世界史上特别复杂的去殖民主义和工业化问题，试图为美国对刚刚脱离殖民主义统治的地区实行经济援助和军事干预提供一个指南。①

虽然现代化的理论基础来自美国社会学，但是真正使现代化理论在整个学科范围内建立统治地位的却是美国政治学。率领现代化理论攻城略地的是社会科学研究理事会下属的比较政治委员会。社会科学研究理事会是推动美国战后区域国别研究的重要机构，它设立了众多的以地区或者国别为研究对象的委员会。然而以发展现代化理论而著称的比较政治委员会则是以理论为主题的委员会中最突出的代表。在其存在的 18 年历史中，加布里埃尔·阿尔蒙德（Gabriel Almond）长期任主席，后期由白鲁恂（Lucian Pye）接任。比较政治委员会极大地影响了美国区域国别研究对后殖民国家政治经济社会变迁的研究，在 18 年的历史中，它产出了 300 篇以上的研究报告，单独赞助了 23 个会议，共同赞助了 6 个会议，同时还组织了 5 个暑期工作坊。其组织的会议以"政治发展研究"为题由普林斯顿大学出版社出版了影响深远的 8 卷本的研究系列。②

阿尔蒙德在 20 世纪 50 年代末提出一个基于结构功能主义的比较政治学的分析框架，这个普适的分析框架有三个主要方面：首先是政治结构，现代化研究范式下的比较政治学主要分析政治结构的专业化程度和形式。所有社会都存在政治功能，但是同样的政治功能可以由不同的政治结构来释放。其次，所有社会都有同样的政治功能，它包括输入和输出。输入包括政治社会化和招募、利益的发声、利益的聚集以及政治的沟通，输出则包括制定规则、应用规则和调整规则。比较政治学着重分析各国是由何种政治结构来行使这些政治功能以及它

---

① Nils Gilman, *Mandarins of the Future: Modernization Theory in Cold War America*, Baltimore: The Johns Hopkins University Press, 2003, p. 3.
② Kenton W. Worcester, "Social Science Research Council, 1923-1998", 2001, p. 45, http://ssrc-cdn1.s3.amazonaws.com/crmuploads/new_publication_3/social-science-research-council-1923-1998.pdf.

们是否一贯地行使这些功能。最后,所有的政治结构都是多功能的。比较政治学应该着重分析政治结构在行使政治功能时的专业化程度,因为专业化程度是政治现代性和政治发展的重要指标。①

如果说阿尔蒙德的分析框架更重视结构功能主义的普适性,那么专门研究民主化的马丁·李普赛特(Martin Lipset)则将现代化理论由传统到现代的这种基于欧美历史线性历史观的单线条转变,操作化成向民主迈进的因果机制。他在1959年提出,一方面经济发展与合法性是稳定的民主制度存在的社会前提条件。经济发展带来财富的积累、工业化和城市化的进展以及教育水平的提高。在此基础上出现的中产阶级必然要求政治参与的机会。另一方面,民主制度必须向全社会证明它是最适合这个国家的政治体制,这在很大程度上需要把一个历史上分裂的社会凝聚在一起。因此,这两个方面为民主化提供了发展动力。②

现代化理论研究范式的两大支柱就这样在政治学里开花结果:一个是在帕森斯定义的系统的基础上以结构功能主义的视角分析政治,另一个是业内公认对后殖民主义的地区和国家而言最需要解释的问题是从传统向现代性的转变。到了20世纪60年代,"基本上全部政治学家都相信现代化这一概念,政治学的所有问题和研究对象都被从现代化的视角重新检验。"③被现代化理论武装的比较政治学中的政治发展学派在20世纪50年代后期确立了自己完善的模型,这个分析框架在60年代成为占统治地位的社会科学研究范式,它不仅生产了数量惊人的研究成果,也为比较政治委员会的成员们带来学科中的最高荣誉,早期最突出的例子就是其主要代表阿尔蒙德于1966年当选为美国政治学

---

① Nils Gilman, *Mandarins of the Future: Modernization Theory in Cold War America*, Baltimore: The Johns Hopkins University Press, 2003, p. 150.
② Martin S. Lipset, "Some Social Requisites of Democracy: Economic Development and Political Legitimacy", *American Political Science Review*, Vol. 53, No. 1, 1959, pp. 69-105.
③ Nils Gilman, *Mandarins of the Future: Modernization Theory in Cold War America*, Baltimore: The Johns Hopkins University Press, 2003, p. 153.

会主席。①

如果说社会学为现代化理论提供了理论基础，政治学为它带来最大的学科影响，经济学则是现代化理论影响美国对外政策的代表。其主要人物沃尔特·罗斯托（Walt Rostow）认为，所有国家的经济增长都会经历五个阶段：传统社会、起飞的前提条件、起飞、成熟，最终到达高度的大众消费。他的分类有很明显的从传统向现代转变的两分法。罗斯托的分析框架并不是要建构一个大理论，而是要解决实际问题，为美国政府提供一个在对外政策方面影响不发达地区的社会科学视角。他认同社会科学要进行跨学科整合的观点，但是主张聚焦到具体的问题上。②

罗斯托在讨论经济发展时使用的"起飞"一词有深厚的内涵，"他不同意帕森斯把经济学置于社会理论之下的提法，他想要的绝不仅仅是经济学的理论，而是要发展一种关于增长过程和类型的与生物学相似的理论。'起飞'通常伴随着那些想实现经济现代化的群体在与那些想停留在传统社会或者有其他目标的群体（的竞争或者斗争中）在社会、政治和文化方面取得决定性的胜利。"③罗斯托把经济发展在过去历史经验中自然的时间序列中的五个阶段解释成相关社会制度进化式的进步。这个五阶段论直接援引的是现代化的话语，其划分基于帕森斯结构功能主义的系统输入输出模型，第一和第五阶段代表的是传统与现代，他只不过把现代化的转变期进一步细分成中间的三个阶段。④

罗斯托代表的现代化理论对美国公共政策的影响体现在他直接参与了政策的制定与执行。共和党在艾森豪威尔当选总统后一直试图限

---

① Nils Gilman, *Mandarins of the Future: Modernization Theory in Cold War America*, Baltimore: The Johns Hopkins University Press, 2003, p. 153.
② Elliott C. Child & Trevor J. Barnes, "American Imperial Expansion and Area Studies without Geography", *Journal of Historical Geography*, Vol. 66, 2019, pp. 43-54.
③ Nils Gilman, *Mandarins of the Future: Modernization Theory in Cold War America*, Baltimore: The Johns Hopkins University Press, 2003, p. 94.
④ Nils Gilman, *Mandarins of the Future: Modernization Theory in Cold War America*, Baltimore: The Johns Hopkins University Press, 2003, p. 192.

制美国对外援助的规模并试图附加政治条件。罗斯托则反对由短期的军事和政治目标决定援助的规模，而是主张要根据特定国家的吸收能力，即一国在生产中使用资本的能力来决定。援助的目标不在于增加收入或者解决各国的不平等，而是推动当地人更加努力。罗斯托认为对外援助的主要目标应该是助推发展中国家的起飞过程，直到它们的增长有自我维持的动力。

罗斯托在肯尼迪竞选期间就担任其顾问，1961年肯尼迪当选总统后又任命罗斯托为美国国务院政策规划司司长，约翰逊总统在1966年任命罗斯托为总统国家安全助理。罗斯托的观点直接影响了美国在越南战争中的政策。罗斯托认为共产主义提出的现代化模式的一个重要部分是游击战，而游击战对正处于现代化转折期的发展中国家而言是一个系统传播的"病毒"，美国的对外政策必须彻底斩断外部势力对游击战的支持。这些发展中国家军事政权的作用不仅是对抗游击队，而且还是指导现代化过程本身。罗斯托主张，为了在这些发展中国家赢得对游击战的胜利，他们必须通过强势征兵打造出一个现代国家的骨架。他在1964年主张美军在"胡志明小道"切断越共对游击队的支持，在1966年主张轰炸越南北部，并在1967主张入侵老挝。正像一个批评者指出的："不论罗斯托和其他的现代化理论思想家如何辩护，现代化理论和实践直接起到为在第三世界国家，特别是越南使用军事手段提供合法性的作用。"[1] 由于他担任这些负责制定美国对外政策的重要职位，美国社会上许多人把他视为现代化理论的代表，这也成为现代化理论后来遭到批判的原因之一。

虽然现代化理论体现着与欧洲殖民主义非常相似的西方中心主义和线性历史观，但是由它指导的美国战后外交政策体现的西方中心主义却与欧洲殖民主义有一个明显的不同。美国战后外交政策不追求欧洲殖民主义式的占领领土，而是通过传播"美国生活方式"，支持那

---

[1] Nils Gilman, *Mandarins of the Future: Modernization Theory in Cold War America*, Baltimore: The Johns Hopkins University Press, 2003, p. 198.

些刚刚独立的新兴国家实现"现代化",把这些国家带进美国设计的世俗"天堂"。①"现代"意味着变得与西方相似,但是它并没有主张追随西方的义务。现代化成为一个脱离了地理起源和轨迹的西方模式的代表。②

尽管现代化理论表面上聚焦于第三世界的困境,实际上则是呼应和放大了美国人对本国现代性状况的乐观情绪。③现代化理论家们充满了对自己代表着历史发展方向的自信。正因为如此,对那些急于在充满不确定性的战后世界为美国定位的政策制定者们来说,现代化理论无疑是美国有史以来提出的重新塑造他国社会的最明确和最系统的蓝图。这个蓝图的价值不仅是提供一个对世界系统的理性解释,更重要的是它还建构了一种元语言,这种元语言不仅诠释了战后地缘政治中不确定性的意义,而且还为美国提供了一套在这个十分脆弱的世界影响他国政治社会变迁的指南。④

在方法论的层面,现代化理论为区域国别研究打开了一个全新的视角,即它为分析结构条件迥异的各国之间的历史同时代性提供了一种可能。但是与此同时,它的线性历史观代表的我族中心主义也使研究者进入田野时带着比较强烈的理论预设,经常出现为了满足理论而削足适履地处理经验材料的情况。

(二)来自行为主义的挑战

行为主义与现代化理论在 20 世纪 50 年代有着十分紧密的关系,前者对 19 世纪欧洲经典社会理论的热衷使它对后者十分关注。社会

---

① Nils Gilman, *Mandarins of the Future: Modernization Theory in Cold War America*, Baltimore: The Johns Hopkins University Press, 2003, p. 70.
② Nils Gilman, *Mandarins of the Future: Modernization Theory in Cold War America*, Baltimore: The Johns Hopkins University Press, 2003.
③ Nils Gilman, *Mandarins of the Future: Modernization Theory in Cold War America*, Baltimore: The Johns Hopkins University Press, 2003, p. 12.
④ Nils Gilman, *Mandarins of the Future: Modernization Theory in Cold War America*, Baltimore: The Johns Hopkins University Press, 2003, p. 5.

科学研究理事会下属的比较政治委员会从一开始就被定位为发展行为主义研究的平台。在它的成员们看来，帕森斯的社会理论与行为主义完全是互补的关系，帕森斯的社会理论能为在更微观的层面研究人的行为提供一个大理论基础。① 在方法论的层面，行为主义有三个主要立场：第一，社会科学应该主要研究可观察到的个人行为；第二，为发现社会与政治过程中的客观规律，社会科学应该重视经验的、价值中立的研究方法，并使用定量的抽样和问卷方法去验证；第三，社会科学应该发展传统欧洲经典文献体现的系统的大理论。行为主义试图模仿自然科学，它反对已经统治美国社会科学几十年的表意文字、描述、非积累以及重视制度个案分析的传统。②

19 世纪后期成型的美国政治学一直热衷于各国政府制度的比较研究。这一方面受欧洲政治哲学的影响，另一方面又受实用主义的影响，其研究成果经常是对各国各种法律进行详细的介绍，然后再生拉硬扯地加上一些抽象的政治理论。到 20 世纪 20 年代初期，美国政治学里已经出现行为主义的研究。然而在 50 年代以前，行为主义并未在比较政治学里产生重大影响。这里面有几个原因：第一，行为主义导致了美国政治学的重组，由于它最先出现在对美国政治的研究中，因此对比较政治研究没有产生任何影响；第二，由于希特勒的崛起，大量欧洲学者逃难至美国，他们占据了许多的大学职位，从而延迟了行为主义对学科的渗透；第三，在二战期间，许多主张行为主义的学者进入美国政府工作，因此在学术界留下了空窗期。③

从 20 世纪 50 年代开始，行为主义开始影响区域国别研究。首先，它反对把对他国政治的研究范围局限在战前对政府正式制度的关

---

① Nils Gilman, *Mandarins of the Future: Modernization Theory in Cold War America*, Baltimore: The Johns Hopkins University Press, 2003, p. 117.
② Nils Gilman, *Mandarins of the Future: Modernization Theory in Cold War America*, Baltimore: The Johns Hopkins University Press, 2003, p. 116.
③ Gerardo L. Munck, "The Past and Present of Comparative Politics", *The Helen Kellogg Institute for International Studies*, October, 2006, https://kellogg.nd.edu/sites/default/files/old_files/documents/330_0.pdf.

注，而主张研究一系列与利益集团、政党、大众传媒、政治文化和政治社会化有关的非正式过程和行为。其次，它主张科学的理论和研究方法。行为主义反对那些模棱两可的理论陈述和不检验理论的实证研究，主张系统的理论表述和可证伪的实证研究。当时最有影响的系统性理论就是韦伯-帕森斯的结构功能主义，但是正统的结构功能主义的限界很快就显示出来，反倒是默顿主张的中程理论显示出更强的生命力。由于受社会学的巨大影响，行为主义帮助美国政治学走出了原来孤立的状态，开始有跨学科的交流。①

到了 60 年代，以问卷调查为获得经验材料的主要渠道，以个人为分析单位的定量方法被广泛采用。这使原本就有矛盾的人文学科和社会科学之间增添了一个新的鸿沟，即定性方法与定量方法之争。当时围绕着行为主义的分歧是如此深刻，以至于在政治学里信奉科学的系纷纷改名为政治科学系（Department of Political Science），而反对者们则拒绝在系名中加上科学一词。在美国七所常春藤盟校中，只有耶鲁大学、宾夕法尼亚大学和哥伦比亚大学改为政治科学系，而哈佛大学、康奈尔大学和达特茅斯学院则坚持叫政府系（Department of Government），普林斯顿大学则叫政治系（Department of Politics）。

行为主义与现代化理论是美国学术界从美国例外主义转向美国普适主义的分水岭。在行为主义和现代化理论兴起之前，美国学术界总是把美国例外主义挂在嘴上，强调美国的历史经验的独特之处。然而现代化理论从根本上改变了这一点。虽然现代化理论的主要应用对象是第三世界的发展中国家，但是寻找与传统相对立的现代性，也是一个美国寻找自我认同（self identity）的过程。现代化理论家们普遍认为美国是最能体现现代性的国家，而在线性历史观的影响下，这个最能体现现代性的国家自然就不再是例外，而是代表了历史

---

① Gerardo L. Munck, "The Past and Present of Comparative Politics", *The Helen Kellogg Institute for International Studies*, October, 2006, https://kellogg.nd.edu/sites/default/files/old_files/documents/330_0.pdf.

发展的方向了。与此同时,随着芝加哥大学的行为主义研究开始把芝加哥这个城市作为考察美国政治的实验室,学者们开始把他们关于美国的研究成果表述成普遍适用的"真理"。当时研究中国或者印度政治的学者总是要提醒读者,他们基于田野调查得来的研究成果只适用于那些特殊的国家,而研究美国政治的学者却将明明仅是针对美国的区域国别研究装扮成放之四海而皆准的知识。①

行为主义对战后美国社会科学和区域国别研究都有深刻的影响。它的一个重要诉求是社会科学研究要像科学一样积累研究成果,要积累就要求社会科学的研究者不断地在理论或者实证分析方面作出原创性贡献,因为只有原创性贡献才有知识积累的价值。这就使战后美国的社会科学研究形成了用文献回顾了解一个具体研究领域已积累的知识,从而确立原创性研究出发点的通行手段。同时,行为主义关于用经验分析检验既存理论的要求,更是提高了知识积累的质量。通过这样的检验过程,知识的积累已经不再是在描述层面避免同样的研究,而是深化到对同样的研究问题给出的不同解释进行质量检验,这大大扩展了知识积累的深度。

行为主义早在20世纪50年代就对基于田野调查的区域国别研究提出挑战。田野调查经常被批评为只是详细描述一个特定国家或地区的事件,而缺少将一个国家或者地区事件的描述上升为理论的价值。在行为主义主导的社会科学学科眼中,以田野调查为主的区域国别研究不够学术,因为其研究者们很少能提出某种能被检验的普适假设从而成为社会科学里的组成部分。②然而,在当时冷战的氛围中,美国

---

① Lucian W. Pye, "Asian Studies and the Discipline", *Political Science & Politics*, Vol. 34, No. 4, 2001, pp. 805-807.
② Richard D. Lambert, "Blurring the Disciplinary Boundaries: Area Studies in the United States", *American Behavioral Scientist*, Vol. 33, No. 6, 1990, pp. 712-732; David C. Engerman, "The Pedagogical Purpose of Interdisciplinary Social Science: A View from Area Studies in the United States", *Journal of the History of the Behavioral Science*, Vol. 51, No. 1, 2015, pp. 78-92.

对外国知识的需求十分强大，加上区域国别研究强调跨学科，重视语言和历史方面的训练，绝大部分的区域国别研究者都使用定性的研究方法，行为主义对区域国别研究的影响还相对有限。一直到 70 年代，已经逐渐被行为主义主导的各个学科对区域国别研究的态度与冷战结束后的时期相比仍算是比较宽容的。

（三）依附理论、世界体系理论与新马克思主义对现代化理论的批判

进入 20 世纪 70 年代，现代化理论开始面临受新马克思主义影响的依附理论和世界体系理论的强大挑战。依附理论和世界体系理论与现代化理论最重要的不同在于它们的政治立场。现代化理论明确地支持资本主义，反对共产主义，支持地缘政治中的美国霸权，怀疑劳工阶级的激进态度，并倾向于把政治激进主义视为精神病理。相反，依附理论和世界体系理论则是坚决反对帝国主义，同情世界上的弱势群体，理解他们的愤怒和关心。①

战后的新马克思主义否认各个发展中国家将会像现代化理论描绘的那样从传统向现代迈进，它着重分析西方中心主义国家为新兴国家工业化带来的障碍。新马克思主义文献指出，为保证在发展中国家的外资的优势，发达国家经常阻碍当地竞争者的崛起。发达国家掠夺边缘国家的原材料，并把这些国家变成自己工业制成品的永久专属市场，妨碍了这些国家由去殖民化向发展过程的转变。② 世界体系理论则指出，500 年前出现在欧洲的资本主义从一开始就具有世界体系的特征。这个体系诞生于此前由微型系统组成的世界帝国体系的衰竭过程中。这个资本主义世界体系最初的形态依靠大量的分

---

① Nils Gilman, *Mandarins of the Future: Modernization Theory in Cold War America*, Baltimore: The Johns Hopkins University Press, 2003, p. 240.
② Claudio Katz, *Dependency Theory After Fifty Years: The Continuing Relevance of Latin American Critical Thought*, Boston: Brill, 2022, p. 38.

工并在各种不同的文化框架中运转，其后，这个系统演变成一个遍布世界各地的中心化体制，而这个系统在20世纪70年代初最新的形态则是基于数种政治结构在地理层面展开分工、由各种各样的民族国家支撑的全球资本主义。①

从依附理论和世界体系理论的视角来看，国际贸易条件永远对原材料生产国不利。新古典经济学预测不同的地区应用比较优势的原则会导致不同的专业化，但是20世纪中叶的全球经济结构却显示一些国家实现了工业的专业化，而贫穷国家却只有农业和采掘业的专业化。②民主国家的工业化是建立在原来的欧洲帝国对殖民地和前殖民地的掠夺和寄生的基础上的。对前殖民地国家而言，唯一脱离对前宗主国的依赖并解放自己的路就是与这个世界资本主义系统坚决地脱钩。由于贸易永远与贫困国家过不去，只有离开这个体系才能实现经济发展。罗斯托认为殖民主义代表着前殖民地国家走向发展的起点，然而依附理论和世界体系理论则认为现实中的殖民主义恰恰是一个去工业化的过程。③发展中国家的落后并不像现代化理论声称的那样是因为缺少资本主义的历史性发展，而是因为这些地区和国家一直处于支撑资本主义第一世界发展的低收入和慢增长的边缘区域中的边缘。欧洲资本主义对前殖民地的入侵不仅没能改善土著人的经济状况，而且削弱了这些地方内部的经济能力。④

依附理论和世界体系理论反对现代化理论把民族国家作为研究后发展问题的分析单位。依附理论认为，后发展国家面临的挑战既不仅仅是克服传统的规范和结构，为经济、政治、文化和社会的变迁做准备，也

---

① Claudio Katz, *Dependency Theory After Fifty Years: The Continuing Relevance of Latin American Critical Thought*, Boston: Brill, 2022, p. 93.
② Nils Gilman, *Mandarins of the Future: Modernization Theory in Cold War America*, Baltimore: The Johns Hopkins University Press, 2003, p. 235.
③ Nils Gilman, *Mandarins of the Future: Modernization Theory in Cold War America*, Baltimore: The Johns Hopkins University Press, 2003, p. 236.
④ Nils Gilman, *Mandarins of the Future: Modernization Theory in Cold War America*, Baltimore: The Johns Hopkins University Press, 2003, p. 237.

不仅仅是采用新的理念、技术、价值观和组织形式，他们面临的最大挑战是欧洲殖民主义带来的世界规模的政治经济体系，以及这个体系把世界分为核心区域和边缘区域所造成的不平等和剥削。[①]世界体系理论则从世界市场的角度拒绝现代化理论把民族国家作为分析单位的做法。它认为，现代资本主义的推动力在于世界市场。市场已经逐渐取代国家，成为最根本的规制和协调的制度。世界经济的结构基于国际分工，这种分工把民族国家分成少数工业化的核心国家和提供原材料和农产品的边缘国家，以及居二者之间的半边缘国家。问题的实质是"我们并不是生活在一个现代世界，而是生活在一个资本主义世界。驱动这个世界的不是要做出成绩的需求，而是获得利润的需求。被压迫阶层面对的主要问题不是如何与这个世界沟通，而是推翻这个世界"[②]。

依附理论直接拒绝现代化理论提出的传统-现代两分法。深深植根于本土田野调查的拉丁美洲学者指出，拉美的经验并没有按现代化理论预测的那样走向民主政治，而是出现了官僚威权主义政权。尽管许多现代化理论的研究主张，在后发展国家，政府是现代化的主要推手，对威权主义政权应有更为积极的评价，但是依附理论却严厉批评官僚威权主义政权的出现。它指出，与发达国家的经济不同，拉美国家的经济被跨国公司主导，当地企业中只有为跨国公司服务的上层资产阶级才有机会盈利，其他的民族资本则被排斥到边缘。这样的经济结构带来的阶级矛盾使政治冲突空前尖锐，官僚威权主义政权在经济与政治危机的频繁交替中登场。这是由军方主导，以上层资产阶级为社会基础，在国家治理上高度依靠技术官僚的政治体制，它排斥其他社会阶层进入政治中心。这种政权虽然重视发展经济，但是却支持跨国公司，保护上层资产阶级和垄断寡头的利益。拉美的经验完全不能

---

① Yufimiya Baryshnikova, "Debates on Modernization Theories, Modernity and Development", *Institute of Slavic, East European and Eurasian Studies, CASE-Berkeley Field Project Field Report*, https://iseees.berkeley.edu/sites/default/files/baryshnikova_field_report.pdf.

② Nils Gilman, *Mandarins of the Future: Modernization Theory in Cold War America*, Baltimore: The Johns Hopkins University Press, 2003, p. 238.

支持现代化理论的预测。

在方法论的层面，依附理论和世界体系理论对区域国别研究的影响体现在它们从宏观历史的层面研究发展问题。同时，它们鼓励区域国别研究从全球的视角分析发生在一个具体的发展中国家的政治经济现象。它们凸显了研究对象国的本土历史经验和价值体系对解释该国现象的重要价值。由于这些研究基本上都是定性研究，依附理论和世界体系理论在与行为主义竞争学术市场时，为区域国别研究通常使用的田野调查保留了在学术界的空间和合法性。

与现代化理论相似，依附理论也从社会学获得理论基础，只不过它的来源是马克思主义。在20世纪六七十年代，拉美最有影响的社会科学家绝大部分是社会学家，只有极少部分是政治学家。社会学拉美学派的历史和影响要远远超过政治学。当代拉美社会科学的创立者们，包括阿根廷的吉诺·德莫里（Gino Germani）、巴西的弗洛斯坦·费尔南德斯（Florestan Fernandes）、智利的何塞·梅迪纳（José Medina）以及墨西哥的冈萨雷斯·卡萨诺瓦（González Casanova），全部都是社会学家。这样一种学术发展历程使拉美的社会科学在80年代之前具有鲜明的侧重宏观结构历史分析的特征，这个范式受到新马克思主义和新韦伯主义的深刻影响。另一个重要背景是这段时期许多在依附理论和世界体系理论范式下进行研究的拉美学者不仅仅是学者，他们也是深入参与当时的左翼政治革命运动的积极分子。换言之，他们不仅是在进行田野调查，而且是真正地参与式观察。[1]

当然，尽管世界体系理论与现代化理论有许多不同，但它们也在一系列方面相似：它们都认为社会科学和历史不是完全对立的范畴，二者一起既可以提供释放当代政治动力的关键，也可以影响将来变迁的结果；二者都认为政府必须为本国人民提供福利；二者都把苏联和美国视为与南半球相对的范畴，在现代化理论中是现代对传统，在世

---

[1] Cuillermo O'Donnell, "Latin America", *Political Science & Politics*, Vol. 34, No. 4, 2001, pp. 809-811.

界体系理论中是核心对边缘；二者都未关注性别和环境的问题；二者都持世俗主义、国际化和文化相对主义的立场；二者都相信理性并鼓励社会进步；二者都拥抱元叙事；二者都建构一种不仅能解释所有人走过的道路还能提供对未来的预测的框架和元叙事。①

在 20 世纪 60 年代美国现代化理论面临的强大反对浪潮中，反对越战运动是一个重要的博弈场所。在这场博弈中，我们可以看到学科试图保持政治立场的独立和研究对象国的价值体系对美国区域国别研究的重大影响。②

在关于区域国别研究与学科之间的关系的讨论中，通常传统的学科被认为是保守的，而主张了解外国事物的区域国别研究被认为是开放和进步的。然而，由于区域国别研究与美国对外政策的紧密关系，这二者之争在 20 世纪 60 年代还有另外一层意义，即学科在某种程度上代表着坚持学术界独立的政治立场，而积极为美国政府越战政策服务的区域国别研究则受到严厉的批判。前者对后者的一个主要批评是，主张现代化理论的区域国别研究在为美国越战政策服务时不仅降低了学术的标准，而且在道德上也应该受到谴责。

研究对象国的政治、经济、社会、文化以及学科捍卫独立政治立场对区域国别研究产生重大影响的一个典型案例是 20 世纪 60 年代美国的亚洲研究领域"关心亚洲学者委员会"（Committee of Concerned Asian Scholars）的崛起。这个委员会的活动标志着美国区域国别研究者内部因美国政府的越战政策出现了分裂：为国家利益服务的一派与反战的一派开始针锋相对。后者在其 1969 年的成立宗旨中明言："我们由于反对美国对越南的野蛮侵略和美国学术界对这个政策无声的同谋而聚在一起。亚洲研究领域的各位学者应该对他们研究产生的后果和他们专业的政治姿态负责。目前专家们不愿意发声反对美国旨在统

---

① Nils Gilman, *Mandarins of the Future: Modernization Theory in Cold War America*, Baltimore: The Johns Hopkins University Press, 2003, p. 240.
② Nils Gilman, *Mandarins of the Future: Modernization Theory in Cold War America*, Baltimore: The Johns Hopkins University Press, 2003, p. 240.

治大部分地区的亚洲政策，我们担心这种影响。我们拒绝这个政策目标并试图改变它。"①

研究对象国的价值体系对美国区域国别研究的影响也体现在中国当时正在进行的文化运动和在全球范围内影响巨大的毛泽东思想对关心亚洲学者委员会的影响。亚洲研究在20世纪50年代初的麦卡锡主义之后基本上把对美国外交政策具有批判意识的学者都排除在外，同时培养了一代对自己的学术作品与反共产主义战争之间的关系毫不关心的亚洲问题专家。60年代美国的民权运动、种族问题、阶级不平等以及女权主义等新意识形态的兴起，正在打破知识和权利的等级制的文化运动和毛泽东思想突然间使这些年轻的美国学者和博士生们将越战与亚洲研究领域里大权威们的意识形态空白联系在一起。他们认识到，60年代一个极大的政治可能性是为被压迫者代言，声讨他们身上的压迫并颠覆统治机制。② 这个组织最初的一个明确目标是反对"两个中国"并支持中国政府关于台湾的未来必须要由海峡两岸的人民共同决定的立场。现代化理论成为这些学者批评的直接对象，外资和外贸不再被认为对中国的现代化作出贡献，而被看成是帝国主义侵略的工具。③

三、第三次大辩论：冷战后理性选择理论与其他社会科学者的辩论

（一）20世纪80年代的迷茫

进入20世纪80年代，美国的区域国别研究已经不再有占主流地

---

① Douglas Allen, "Antiwar Asian Scholars and the Vietnam/Indochina War", *Bulletin of Concerned Asian Scholars*, Vol. 21, No. 2-4, 1989, p. 112.
② Maggie Clinton, "The End of Concern: Maoist China, Activism, and Asian Studies by Fabio Lanza (review)", *Twentieth-Century China*, Vol. 43, No. 3, 2018, pp. 27-29.
③ Mark Selden. "Reflections on the Committee of Concerned Asian Scholars at fifty", *Critical Asian Studies*, Vol. 50, No. 1, 2018, pp. 3-15.

位的研究范式，取而代之的是各种新的尝试，其中之一便是新比较历史社会学。与传统的历史社会学视国家为独立的国内政治主体以及注重国际对国内的影响不同，新比较历史社会学关注更大的研究问题，比如哪些因素会导致民主或者革命。传统的比较历史社会学在解释宏观历史过程时，重视基于不同阶级利益的不同政治联盟以及这些不同的政治联盟导致的不同政治后果。新比较历史社会学则在继承阶级在历史中作用的同时，扬弃了经济决定论。①

新比较历史社会学的学者们通常视国家为至少部分独立于社会，拥有非常庞大的资源和被国际上的军事竞争明确界定的利益。当国家认为传统的国内利益集团妨碍其达成自己的目标时，它会为了捍卫自己的利益使用这些资源去挑战国内利益集团。国家既可以为了实现自己的军事、地缘政治和内部安全的目标与国内的特定利益集团联盟，也可以与外国势力谈判或者规制它们。

与此观点十分相近的比较政治经济学文献也出现了国家中心论的观点。这些文献与新比较历史社会学相比，把因变量限制在更窄的范围内，如经济政策与其后果，特别是工业化战略和经济稳定。这种观点之所以被称为国家中心论，并不是因为它认为国家是政策最重要的决定性因素，而是因为国家的经济政策和它们的后果是国家中心论研究的对象。持国家中心论观点的学者一般在四个方面有共识。第一，来自国际环境的挑战促使政府对现有战略的重新评估并寻找更佳的方案。第二，国家自治，指政府有能力在特定的时间无视某个国内特定利益集团的诉求，选择自己的政治联盟，而非只是代表特定利益集团的利益。为政策制定者在应对经济环境中发生的急剧变化时提供了较大的灵活性。第三，技术官僚的权限，以及保护他们在决策，特别是在分配政府资源时免受来自政治权力的压力，从而带来更好的政策制定和执行。第四，最有争议的部分是，劳工的弱势、对劳工的压迫或

---

① Nils Gilman, *Mandarins of the Future: Modernization Theory in Cold War America*, Baltimore: The Johns Hopkins University Press, 2003.

者来自劳工的合作会增加政府选择有效政策、鼓励经济增长或者稳定经济局势的可能性。

20世纪80年代，许多美国政治学的区域国别研究者们认为"比较政治领域正处于危机中。现在，几乎没有学者能够界定这个领域的边界，它的研究方法一直备受批评，这个领域的学者已经不再对任何一套综合理论存在共识，学生们由于失去明确的聚焦点而延迟毕业，这个领域本身已经变得支离破碎。随着战后一代从事区域国别研究的社会科学专家退休，连比较政治的基础知识和专长都正在被侵蚀"。[1]随着现代化理论遭到日益增加的质疑和批评，许多学者选择彻底逃离理论。具有讽刺意味的是，这标志着他们向没有结构的经验主义回归，而这恰恰是现代化理论在20世纪50年代要努力克服的学科内部的缺点。

幸运的是，20世纪50—60年代见证的不仅是现代化理论研究范式的蓬勃发展，也包括区域国别研究的崛起。尽管现代化理论影响了许多区域国别研究成果，但是界定美国大学各种区域国别研究中心的毕竟不是理论范式，而是具体的摆脱殖民主义后的各个地区。中东、拉美、南亚、东南亚和非洲本身就不是同质的，与现代化理论研究范式相比，区域国别研究本来就对这些地区的特殊性给予更多的关注。到了70年代，许多研究现代化的理论家也开始声称他们实际上是从一开始就以区域国别研究为合作伙伴的。尽管如此，正如一个评论者指出的那样，那些回到区域国别研究的现代化理论家们肯定有一种在大城市没能找到稳定的工作又回到村里的感觉。[2]也有人形象地指出，过去在现代化理论研究范式下工作的区域国别研究者们在当时的状态

---

[1] Russell J. Dalton, "Comparative Politics of the Industrial Democracies: From the Gold Age to Island Hopping", in William Crotty (ed.), *Political Science: Looking to the Future, Volume Two, Comparative Politics, Policy, and International Relations*, Evanston: Northwestern University Press, 1991, p. 17.

[2] Nils Gilman, *Mandarins of the Future: Modernization Theory in Cold War America*, Baltimore: The Johns Hopkins University Press, 2003, p. 256.

是，由过去重视没有数据的理论转向重视没有理论的数据。① 到后来，美国一大部分的区域国别研究者们不仅失去了对理论的兴趣，而且由于越战的消极影响也不再思考公众关心的政策问题。乃至到了 20 世纪 90 年代初，只有六分之一的区域国别研究的出版物涉及最宽泛意义上的政策性建议。②

然而，尽管 20 世纪 80—90 年代初期美国的区域国别研究试图逃避大理论的困扰，但是它仍然面临着来自学科在行为主义影响下日益追求科学检验的压力。在这个时期，区域国别研究仍然以定性分析为主。为在方法论的层面应对来自学科检验理论的压力，比较研究发展出就一个题目选择 3—4 个国家，或者在同一个国家选择 3—4 个产业进行案例比较分析这一套路。这与在 50—70 年代较为盛行的研究单一国家有很大的不同。有批评者指出，这样的比较经常会遇到一个挑战：无论是新比较历史社会学，还是比较政治经济学，其分析方法都基于路径依赖的形式。在分析一个较为复杂的过程时，比较分析的麻烦是，凡是路径依赖都有初始分析时的因果假设，但是在过程的发展中又会出现一系列中间变量。问题是，在每一个中间点都存在不止一个结果的可能性，而无论是哪个结果又都会影响未来的发展。由于在初始假设和最终结果之间存在多个偶然点，路径依赖的观点经常很复杂并很难被准确地在经验层面检验。从逻辑上来说，如果能确定一个具体的假设成立的案例范围，同时这个案例范围足够大到可供研究者从中随机抽样的话，是可以对每个基于路径依赖观点的发展线索进行严格地检验的。然而，把对个案的比较历史分析作为数据的来源，却排除了进行这种检验的可能性。个案之间的比较方法不是在假

---

① Barbara Geddes, "Paradigms and Sand Castles in the Comparative Politics of Developing Areas", in William Crotty (ed.), *Political Science: Looking to the Future, Volume Two, Comparative Politics, Policy, and International Relations*, Evanston: Northwestern University Press, 1991, p. 58.
② Richard D. Lambert, "Blurring the Disciplinary Boundaries: Area Studies in the United States", *American Behavioral Scientist*, Vol. 33, No. 6, 1990, pp. 712-732.

设适用案例范围内、在排除出现新的假设的前提下去检验每个假设，而是选择几个个案并跟进细节。到分析的最后，变量的数量几乎永远超过案例的数量。经常出现的情形是，为了解释一个个案必须要引进一个新的变量。考虑到这种方法论的缺点，这种比较分析自认为提供了解释，但在许多读者看来只是详细描述而已。①

（二）历史终结论与理性选择理论对区域国别研究的冲击

冷战结束对美国的区域国别研究产生了极大的冲击。一方面，随着冷战的结束，美国对区域国别研究专业人员的需求下降；另一方面，美国政府在财政赤字的压力下，也将过去的区域国别研究经费转移他用。美国的私人基金会也跟随政府改变自己的赞助优先级，对区域国别研究的支持力度大幅度下降。在经费面临战后最严重挑战的同时，美国的区域国别研究与其他学科之间的矛盾也达到前所未有的程度。这次的冲突与20世纪60—70年代围绕着现代化理论的那次冲突不同，它没有像当年越战这样迫切的政策性议题，而是主要集中在学术议题上，其聚焦点是社会科学要发展什么样的理论和方法。

弗朗西斯·福山（Francis Fukuyama）的历史终结论代表着冷战结束后美国学术界的典型心态。1929—1933年的大萧条标志着自由市场的失败，在30年代的大转变过程中，世界迎来了罗斯福新政代表的自由主义、苏联代表的社会主义、德意日代表的法西斯主义这三种应对资本主义前所未有的大危机时的不同的解决方案。法西斯主义随着第二次世界大战的结束从历史的舞台上消失。在其后的近半个世纪里，自由资本主义与社会主义作为人类对未来政治经济制度的两种

---

① Barbara Geddes, "Paradigms and Sand Castles in the Comparative Politics of Developing Areas", in William Crotty (ed.), *Political Science: Looking to the Future, Volume Two, Comparative Politics, Policy, and International Relations*, Evanston: Northwestern University Press, 1991, p. 59.

不同选择进行了激烈竞争。福山认为随着柏林墙倒塌，冷战结束，社会主义也将"寿终正寝"。既然20世纪人类社会对未来制度的选择只剩下民主政治和市场经济，那么，从政治经济制度进化的视角看，历史已经终结，因为不再存在其他选项。

历史终结论的基本逻辑直接受现代化理论的线性历史观和技术决定论的影响。由于技术进步保证了人类社会日益增加的同质性，所有经历过经济现代化的国家必然变得日趋相似。福山指出："令人震惊的是在近年发表的所有关于民主和民主转折的文献中，很难发现任何社会科学家仍然承认自己是现代化理论家，我觉得这非常奇怪，因为绝大多数观察政治发展的学者都信奉某种版本的现代化理论。"① 福山认为，过去三十年的历史证实了李普塞特关于民主稳定与人均收入增加之间的相关性的论断。② 福山试图通过现代化理论的历史哲学核心，即趋同的概念，来复活现代化理论，并使它通过黑格尔关于历史的理论落地。在福山的概念里，所谓历史就是不同文明和社会秩序之间意识形态的斗争，而这种意识形态的斗争在1989年产生的结果只剩下新自由主义。在他看来，世界上所有的重要力量都同意接受自由民主与市场经济这唯一可行并具有合法性的组织人类社会的方式。③

事实上，在后冷战时代，对现代化理论的研究的确出现了回潮现象。美国社会学的一个数据库显示，在1970—2014年之间，关于现代化理论的出版物达843篇，远远超过关于依附理论的503篇和关于世界体系理论的532篇。更有意思的是，如果以每5年为分析单位，把与现代化理论有关的843篇出版物进一步分析，就会发现自

---

① Nils Gilman, *Mandarins of the Future: Modernization Theory in Cold War America*, Baltimore: The Johns Hopkins University Press, 2003, p. 268.
② Nils Gilman, *Mandarins of the Future: Modernization Theory in Cold War America*, Baltimore: The Johns Hopkins University Press, 2003, p. 268.
③ Nils Gilman, *Mandarins of the Future: Modernization Theory in Cold War America*, Baltimore: The Johns Hopkins University Press, 2003, p. 269.

从 1970 年以来，特别是冷战结束以来，有关现代化理论的出版物始终处于增长的状态。其中 2000—2009 年这 10 年间就发表了 387 篇关于现代化理论的文章，而过去的 30 年间也不过才发表了 456 篇，2005—2009 年这 5 年间发表的 230 篇是冷战结束前夕的 1985—1989 年这 5 年间的 72 篇的 3 倍以上。[1]

20 世纪 90 年代世界上的政治变迁为政治学理性选择理论的崛起提供了一个有利的历史时机。从 80 年代末期开始，随着柏林墙倒塌，东欧社会主义政权一个接一个地崩溃，全球范围内出现了第三次民主化的浪潮。这在政治学研究中更加凸显了研究美国政治的专家们一直强调的选举、立法机关和政党在世界范围内更广泛的意义。既然民主将成为未来世界各国政治制度的唯一选择，那代表美国政治体制的选举就理所当然地成为政治学研究的重中之重，以研究美国选举著称的理性选择理论也就应该成为普天下适用的大理论。在政策层面，随着新自由主义浪潮在世界范围内的兴起，华盛顿共识成为西方国家对发展中国家的主要政策范式。市场力量的扩张和经济的自由化也对研究工业化国家的民主制度产生深刻影响，并推动了对相关的比较政治经济学议题的研究，例如经济状况对投票的影响、围绕中央银行政策的政治、开放国内市场对党派分歧和政治制度的影响等等。[2] 这些研究对象的转变与 20 世纪 50 年代行为主义最初横扫政治学的情景很相似。

冷战的结束与全球化加速，使关于不同地区和不同国家内部事务的知识对美国而言变得无关紧要。尽管这种观点引起不断的争议，但是它为政府决策者和大学管理者提供了一个在联邦政府大砍预算的环境中削减区域国别研究经费的理由。既然冷战已经结束，美国政府没有兴趣继续训练那些了解世界各地详细知识的专家，因为已经没有任

---

[1] Robert M. Marsh, "Modernization Theory, Then and Now", *Comparative Sociology*, Vol. 13, No. 3, 2014, pp. 5-17.
[2] Robert Bates, "Area Studies and the Discipline: A Useful Controversy?", *Political Science & Politics*, Vol. 30, No. 2, 1997, pp. 166-169.

何其他超级大国可以与美国竞争。①

在这样的背景下，信奉理性选择理论的学者开始批评区域国别研究。与当年的结构功能主义一样，信奉理性选择的学者主张追求大理论，认为社会科学发现的规律不应该受具体时空环境的限制。他们追求的社会科学是可以发现并验证假设条件的一般性理论。这些社会科学家们非常自信地否认从世界上任何一个特定地区搜集来的数据具有特殊价值，他们认为从南非获得的选举数据与美国的应该没有什么不同。理性选择理论的研究范式主张使用跨国的数据库进行定量的比较分析，以此来彰显它坚决否认政治规律受区域国别条件限制的假设。社会科学家们并不关心关于某个地区的文献，他们更热衷寻求掌握一门学科的文献。②

区域国别研究领域的内部也开始分化。到了20世纪90年代，战后成长起来的擅长田野调查的区域国别研究老手已经让位于年轻的技术专家。当时感受到最大威胁的是中年一代，虽然他们接受的训练与他们的前辈一样，但是他们正在接受按全新的学科标准进行的评估。这套新标准使他们在竞争中与年轻学者相比处于非常不利的地位。虽然这些中年学者争先恐后地掌握新的术语和分析技术，系里按过去的标准也应该提拔他们，但是现在却经常决定避免这样做，以期待用更新、更聪明的年轻一代来填补他们留下的空缺。③

区域国别研究领域的学者们开始反击。受过社会科学训练的区域国别专家并不否认社会科学理论的重要性，只是他们在理解到底什么是社会科学的理论时与信奉理性选择理论的学者之间有很大不同。这些专家们认为在区域国别研究中，一个内在和常规的理论建构过程就

---

① Peter J. Katzenstein, "Area and Regional Studies in the United States", *Political Science & Politics*, Vol. 34, No. 4, 2001, p. 790.
② Robert Bates, "Area Studies and the Discipline: A Useful Controversy?", *Political Science & Politics*, Vol. 30, No. 2, 1997, pp. 166-169.
③ Robert Bates, "Area Studies and the Discipline: A Useful Controversy?", *Political Science & Politics*, Vol. 30, No. 2, 1997, pp. 166-169.

是对可观察的经验现象进行验证过的概念化或者揭示其背后的规则。①虽然这些专家同意自文化相对主义开始，区域国别研究要求对另外一个文化进行研究时必须沉浸其中，掌握相关的语言和历史，对研究对象进行参与式观察，并以当地人的视角理解该文化，但是他们也认为这样得来的知识从整体而言很难传递给生活在完全不同文化环境中的其他人，除非这些人也曾经在研究对象国的文化环境中生活过。他们还同意这时恰恰是社会科学可以发挥其作用：它可以提供概念和术语用来传递区域国别研究得来的知识，帮助把这种知识用专业的术语表达，因此区域国别研究也必须要把研究成果进行归纳式的概念化和理论化。②

与此同时，这些区域国别专家们还指出，政治学作为一个学科严重低估了那些研究北美、西欧以外国家的学者们的洞见，这些洞见经常挑战、修正，有时也确认在学科中成为常识的一些概念和理论。在这些区域国别研究学者看来，社会科学的使命不应该是像理性选择理论那样以建构大理论为主，而是要回避那些基于单一研究方法的普适性提炼和概括，更加重视各种不同的研究方法，和那些有限制条件、不断被修正完善、对各种具体的政治文化场景下的鲜活知识进行概括的理论。③

一些区域国别研究的理性选择理论信奉者试图在区域国别研究与学科之间、有关具体场景的知识与大理论之间，进行融合或者嫁接。按这些人的观点，区域国别研究侧重文化特征的重要性，而文化特征是靠制度来体现的，博弈论的分析技术可以为研究这些制度提供正式的工具。这些工具显示制度如何塑造个人行为和集体结果，从而提供

---

① Chalmers Johnson, "Preconception vs. Observation, or the Contributions of Rational Choice Theory and Area Studies to Contemporary Political Science", *Political Science & Politics*, Vol. 30, No. 2, 1997, pp. 170-174.
② Chalmers Johnson, "Preconception vs. Observation, or the Contributions of Rational Choice Theory and Area Studies to Contemporary Political Science", *Political Science & Politics*, Vol. 30, No. 2, 1997, pp. 170-174.
③ John W. Harbeson, Cynthia McClintock & Rachel Dubin, "'Area Studies' and the Discipline: Towards New Interconnections", *Political Science & Politics*, Vol. 34, No. 4, 2001, pp. 787-788.

一个探索不同政治结果来源的分析框架。虽然这些学者同意，文化的区别也体现在历史与信仰中，但是他们仍然相信决策理论可以用于探索这些历史和信仰兴衰的样态，因为有相似预期的个人如果看到不同的数据会形成不同的信仰。即使面对同样的数据，如果把似然函数用于观察到的现象，人们仍然会以不同的方式唤醒他们的信仰。因此，决策理论可以揭示历史和世界观如何影响人们的选择以及在集体层面选择的政治结果。[1]

有趣的是，在这场大辩论中，一些主流的政治学家们开始认识到，他们自己发展的关于美国选举的理性选择理论实质上也是一个区域国别研究，即美国研究的产物。自从20世纪50年代现代化理论把美国视为现代性的代表冲击了美国学术界长期存在的美国例外主义之后，美国学者倾向于把本国发生的事情视为是具有普适价值的。在60—70年代这种普适的观点已经遭到依附理论、世界体系理论和新马克思主义的严厉批判，许多人指出在美国被认为是科学规律的原则经常是出了美国国境就失效了。然而当历史终结论和理性选择理论成为主流范式时，许多人又转回到"美国的就是世界的"这种普适原则的思维方式。在90年代中后期理性选择理论与区域国别研究之间的大辩论又一次提醒美国学者，基于美国历史经验的理论在海外经常面临复杂多样的现实的挑战。在这样一种背景下，美国政治学的主流希望扩大自身理论的适用范围，至少在欧洲能通用。为了拓展美国理论的普适程度，比较政治经济学的资本主义多样化框架应运而生，成为美国和欧洲的比较政治经济学的主流流派。但是这个框架通常限于用来分析发达国家，很少用于发展中国家的研究。而且，即使在西方国家内部，这个框架仍然强调英美代表的自由市场经济与德法代表的协调市场经济在各种制度层面以及制度运行逻辑的不同。[2]

---

[1] Robert Bates, "Area Studies and the Discipline: A Useful Controversy?", *Political Science & Politics*, Vol. 30, No. 2, 1997, pp. 166-169.
[2] Peter A. Hall & David Soskice (eds.), *Varieties of Capitalism: The Institutional Foundations of Comparative Advantage*, Oxford: Oxford University Press, 2001.

在这场辩论中，有些理性选择理论的信奉者持一种相对妥协的立场。他们认为可以超越科学与人文。问题不在于研究者到底是用左脑还是右脑，而是如何两边都使用。他们主张基于田野调查的当地知识可以与一般形式的逻辑推理相结合，即把区域研究和大理论相结合，并认为这可能是一个有前途的方向。这样一种结合将帮助人们理解塑造人类行为的根本力量到底是什么，这恰恰是我们迄今为止只能描述但却无法解释的。这些学者主张区域国别研究应当同时追求基于田野调查的当地知识和大理论，而不是在二者之间选边站。为实现这个目标，他们还主张各个政治学系将不得不适应比较政治学研究生培养的特殊需求，他们不仅要拥有进行田野调查的技能，例如语言，也需要那些研究美国政治的知识和技能，如大理论、统计、数学以及经济学方面的训练。① 与 20 世纪 40 年代末期的那场讨论相比，这种区域国别研究既要社会科学也要人文的立场等于是转了一个几十年的大圈又回到了原点。

在 20 世纪 90 年代，全球化的迅速发展使它也成为一个占据主流社会科学的概念。然而关于全球化的讨论与当年关于现代化理论的讨论相比却既有同，也有异。一方面，有些全球化论者的确受福山的历史终结论影响，相信世界经济将向市场经济趋同或合流，以及第三次民主化浪潮的出现。但是另一方面，与现代化理论重视第三世界国家政府在发展中的作用的立场截然不同，全球化的讨论只重视市场的作用。同时，许多全球化的研究者们受到世界体系理论的影响，认为全球化将在不同的地区和国家带来完全不同的结果，因为有些国家将在全球生产中向制造业的专业化倾斜，而另一些则会向服务业倾斜。即使在制造业内部，也会出现价值链的高端与低端之分。这与 70 年代世界体系理论对现代化理论的批评十分相似。在关于全球化的讨论中，受世界体系理论影响的学者们对全球化不同结果的认识与当年关

---

① Robert Bates, "Area Studies and the Discipline: A Useful Controversy?", *Political Science & Politics*, Vol. 30, No. 2, 1997, pp. 166-169.

于现代化不同结果的认识相比更深入了一步,他们开始认识到全球化的不同结果不会局限在民族国家的层面,这个世界也不能再简单地分成中心、边缘和半边缘这三个世界,因为即使在原来属于第一世界的国家里也可以出现原来代表第三世界的阶层,而原来专属于第一世界的高收入阶层也可以出现在原来属于边缘的发展中国家。根据现代化理论当年的想象,当各国在现代化的终点进入大众高消费的阶段时,他们将拥有相似的产业结构并享用相似的商品。而许多全球化的研究者们则认为,即使在全球化的时代一个国家的现代成分仍然将与非现代、前现代、后现代甚至反现代的成分共存。[1]

(三)区域国别研究的新时代

刚刚进入 21 世纪,美国就遭遇了"9·11"恐怖袭击。这个事件不仅给美国社会带来巨大冲击,改变了美国对外政策的方向,而且对美国的学术界,特别是区域国别研究的研究主题和研究方法产生了重大影响。

社会科学的研究题目和研究方法的变化实际上早已开始,只不过"9·11"以后的社会环境为它们的发展提供了有利环境。自从 20 世纪 60 年代开始,女权主义、族群关系、环境保护以及后殖民主义等开始成为美国学术界重要的研究主题。由于这些主题本身更适合定性分析,深度访谈、文本分析以及个案研究等开始成为学者们更常使用的研究方法。一个对一般性社会学杂志 1995—2017 年期间发表文章的数据进行分析的结果表明,社会学里定量方法的比重虽然有少许增加,但是由于每个杂志对题目的偏好不同,不同的题目与不同的研究方法直接相关,仍然有大量的定性分析文章发表在各杂志上。社会运动、公民社会、女权主义、抗争、文化以及新自由主义、公共政策、

---

[1] Nils Gilman, *Mandarins of the Future: Modernization Theory in Cold War America*, Baltimore: The Johns Hopkins University Press, 2003, p. 263.

工作、组织、劳工等研究题目更倾向于定性研究。与此同时，作为美国社会学的两份顶级杂志，《美国社会学学报》（*American Journal of Sociology*）更偏向定性分析的文章，就连20年前基本上被定量分析文章垄断的《美国社会学评论》（*American Sociological Review*）也只是稍微更偏重定量，而且其程度甚至远逊于《欧洲社会学评论》（*European Sociological Review*）。① 主流学科的这些研究题目和研究方法不可避免地影响到区域国别研究领域。

"9·11"给历史终结论的学术氛围带来一个深刻的转变。美国政治学里的比较研究经历了20世纪90年代理性主义与区域国别研究之间的辩论，在进入21世纪之后开始呈现出新的状态，区域国别研究似乎与学科之间达成了一种妥协：一方面，区域国别研究在冷战结束后一直面临来自学科在方法论方面的压力，在研究方法上日益从80—90年代的宏观比较历史分析向更加微观层面的定量分析的方向发展，同时重视理论的检验而不是理论的生成。但是另一方面，在美国主流政治学杂志上发表的区域国别研究文章已经冲破必须进行多国比较分析以便扩大理论适用范围的束缚，开始以一国为分析单位，而且在检验理论时更加注重其内部有效性，即是否能够准确充分地解释一国的现象，而不再关心其外部有效性，即该理论是否符合在更大的世界范围内普适的要求。②

冷战结束后美国区域国别研究发生的另外一个重大变化是，在美国大学受过博士课程训练的研究对象国的学者开始广泛参与有关本国的知识的生产。19世纪的区域国别专家经常是被西方政府任命的官员或者是住在殖民地从事研究的学者。二战结束以后的区域国别专家通常在美国大学工作，只是间歇性地访问其研究对象国。冷战结束

---

① Carsten Schwemmer & Oliver Wieczorek, "The Methodological Divide of Sociology: Evidence from Two Decades of Journal Publications", *Sociology*, Vol. 54, No. 1, 2020, pp. 3-21.

② Thomas B. Pepinsky, "The Return of the Single-Country Study", *Annual Review of Political Science*, Vol. 22, No. 1, 2019, pp. 187-203.

后，由于美国大学社会科学各个领域持续地吸引了大量的外国留学生，这些留学生毕业后许多都回到他们自己的祖国。如今，有大量接受过美国博士课程训练后回到祖国的外国学者开始参与生产关于其母国的知识。这些学者很了解美国的学术潮流却不受其制约，更倾向于重视历史和文化背景的社会科学研究。这样的区域国别研究既有美国式学科方面相对严格的训练，又有本国学者在进行田野调查时外国人很难相比的人脉和对国情了解的知识深度。这种发展导致外国知识的生产开始从美国转移。这样一种新的全球化知识生产既打开了美国与海外区域国别专家合作的新渠道，又由于关于外国的知识开始在不同的政治环境里生产，使得区域国别研究与社会科学之间的关系开始被重新定位。全球性的研究网络有助于为社会科学在世界各地应对面临的共同挑战提供一个跨国跨区域的视角，这些共同的挑战包括到底应该研究全球问题还是地方问题，应该重视基础还是重视应用，以及应该以区域国别为主还是以学科为主。这个发展将会极大地丰富区域国别研究，由于区域国别研究已经远远地扩展到美国以外，才使美国的区域国别研究具有更强大、深入而广泛的知识储备。

四、讨论

美国区域国别研究发展史上的三次辩论能为中国区域国别研究提供哪些启示？

首先，虽然美国的区域国别研究视田野调查为主要的研究方法，但是在不同的社会科学学科之间关于什么构成了田野调查的认识有很大的不同。受文化相对主义的影响，美国的人类学早在20世纪20—30年代就发展出以参与观察法为基础的民族志。冷战期间美国政治学、社会学和经济学的区域国别研究者们则广泛使用深度访谈、个案分析和文本分析，受行为主义影响较深的区域国别研究也开始出现以问卷调查为基础的定量分析。后来在依附理论和世界体系理论研究范式下进行区域国别研究的学者则更加重视宏观历史分析。80 年代的新历史社会学和比较政治经济学广泛应用通过对数个案例的比较分析来验证理论的方法。近二十年的政治学区域国别研究则出现大量的以一国为分析单位的定量分析。发展至今，美国区域国别研究对田野调查方法的界定已经十分多样化，基本上每个学科都有其内部认可的研究方法。因此，关于田野调查到底应该以哪种方法为主的争论实际上没有任何意义。研究方法最终是为研究目的服务的，它是需要被不断创新的工具手段，而不是墨守成规的对象。

其次，美国的区域国别研究作为一个跨学科的社会科学研究领域，已经把一套相对完整的实践和规则制度化。纵观 20 世纪美国区域国别研究的发展史，可以看到每个时期都有一些成型的制度化成分。20—30 年代的文化相对主义首先在美国大学的人类学里正式确立了区域国别研究者必须接受研究对象国的语言训练，长时间去实地进行田野调查，以及依靠研究对象国的价值体系判断当地人行为的原则。在第二次世界大战中，美国大学发展出一系列关于研究对象国语言、文化和历史以及政治经济等各方面的课程。冷战开始后，各种以区域国别划分的研究中心和项目在组织层面成为美国大学组织跨学科研究的重要平台，政府部门与私人基金会的资助也已经全面的制度化。行为主义对美国社会科学和区域国别研究的影响更为深远，这种影响体现在美国的社会科学和区域国别研究都强调每项研究必须在学术共同体的层面实现知识的积累。为实现真正的知识积累，必须强调科学研究的原创性，通过制度化的研究流程、论证方法和学术规范，以科学的方法用经验材料对理论进行验证，提高研究成果的质量和知识积累的价值。

美国区域国别研究上述特点的出现是其与美国社会科学各学科、美国对外政策和国际关系，以及研究对象国的价值体系和现实在长达一个世纪的时间里互动、冲突和磨合的结果。

美国的区域国别研究无论是在理论层面还是在方法层面都不可避

免地受社会科学各学科的影响。美国的区域国别研究者们大多数是在大学工作，而大学的组织原则是根据学科进行分工，对研究人员的评价也是在学科内部进行。一般而言，社会科学的学科都重视理论的建树和科学的研究方法，这些激励机制方面的特点必然影响区域国别研究者的选择。当然，区域国别研究并不是永远被动地跟在学科的后面，因为重视何种理论与使用何种研究方法才算更为科学是一个社会建构的结果。

由于社会建构的特征，学科内部的评价标准必然受特定时空条件下学科状态的直接影响。第二次世界大战以来，即使是自启蒙运动时就深深渗透进美国社会科学理论中的我族中心主义，其影响也在不同的历史时期有很大的起伏。比如在 20 世纪 50—60 年代，社会科学各学科重视的是现代化理论这种有较强的演绎色彩的普适的大理论以及行为主义主张的科学定量方法，而区域国别研究的实用倾向和田野调查则受到质疑。但是到了 70—80 年代，这种普适的大理论和科学定量分析方法的影响力开始减弱，宏观比较历史分析（通常是定性的）开始成为区域国别研究中的时尚。强调各国普遍适用的线性历史发展方向的现代化理论，遇到了强调这种线性发展没有任何可能的依附理论、世界体系理论和新马克思主义的强烈反击。

美国外交政策和国际关系对区域国别研究流行的理论和方法也有很大的影响。外交政策与国际关系是美国区域国别研究发展的强大推动力，然而这二者之间的关系又很复杂。美国的外交政策和国际关系出现问题必然会影响美国在国际上的实力和地位，而实力和地位的变化又会对美国社会科学以及区域国别研究流行何种理论和研究方法有直接影响。第二次世界大战结束以来，美国的国力最为强盛并在国际上影响力最大的时期有两段，一是 20 世纪 40 年代后半期和整个 50 年代，另一则是 80 年代末和整个 90 年代。二战的结束被广泛认为是"美国世纪"的开始，美国的决策者和知识分子为在冷战中与苏联争夺刚刚独立的前殖民地以及广大的第三世界国家，通过现代化理论把西方的历史经验总结成人类历史发展的必由之路,创造出一个整合社会科学各学科、普天下适用的大理论范式,同时为检验这个理论范式的普适性,还强调科学的定量分析方法。而冷战的结束则被解读成是历史的终结,由对美国选举的研究产生而来的理性选择理论,作为要搞定天下的普适大理论再次出现,试图以代表人类社会政治制度选择过程最终胜利者的身份,作为当年现代化理论的后继者,重新建立对社会科学的领导地位。与此同时,对普适数据进行科学的定量分析又一次成为主流,区域国别研究的田野调查方法遭受空前的质疑。然而,20世纪60年代美国在越南战争中的失败和2001年的"9·11"恐怖主义袭击都极大地撼动了美国这些普适的大理论的江湖地位,并对那些科学的定量方法造成冲击。

虽然学科对理论的追求仍然对区域国别研究有很大的影响,区域国别研究很难拒绝研究中理论的价值,但是它仍然有选择的空间。在20世纪80年代,由于现代化理论失去人气,许多区域国别研究者曾经一度步入不追求任何理论而是进行就事论事的经验研究的状态,但是,他们很快就遭到了来自学科的强烈批评,即使当时冷战尚未结束也未能为他们提供太多的掩护,这也为后来在90年代遭到来自理性选择理论的攻击留下了伏笔。在"9·11"之后,区域国别研究的合法性大为提高,它摈弃了追求外部适用性的普适理论,开始重视强调一国内部适用性的中程理论。这表明,即使是在学科关于发展理论的压力下,区域国别研究领域的学者仍然有空间坚持选择自己认为合适的理论。就目前而言,中程理论仍然是美国区域国别研究中的主流。

[责任编辑:何演]

Theoretical and Methodological Controversies: Three Debates in the History of Area Studies in the United States
GAO Bai

Abstract: The history of area studies in the United States over the past century has been marked by three major debates, all three of which have been about theoretical and methodological controversies. The main line of theoretical controversy always revolves around whether to construct a grand theory with universal value or a medium-range theory that explains the differences among countries. The universal theory regards the development process in Europe and the United States as the necessary path of human historical development, and the choice of political and economic systems in Europe and the United States as the future of developing countries; the medium-range theory, on the other hand, explains the differences in the development paths of various countries from the relationship between a country and its international environment, and from the historical depth of the targeted countries. The main thread of the methodological controversy always surrounds the question of whether the scientific method should be used to analyze large samples of data quantitatively in the service of validating a grand theory with universal value. Or should we pursue a comprehensive understanding of the targeted country through fieldwork to validate medium-range theories that focus on the applicability within a country? These controversies are driven by three major influences on area studies: the profound influence of the Enlightenment, which requires area studies to pursue a grand theory of universality and a scientific approach; and foreign policy and international relations, as well as the value systems and structural conditions of the targeted countries, which require area studies to pay more attention to the in-depth understanding of the targeted countries through fieldwork and to the development of medium-range theories that can better explain the phenomena of the country.

Keywords: area studies, theoretical development, research methods, fieldwork, modernization theory

田野案例研究

墨西哥农用地转为城市用地机制和挑战分析（2000—2016）：基于埃卡特佩克两个集体农庄的调查[*]

刘学东[**]

摘　要： 墨西哥1992年宪法改革正式结束了国家为无地和少地农民分配土地的历史，由此建立集体农庄并恢复印第安村社的政策，同时也开启了集体所有制土地私有化的进程，为农用地转为城市用地找到了另外一条途径。本文通过对墨西哥城附近两个集体农庄的实证调查和分析，试图指出这一土地用途转化新机制的形成以及遇到的挑战。分析发现，正是城市周边地带本身具有的地理优势，使城市化发展对土地市场有较大需求，特别是在2000年之后房地产行业的快速发展使得这种情况更为突出，最终导致土地升值的步伐进一步加快。在这种情况下，按照新的农业法实现集体所有制土地私有化，至少在理论上，能够很好地满足当地农民经济利益最大化的追求。但是在实际操作中，由于缺乏有效地组织，农民单独面对土地开发商谈判时，往往会处于劣势，从而无法实现其利益的最大化。

---

[*] 本文系墨西哥国立自治大学资助的研究课题"集体所有制土地城市化以及对农村经济影响：中墨两国案例分析，2000—2012（Incorporación del suelo social al uso urbano y su impacto en la economía campesina: estudio de casos China y México, 2000-2012）"（项目编号：PAPIIT（IN305714））的阶段性成果。

[**] 刘学东，墨西哥国立自治大学阿拉贡校区研究生院终身教授，博士生导师，国家级科研员。主要研究方向为土地制度与城市化发展、国际贸易和产业链重组等。

另外，由于农民人均土地规模小，即使单位土地面积可以实现经济利益最大化，他们也很难彻底脱离贫困。

关键词：集体所有制土地；城市化；集体农庄；印第安人村社；土地改革

一、引言

在经历了殖民统治和独立战争之后，墨西哥走上了一条具有自己特色的经济发展之路。目前，在拉美和加勒比地区的 33 个经济体中，其经济规模仅次于巴西。同时，该国土地制度也在多次变更之后，形成了国家、集体和私人同时并存的所有制产权结构。其中，集体所有制土地制度的建立，是基于墨西哥 1917 年宪法第 27 条以及后来在不同时期颁布的农业法。通过实施国家为无地和少地农民分配土地的政策，建立了集体农庄（Ejido）和印第安村社（Comunidad）两种具体的组织方式，涉及的土地面积相当于全部国土面积的一半以上。由于规模庞大，并且与城市用地之间存在多个方面的不协调，在该国城市化过程中，这部分土地的使用经常出现违法和违规现象，因此，如何将农村土地转化为城市用地、消除所有制方面和用途方面的矛盾，一直是当地各个社会阶层面临的难题。

本研究课题组成员通过实地考察墨西哥城周边埃卡特佩克市（Ecatepec de Morelos）的两个集体农庄，就农村土地城市化过程中所遇到的相关问题，深入当地了解具体情况，并试图回答如下问题：第一，农民为何提出土地私有化的要求；第二，私有化之后的原集体所有制土地，如何在家庭成员中进行分配；第三，农民获得具有私人所有权的土地之后，除了出售给房地产开发商之外，是否还存在其他选择；第四，农民将私有化之后的土地出售之后，转而从事哪些职业谋生。本文余下部分，第二部分是研究回顾，介绍墨西哥城市化发展进程的各阶段及相关研究；第三部分介绍墨西哥现行的土地制度和所有制结构，指出集体所有制土地的具体用途及其在各州的地理分布情况；第四部分分析 1992 年土地改革的主要内容以及由此出现的集体所有制土地私有化现象；第五部分在对墨西哥城周边两个集体农庄进行实地考察的基础上，具体介绍集体所有制土地实现私有化的过程以及土地如何在家庭成员中进行分配，探讨集体所有制土地转化为城市用地过程中的现实情况；最后是几点思考。

二、研究回顾：城市化快速推进导致的城市用地不足压力

墨西哥城市化发展历程，大致分为三个阶段：第一阶段，20 世纪初—40 年代，农村人口占据总人口多数，城市化进程缓慢。第二阶段，20 世纪 40 年代—80 年代，在此期间的 40 年时间里，墨西哥经济在进口替代战略引导之下，[1] 出现了其历史上经济发展的黄金时期，并创造了墨西哥奇迹（milagro mexicano）。[2] 这个阶段的明显特点是，工业化快速推进，大量农村人口涌入城市，导致城市人口增长速度远远超过总人口增长速度，属于城市化过程中的加速期。第三阶段是 20 世纪 80 年代至今，经历了前一阶段的经济增长和城市化快速发展之后，农村人口在总量中所占比重逐渐减小；另外，经济增长速度也因外债危机影响而进入了"失去的十年"以及此后的低水平徘徊

---

[1] 20 世纪 40 年代在拉美地区出现和流行的结构学派一度存在两个不同派别，其中，拉美经委会结构学派创立者主要代表人物有普雷维什（Raúl Prébisch）、桑克尔（Oswaldo Sunkel）、福塔多（Celso Furtado）和卡多索（Fernando Henrique Cardoso，他也被认为是马克思理论继承者）；另外一个分支则属于马克思经济依附理论的继承者，其代表人物有桑托斯（Thetonio Dos Santos）、马里尼（Ruy Mauro Marini）、弗兰克（André Gunder Frank）等。尽管分属不同派别，但他们都主张该地区应该通过实施进口替代模式实现工业化。

[2] Antonio Ortiz Mena, *El desarrollo estabilizador: reflexiones sobre una época*, México: Fondo de Cultura Económica, 2006; Villarreal René, "El desequilibrio externo en la industrialización de México, 1929-1975: un enfoque estructuralista", *El Trimestre Económico*, Vol. 45, No. 2, 1976, pp. 505-507.

困境，因此，城市化进入了减速区间。①

尽管在过去的 40 多年时间里，墨西哥城市化发展速度呈明显下降趋势，但是城市化水平总体依然在上升，不管是绝对值还是相对值，城市人口基本上呈现出稳定增加趋势。按照墨西哥通常使用的城市化水平计算方法，②城市化水平是指城市人口在总人口中所占比重，而城市人口则是那些居住在城市地区的居民。城市地区与农村地区的划分，则是根据居民点的人口数量，其中城市地区包括两个部分：第一，人口规模等于或超过 2500 人的居民点；第二，对于那些市首府所在地，即使低于 2500 人，也依然属于城市地区。③墨西哥国家统计局人口普查资料表明，1980 年，城市化水平为 66.3%，1990 年、2000 年、2010 年和 2020 年，城市人口在总数中所占比重，分别提升至 71.3%、73.5%、76.8% 和 78.8%，即在 40 年时间里，累计增加了 12.5 个百分点。④

另外，墨西哥城市人口变化还出现了以下几个方面的新特点。首先，如果说在工业化高速推进以及经济增长加速阶段，人口流动基本以从农村到城市为主并且限制在国内的范围，那么在最近的 40 多年时间里，人口流动则超出原来的限制，不仅继续着之前从农村流向城

---

① Gustavo Garza, "La Transformación Urbana de México, 1970-2020", *Desarrollo urbano y regional. Los grandes problemas de México II*, México: El Colegio de México, 2010, p. 34.
② 还有墨西哥当地学者认为，15 000 人及以上的居民点才能称得上城市地区。参见 Gustavo Garza, "La Transformación Urbana de México, 1970-2020", *Desarrollo urbano y regional. Los grandes problemas de México II*, México: El Colegio de México, 2010, p. 34；Jaime Sobrino, *La urbanización en el México contemporáneo*, Reunión de expertos sobre: población territorio y desarrollo sostenible, Santiago, Chile: Cepal, Naciones Unidas, 2011。
③ Pablo Villalvazo Peña, Juan Pablo Corona Medina & Saúl García Mora, "Urbano-rural, constante búsqueda de fronteras conceptuales", *Revista de Información y Análisis*, No. 20, 2002, pp. 17-24; Liu Xuedong, *Equilibrio entre urbanizaciones del suelo y de la población: casos de China y México (2000-2012)*, México: Universidad Nacional Autónoma de México, 2019.
④ El Instituto Nacional de Estadística, Geografía, e Informática (INEGI), *Censo de Población y Vivienda 1980, 1990, 2000, 2020 y 2021*.

市的趋势，而且还出现了城市间的相互迁移，其规模越来越大并逐渐在人口流动中占主导地位。[①] 其次，伴随着城市化速度的下降，城市人口在不同规模城市间的分布，呈现出向中等以上城市尤其是大城市倾斜的走向。再次，尽管超过 10 万人口的城市容纳了接近一半的城市居民，但其人口增长速度明显低于人口规模处于 1.5 万—9.9 万之间的城市。最后，城市圈或者都市区的建设逐渐作为国家城市发展规划的重要组成部分，并且在吸引农村人口流入和经济增长中发挥越来越大的功能。

面对城市人口持续增加以及人口流动出现的新特点，城市用地规模以及城市居民住房要求也在发生变化，由此对城市用地提出了新的挑战。同时，在 2000 年之后，联邦政府住房政策也开始出现调整，尽管城市用地依然朝着集约化方向发展，但是在城市边缘地带则出现了相反的趋势，居民住房建设往往以平面式单独建筑为主。因此，立体式土地利用模式和集约化水平，呈现出从中心城区向周边地带递减的趋势。

需要特别指出的是，1992 年出台的土地改革新政，不仅在法律层面上允许集体所有制土地开始私有化并参与城市化建设，也由此放松甚至取消了对农村土地进入城市用地原有的各种限制措施，从而进一步推动了城市用地集约化水平降低的趋势。一方面，对于城市郊区以及毗邻地带的农民来讲，随着土地价格的上涨，他们要求集体所有制土地私有化的呼声越来越高，而私有化则为城市用地提供了新的来源。另一方面，越来越多的房地产开发商开始囤积这些私有化后的土地，特别是在 2012 年之前；与城市中心距离更远、位置更为边缘的

---

① 由于经济增长遭遇低速徘徊的困境，墨西哥人口还出现了大量的跨境转移现象，且主要是向美国流动。根据有关研究，1980 年，居住在美国的墨西哥人为 220 万；1990 年则达到 440 万，增加了接近一倍；2007 年又在原有基础上进一步提高，上升至 1190 万人。参见 Paola Leite, María Adela Angoa & Mauricio Rodríguez, "Emigración mexicana a Estados Unidos: Balance de las últimas décadas", *La situación demográfica de México*, México: Consejo Nacional de Población, 2009, pp. 103-124。

城市郊区的土地价格不断下降，使得房地产开发商在该地带建设中凭借土地价格优势，更倾向于平面式单独建筑，进一步降低了土地使用的集约化水平。

三、墨西哥现行土地制度和所有制结构

墨西哥现行土地制度，最早可以追溯至 1915 年开始实行的土地分配政策。[①] 在将近 80 年的时间里，该政策以分配土地给无地以及少地的农民为主，由此形成了大量规模不等的集体农庄；与此同时，恢复印第安人原有居民点，是另外一种建设集体所有制土地的途径，二者共同形成了集体所有制的两种组织形式。根据墨西哥国家统计局最近的一次集体所有制土地普查数据，2007 年，在全部国土总数中，上述两种形式的集体所有制土地占 52%，[②] 私人所有制为 38%，其余 10% 左右为联邦政府所有。

（一）集体所有制土地的地域分布和生产主体构成

在隶属于集体所有制（包括集体农庄和印第安村社）的土地总数中，奇瓦瓦（Chihuahua）、瓦哈卡（Oaxaca）和杜兰戈（Durango）

---

① 墨西哥 1910 年革命，尽管是以反对当时的总统迪亚斯（Porfirio Díaz）独裁统治为导火索，但是其根本原因则是当时土地分配严重不均，由此产生大量失地及无地农民。1915 年初，墨西哥实行的土地分配政策旨在归还农民土地从而实现"耕者有其田"的愿望，该政策正式成为 1917 年宪法第 27 条的主要内容之一，此后历届政府相继出台了以土地分配制度为主的农业法。详细内容可参阅 Miguel A. Samano Rentería, "La política salinista hacia el campo, un balance crítico", in David Chacón Hernández (ed.), *Efectos de las reformas al agro y los derechos de los pueblos indios en México*, México: Universidad Autónoma Metropolitana, 1995；Héctor Aguilar Camín & Lorenzo Meyer, *A la sombra de la Revolución Mexicana*, México: Cal y Arena, 2005。
② 如果根据墨西哥国家统计局（Instituto Nacional de Estadística, Geografía, e Informática，简称 INEGI）2007 年农庄普查数据计算，这个比例达到 54%；同时，墨西哥国家农业、国土和城市发展部（Secretaría de Desarrollo Agrario, Territorial y Urbano，简称 SEDATU）的资料显示，这一指标为 51%，http://www.sedatu.gob.mx/sraweb/noticias/noticias-2012/abril-2012/12166/。

三州位居榜首，而墨西哥市（Ciudad de México）、特拉斯卡拉（Tlaxcala）和阿瓜斯卡连特斯（Aguascalientes）则为三个面积最少的州级地区行政单位。

根据集体所有制土地普查数据，[①]2007年，在全国32个州级行政单位中，上述两种集体所有制土地，共有31 514个农业生产组织，占地面积达1.06亿公顷。另外，Morett和Cosío借助国家农地登记处（Registro Agrario Nacional，简称RAN）的数据估算，2014年，两种集体所有制农业生产组织数量上升到了31 873个，其中集体农庄29 519个，印第安村社2354个，分别占到总数的92.6%和7.4%。需要指出的是，前一种集体所有制土地模式，在32个州级行政地区都有代表，后一种则只存在于29个州，南下加利福尼亚（Baja California Sur）、坎佩切（Campeche）和金塔纳罗奥（Quintana Roo）三州为零（见表1）。

表1 墨西哥集体所有制土地和组织地域分布（2014）

州级行政单位	集体农庄数量（个）	土地面积（公顷）	印第安村社数量（个）
下加利福尼亚	235	4 866 987	3
南下加利福尼亚	99	4 926 873	0
坎佩切	385	2 931 991	0
科阿韦拉	888	6 216 857	2
恰帕斯	3064	3 552 030	91
奇瓦瓦	906	9 433 669	72
杜兰戈	986	5 799 620	129
瓜纳华托	1555	1 222 606	7
格雷罗	1053	3 245 017	195
伊达尔哥	1022	807 523	145
哈利斯科	1391	2 362 971	56
墨西哥州	1061	847 331	173
米却肯	1795	2 332 520	117
新莱昂	594	1 775 832	14

---

① El Instituto Nacional de Estadística, Geografía, e Informática (INEGI), *Censo Agropecuario 2007, IX Censo Ejidal*, México: Aguascalientes, 2009.

续表

州级行政单位	集体农庄数量（个）	土地面积（公顷）	印第安村社数量（个）
瓦哈卡	851	1 644 319	719
普埃布拉	1069	1 215 384	124
金塔纳罗奥	279	2 766 987	0
圣路易斯波托西	1277	3 930 161	164
锡那罗	1208	3 233 514	98
其他各州合计	9801	19 766 272	245
总量	29 519	82 878 464	2354

资料来源：J. Carlos Morett-Sánchez & Celsa Cosío-Ruiz, "Panorama de los ejidos y comunidades agrarias en México, Agricultura", *Sociedad y desarrollo*, Vol. 14, No. 1, 2017, p. 132。

另外，集体所有制土地农业生产主体共有 810.1 万人，其中农庄和村社的法定成员为 421.1 万，"土地拥有者"为 144.3 万，"外地迁入邻居"为 244.7 万，分别占到总量的 52.0%、17.8% 和 30.2%。

（二）集体土地用途构成

按照墨西哥宪法第 27 条规定，集体所有制的土地使用权属于农民，所有权属于印第安村社和农村集体农庄两种形式的集体所有制单位。具体来讲，集体所有制框架下超过国土面积一半以上的土地可以细分为以下三种用途：第一，住宅和公共基础设施建设用地（solar）；第二，耕地，归农庄法定成员个人永久使用，具有明确的划界分片（parcelada）；第三，公共用地（uso común）。

首先，在每个集体农庄或者印第安村社中，所有的土地都是集体共同所有，其中共同使用的部分，正如其名称所表述的那样，并没有针对每个农户使用面积的具体规定或是更为详细的界定，因此，组织内所有成员对其享有共同的使用权。但是，当需要决定这部分土地的特殊具体用途时，只有农庄法定成员有投票表决权。这部分土地在集体所有制土地总量中占到三分之二左右，主要是一些不适宜耕作的土地，包括山丘、森林、草原、沙漠和水面等。

其次，在集体所有制土地总量中，31%左右的土地属于耕地，这部分土地的特点主要体现在三个方面。第一，各农庄或者村社在成立之时，已经将耕地定界分块，具体分配给每个法定成员使用，用来种植基本的农作物，主要是玉米和豆类。这种情况在墨西哥中部和中部以南地区比较普遍，尤其在生产条件差的各州更是如此。第二，由于定界分块确权较为清楚，每个农民拥有的数量也固定，所有的使用权长期不变。第三，这部分土地的使用权不仅属于长期使用权，而且还可以作为遗产继承，即在法定使用者失去劳动能力或者自然死亡的情况下，可以根据其意愿将永久使用权传承给其指定的继承人，同时农庄法定成员的资格也会得到传承。如果没有指定继承人，农庄最高机构即农庄委员会可以收回土地使用权，并以招标方式分配给其他需要的农民。另外，如果这部分土地出现连续两年或者两年以上撂荒闲置，农庄委员会有权收回这部分土地的使用权。

需要指出的是，墨西哥宪法以及由此制定的相关农业法，虽然强调了农民集体产权的唯一继承人规定，以此确保每个农庄和村社成员数量的相对稳定，但是在实践中，却出现了农民集体产权与土地使用权继承制度二者之间混淆的现象，即在保障每个农庄和村社成员规模相对稳定的同时，还实施了土地使用权唯一继承人的做法。[①]因此，尽管从经济角度来讲，这种做法在很大程度上保障了土地经营规模相对不变，也避免了土地使用中的重复分割和碎片化，但是在法律层面则缺乏实行的根据。

最后，还有一部分土地，则是为满足农庄成员居住以及各个村社公共基础设施建设的需要，在总量中占了2.9%左右。具体到各个州，由于受到土地和人口数量的影响，特别是集体所有制土地面积大小的限制，土地的使用结构会出现差别（见表2）。

---

① Leonardo Riveros Fragoso, "La libertad de la transmisión en las sucesiones agrarias", *Estudios Agrarios*, No. 33, 2005, pp. 31-48.

表2 墨西哥集体所有制土地使用结构（2007）

州级行政单位	集体所有制单位数量（个）	土地面积（万公顷）	共同使用部分（%）	长期使用部分占比（%）	住宅与公共基础设施占地（%）
阿瓜斯卡连特斯	187	27.7	50.0	47.3	2.7
下加利福尼亚	240	593.6	57.5	42.1	0.4
南下加利福尼亚	99	509.0	93.4	6.3	0.3
坎佩切	385	319.1	73.3	25.9	0.8
恰帕斯	2823	444.1	40.3	55.6	4.2
奇瓦瓦	987	1037.5	86.9	11.9	1.3
科阿韦拉	875	650.9	75.2	24.2	0.6
科利马	165	34.0	21.4	76.0	2.6
墨西哥城	37	5.7	80.9	17.8	1.3
杜兰戈	1124	823.2	89.2	10.0	0.8
墨西哥州	1233	144.4	41.3	54.8	3.9
瓜纳华托	1543	132.8	45.4	51.3	3.3
格雷罗	1259	500.6	57.2	40.8	2.1
伊达尔哥	1189	106.8	49.9	48.0	2.1
哈利斯科	1429	337.7	60.1	38.0	1.9
米却肯	1910	304.7	49.8	48.4	1.8
莫雷洛斯	234	39.7	42.1	51.9	6.0
纳亚里特	404	223.6	61.5	36.5	2.0
新莱昂	607	207.6	72.0	26.9	1.1
瓦哈卡	1632	862.2	63.0	34.5	2.5
普埃布拉	1194	163.1	54.2	43.6	2.2
克雷塔罗	378	58.3	65.6	32.4	2.0
金塔纳罗奥	282	288.7	90.3	8.8	0.9
圣路易斯波托西	1421	419.5	69.8	28.9	1.3
锡那罗	1309	415.7	54.5	43.2	2.3
索诺拉	979	634.5	80.5	18.6	1.0
塔巴斯科	779	110.8	18.2	78.8	3.0
塔毛利帕斯	1391	265.3	44.2	54.0	1.7
特拉斯卡拉	246	20.2	20.5	75.6	3.9
韦拉克鲁斯	3684	301.2	11.0	87.5	1.5
尤卡坦	722	231.2	75.4	24.1	0.5
萨卡特卡斯	767	382.0	68.2	30.2	1.6
合计	31 514	10 595.4	65.4	31.7	2.9

资料来源：作者根据墨西哥2007年农业普查数据整理。

表2数据至少显示出以下三种特点。第一，韦拉克鲁斯、塔巴斯科、科利马和特拉斯卡拉等州，归个人长期使用的土地在各地全部集体所有制土地所占比重较大，都在70%以上；与此相反，金塔纳罗奥和南下加利福尼亚两州对应的比例都低于10%。虽然在有些州，这部分土地在集体所有制中占比较高，但并不意味着农业生产经营规模大，也并不代表着土地的肥沃程度高。实际上，四个耕地比例较高的州，农业生产条件并不优越。这四个州不仅自然条件不理想，而且在20世纪40—60年代墨西哥大力投资农业时期，它们所获扶持也明显低于其他地区，导致当地的农业生产条件改善程度极为有限。耕地占比较高，往往在很大程度上与当地人民长期依赖农业生产活动有关。更多的情况是，由于在当地经济活动中，种植业占据比较重要的位置，其他产业发展相对落后，虽然耕地的自然条件较差，农民也只能从农业生产活动中获得生活来源。[①]

第二，由于各州土地面积相差较大，人口数量也不一致，因此，北部各州尤其是奇瓦瓦、下加利福尼亚和南下加利福尼亚等地的集体农庄数量并不多，但是各自所有的土地面积相对较大，人均占地较多；而位于中部、西南、东南以及南部各地区的集体农庄，不仅规模小，人均拥有土地面积也小。譬如位于中部地带的伊达尔哥州，每个农庄占地仅有431公顷，如果按每个生产组织法定50人计算，每个农民平均只有8公顷左右耕地。[②]

第三，奇瓦瓦、瓦哈卡和杜兰戈三州拥有的集体所有制土地面积位居前茅，分别为1037.5万公顷、862.2万公顷和823.2万公顷。但是，

---

① 墨西哥乡土文学代表人物胡安·鲁尔福（Juan Rulfo）在其小说《火焰中的平原》（*El llano en llamas*，1953）中就形象地描述过这种场面。炎炎烈日之下，科利马州农民在分配到的贫瘠土地上，日复一日、年复一年地耕作着。这既反映出土地改革中，大庄园主们往往保留质量好的部分给自己，出让的多是耕作条件差的土地，又可以看到在没有其他出路的情况下，农民不得不继续耕种通过成立集体农庄而得到的土地。
② 位于中部地区的墨西哥州，情况基本相同。在课题组实地考察的两个农庄，每个农民拥有的土地规模也基本在8公顷左右。

从农民具有长期使用权的土地数量来看,分别处于前三名的则为瓦哈卡、韦拉克鲁斯、下加利福尼亚三州。

(三)集体所有制组织内部的生产主体结构和继承制度

集体农庄和印第安村社成立之初,组织内的生产主体较为简单,由纯粹的法定成员组成。但是,随着时间的推移,逐渐出现了两种新的生产主体,分别为"土地拥有者"(posesionarios)和"外地迁入邻居"(avecinados)。前者是指那些集体农庄合法成员的后代,后者则是那些从外地迁入而居住在农庄内部至少满一年的成年人,[①] 他们分别占集体所有制农业生产主体的 17.8% 和 30.2%。

1.集体所有制组织内部的生产主体结构

首先,受限于集体所有制的具体规定,在所有农庄和村社法定成员的后代中,只能有一人可以继承农民集体产权和土地使用权,其余成员不得不自谋出路。即使在城市化快速推进时期,城市地区提供的就业机会较多,大部分人都会选择离开故土,但出于种种考虑,依然会有不少人决定继续留在原地。对于这部分人来讲,获得必要的谋生基础,即土地使用权,才是居住和生活的根本。因此,如果他们一直居住在农庄并向村民委员会提出申请,一般情况下,农庄村委会研究后会作出决定,在农庄共同使用的那部分土地中,按规定为其划出一块供其使用。无疑,这块土地所有权依然属于集体农庄,"拥有者"具有的仅仅是使用权,并且不具有长期使用和继承的权利,在农庄委员会向国家农地登记处备案之后,他们的使用权就能够得到农业法的承认。

另外一种新的农业生产主体,则是通过购买耕地获得个人对土地的使用权,他们并不是集体农庄成员的直系亲属,基本以外地迁入

---

① Registro Agrario Nacional (RAN), *CIRCULAR DJ/RAN/III-4 (ESTA CIRCULAR TENÍA LA NOMENCLATURA DJ/RAN/III-5)*, 2006, http://www.ran.gob.mx/ran/dgaj/Normateca/Documentos/Circulares/Actualizadas/CAPITULO%20III/DJ-RAN-III-4.pdf.

人员为主，由此被称为"外地迁入邻居"。由于他们迁入农庄时间较长，并且也已经得到当地村民的认同，他们如果有从事农业生产活动的意愿，也能通过购买的方式获得相应的土地使用权。对于这些从外地迁入的邻居而言，在购买耕地之前，同样需要向村民委员会提出申请，并且在获得认可的情况下，才可以购置耕地。因此，这是另外一种同样得到法律认可的农业生产主体。

可以看出，"土地拥有者"和"外地迁入邻居"二者之间的差别，来源于他们使用的土地属性，即前者耕作的是农庄共同使用的那部分，而后者则是耕地。在实际生活中，"土地拥有者"和"外地迁入邻居"的概念往往会产生混淆，当农庄委员会承认了"土地拥有者"的身份，并提供了部分共同使用土地由其专用之后，如果该土地拥有者又购买了耕地，那么他就有了双重身份，既是拥有者又是迁入邻居。反过来讲，迁入邻居则只能通过购买耕种农地成为生产主体，无法成为土地拥有者，或者说无法对共同使用土地享有专门使用权。当然，不管是土地拥有者还是迁入邻居，他们都不享有农庄法定成员的权利。

对于耕作土地的交易，"农庄村民委员会将根据相关程序和条件，使土地合法使用者获得自行交易的权利"，但是，这部分土地的买卖只能在农庄内部进行，只能卖给农庄中其他正式成员、土地拥有者或者迁入邻居，否则将被视为交易无效。农业法的第80条指出，在满足宪法规定的情况下，为了保障交易的有效性，买卖双方需要出具一份认同交易条件的文书，且应有两位证人见证，同时在国家农地登记处备案。国家农地登记处在收到备案之后的30天（自然时间）之内，必须颁发新的土地使用证书，农庄委员会也会在当地土地使用管理档案中做出相应调整。因此，如果土地交易不向国家农地登记处提出备案，土地买卖将被视为无效。而一旦出现这种情况，相关土地将会退出集体所有制框架。

2. 农民产权继承制度

在1992年改革之前，不管农庄还是村社，都存在农民集体产权

（Derechos Ejidales）和土地使用产权（Derechos en los usos del Suelo）两个不同的概念。在成立集体农庄或者恢复印第安村社之初，法律上都有每个单位中农民数量的具体规定，他们被视为法定成员。他们不仅对划分在自己名下的耕地拥有永久使用权，而且对村社中那部分共同使用的土地同样如此。二者的区别在于，前者具有专门归属性，后者则并没有做出明确规定。同时，他们还被赋予农庄法定成员的权利，以参与村社发展和建设等重大决定，譬如，在成立农庄委会员和选举委员会主席时，他们有选举权和被选举权；在是否接收非农庄成员在当地居住和提供必要生活条件等方面，他们也有话语权。

正是由于这些具体的规定，对于"拥有者"和"外地迁入邻居"两个农业生产主体来讲，尽管他们具有对耕地或共同使用土地甚至二者兼有的使用权，但并不是农庄的法定成员。从这个意义上来讲，农民集体产权的不可分割性，是指法定成员所具有的整体权利。根据莱昂纳多·里韦罗斯·弗拉戈索（Leonardo Riveros Fragoso）的观点，虽然农民集体产权只能存在一个继承人，但是在土地使用权方面，包括耕地和农庄内共同使用的那部分土地，在法律上并不存在硬性的唯一继承人规定。① "因此，农庄法定成员所拥有的对耕地的永久使用权以及对村庄内共同使用的那部分土地的权利，都不受唯一继承人限制，即在土地使用权继承方面，继承人可以是多个；相反，农民集体产权即法定农庄成员身份的继承，则必须要遵循唯一继承人的规定。"②

另外，曾担任过农业改革部部长，同时也是当地著名集体土地研究专家的沃曼（Arturo Warman）则认为，集体所有制土地使用权的

---

① Leonardo Riveros Fragoso, "La libertad de la transmisión en las sucesiones agrarias", *Estudios Agrarios*, No. 33, 2005, pp. 31-48.
② Leonardo Riveros Fragoso, "La libertad de la transmisión en las sucesiones agrarias", *Estudios Agrarios*, No. 33, 2005, pp. 45-46.

继承制度，在实际中实行的是唯一继承人做法。①与此相比，墨西哥传统的继承制度则是将土地细化之后分给继承人。所以，法律上对集体所有制土地使用权继承的规定有悖传统。根据他的研究结果，全国26.2%的农庄成员通过继承途径获得了土地使用权，通过出让方式获得的达24.6%，即一半的农民是依赖亲属关系获得了土地使用权。

围绕着集体产权继承人这一议题所产生的各种矛盾，不仅在学术上争论较大，而且在实际中往往也没有统一做法。在农庄出现之前，较为普遍的是，男性继承人会以均等方式继承财产和土地；女性继承人在她们出嫁之时，娘家基本都会有陪嫁，当然也就同时失去了继承财产的权利。②有学者通过对韦拉克鲁斯州的实地考察研究指出，在农庄成立之后，继承人多数为家庭中的小儿子或者第三代中最年轻者。③

四、1992年土地改革及集体所有制土地私有化进程

1992年之前的墨西哥宪法第27条，明确提出了集体所有制土地的不可分割性、不可侵犯性、不可抵债性与不可转移性。这显然在法律上表明，农庄和村社的土地不能与农民分离，同时农民也不能放弃、转移、抵押、担保、卖出或租赁土地，在此基础上形成的任何协议与合同，在法律中都属于不存在或者被视为无效。为了确保分配给农民的土地数量，避免大农场变相产生，宪法还禁止商业公司拥有土地股份，防止他们占有或者经营农村的集体所有土地。

---

① Arturo Warman, *El campo mexicano en el siglo xx*, México: Fondo de Culturas Económicas, 2001.
② George M. Foster, *A Primitive Mexican Economy, Monographs of the American Ethnological Society*, New York: J. J. Augustin Publish, 1942; Félix Báez-Jorge, *Los zoque–popolucas*, México: Instituto Nacional Indigenista, 1990.
③ José Manuel Flores López, "Mercado de tierras ejidales y cambio sociocultural en la Sierra de Santa Marta, Veracruz", *Estudios Agrarios*, Vol. 17, No. 49, 2011, pp. 129-153.

围绕着这次改革，不管是积极倡导者还是反对者，都持有一个相同的观点：经历了长期的土地分配政策之后，墨西哥实际上已经进入无地可分的境地。在 1992 年之前，这个问题已经非常突出，不仅受益农民数量越来越少，而且农民分得土地的质量也在不断下降。① 因此，继续坚持土地分配政策，只会给广大无地和少地农民带来无谓的空想，非法用地和违规用地现象则会越来越严重。

（一）非法用地和非规范化用地的出现

前面指出，在 20 世纪 40—80 年代，城市化处于快速推进阶段。随着城市人口的大幅度增加以及城市储备用地的枯竭，大量涌入城市的农民为了获得经济适用住房用地，往往会在城市边缘地带寻找机会，从而无法避免地出现了对集体所有制土地的非法强制占用现象。许多受益于国家土地分配政策的农民，往往不得不适应城市化扩张的趋势与需求，放弃农业生产，被动地将农用土地变为城市用地。但是，正如前面提到的那样，由于集体所有制框架下土地的不可分割性、不可侵犯性、不可抵债性与不可转移性，同时，农民也不能放弃、转移、抵押、担保、卖出或租赁土地；而城市用地，特别是住房用地，只在其为私有土地时才能获得法律上的住房产权认可。由此可见，集体所有制土地与城市用地之间，不仅具有产权上的不协调，而且在大多数情况下，由于这部分土地没有纳入城市用地规划，因此转为住宅用地既违法又违规。

首先，农村集体所有制土地受到宪法保护，具有不可分割性、不可侵犯性、不可抵债性与不可转移性，农民不能放弃、转移、抵押、

---

① Luis Téllez Kuenzler, *La modernización del sector agropecuario y forestal, una visión de la modernización de México*, México: Fondo de Culturas Económicas, 1994; Miguel A. Samano Rentería, "La política salinista hacia el campo, un balance crítico", in David Chacón Hernández (ed.), *Efectos de las reformas al agro y los derechos de los pueblos indios en México*, México: Universidad Autónoma Metropolitana, 1995; Arturo Warman, "La reforma al Artículo 27 constitucional", *Estudios Agrarios*, No. 2, 1996, pp. 2-25.

担保、卖出或租赁土地，因此，农民与城市居民以及其他任何城市用地者之间签署的任何协议与合同，在法律上均属不存在或者是无效，从而决定了集体所有制土地直接进入城市化是违法行为。另外，城市用地，特别是住房用地，属私有制范畴，这与集体所有制土地之间明显存在不可调和的矛盾。在这种情况下，集体所有制土地成为城市用地的唯一合法途径，就是通过国家征收。

其次，农庄和村社的土地，应该由农民用来从事与农业有关的经济活动。当土地被侵占并且被出卖之后，会从农业生产用地转化为居住用地或者其他城市用途用地，这种变更并不符合城市规划，也就是所谓的非规范化用地。在实际中，单一的违规用地，一般发生在城区，即土地实际用途并没有按城市用地规划进行。譬如规划中的休闲绿化用地，被涌入城市的农民强制占用并修建了住房；或者是，安排的住房用地被转作商业使用；等等。显然，集体所有制框架下的土地，因种种因素的影响被转化为城市用地，除了非法之外，还同时存在多个方面的违规用地问题。

针对实际中出现的上述各种违法违规用地现象，墨西哥政府在1973年成立了土地所有规范委员会（Comisión para la Regularización de la Tenencia de la Tierra，简称CORETT），其目的是保护农民利益并消除非法用地与不规范用地现象。具体来讲，为满足城市化需要，土地所有规范委员会首先会从农民手中将被强制占有甚至已经建设好的土地收归国有，并同时转化为城市用地。随后，按照城市规划，土地所有规范委员再将土地出售给占有者，使其成为私人财产，从而实现集体所有制土地使用的合法化和规范化。至2008年，该委员会共实现规范化用地14.6万公顷，并颁发了220万个土地产权证。考虑到同期城市用地增加总额接近80万公顷，土地所有规范委员会贡献了几乎六分之一。[①]

---

① Clara Eugenia Salazar Cruz, "La disponibilidad de suelo social en las 56 áreas metropolitanas del país", *Estudios Agrarios*, Vol. 15, No. 41, 2009, pp. 125-148.

即便经过上述努力，违法违规用地现象也并未被根除。截至 20 世纪末，城市扩展所占用地中仍然有 65% 属于违法，并且在违法使用的城市用地中，80% 属于贫穷人群的住房用地。① 对此，除了上文指出的快速城市化导致政府无力满足随之快速增长的用地需求外，同时还需要看到的是，墨西哥城乡用地制度的不协调，使得农村用地无法作为商品流通，无法正常进入城市土地市场实现各种交易。② 其中的原因，既有土地所有制方面的限制，也有城乡土地使用用途的不一致。随着工业化与城市化的进程加快，这些矛盾与不协调不仅可能激化，而且在不少情况下会导致社会动荡。

因此，土地所有规范委员会的成立，不仅无法完全消灭违法违规用地现象，还会让人们由此产生一种希望，即违法违规用地问题或早或晚总会由政府出面解决，将其合法化与正规化。因此，规范化措施的实施，反而加剧了违法违规用地的程度。

（二）1992 年土地改革的主要内容及城市化建设

1992 年，墨西哥政府通过对宪法 27 条的修改，正式宣布了由政府分配土地给无地和少地农民制度的结束，并允许集体所有制土地可以改变其性质转化为私有财产。这样，至少在宪法的层面表明，除了国家征购并由此转变其所有制性质之外，之前仅拥有土地使用权的农民，也可以不再需要政府参与，直接实现对土地所有权的变更并决定其前途。③ 为具体落实宪法改革内容，墨西哥同年颁布了新农业法，属于集体所有制土地私有化的二级法律。其中，对改变土地用途也有

---

① César Garcés Fierros, "Suelo urbano para la población pobre de México, La Situación Demográfica de México", *Consejo Nacional de Población*, 2009, pp. 87-102.
② Liu Xuedong, *Equilibrio entre urbanizaciones del suelo y de la población: casos de China y México (2000-2012)*, México: Universidad Nacional Autónoma de México, 2019.
③ 私有化后的原集体所有制土地，尽管在实际中难以避免被所有者通过不同方式出售，但是大部分情况下，这些土地往往被继续用于农业生产活动。但是在城市边缘地带，购买方基本是房地产商或购置房产的个人，因而同时发生土地用途的变更。

相应的规定。第一，集体所有制土地经过私有化之后，农民可以根据自己的意愿自由决定其用途：继续保留土地或者出售给他人。不管哪种情况，都有可能出现土地使用用途的变更，其中之一就是进入城市化循环，从农用地转化为城市用地。第二，即使不改变原有的集体所有制属性，农用地同样可以转化为城市用地，如农民通过入股参与不动产商业公司经营，甚至农民还可以通过集体共同组成房地产公司等方式进行土地经营并参加城市化建设。第三，原则上，并不是所有的集体所有制土地都可以进入私有化程序，而仅限于归个人长期使用的那部分农业用地，所以，共同使用土地的所有权仍然是不可转让、不可分割和不可扣押的，只有在农庄或者村社集体同意并会"由此产生出明显利益的情况下"（manifiestautilidad para elnúcleo de población ejidal），才可以进入私有化程序。①

因此，在新形势下，除了通过政府征地将集体所有制土地转化为城市用地这一传统方式以外，1992年宪法改革以及在此基础上颁布的新农业法，无疑为增加城市用地开辟了一条新途径。正是由于这些将农业用地转为城市用地的新创举，城市用地紧张的局面在一定程度上得到了缓解。并且，集体所有制土地可以按照法律规定进入城市土地市场交易，也大大减少了违法用地现象。但是，也应该看到，如果在这一过程中没有必要的监管措施，集体所有制土地城市化很有可能出现无序和混乱，不仅农民自身利益难以得到完全保障，而且也不利于城市居民解决住房问题，甚至还会影响房地产市场的健康发展。所有这一切，将可能会引起城市面积无限制扩张，既不利于土地使用效率的提高和改善，也不利于城市基础设施和城市基础服务的最优利用，当然也会增加其建设的困难。实际

---

① José Manuel Flores López, "Mercado de tierras ejidales y cambio sociocultural en la Sierra de Santa Marta, Veracruz", *Estudios Agrarios*, Vol. 17, No. 49, 2011, pp. 129-153; Leonardo Riveros Fragoso, "La libertad de la transmisión en las sucesiones agrarias", *Estudios Agrarios*, No. 33, 2005, pp. 31-48.

上，1995—2005 年的城市面积扩张已经引起了各方面的重视。据测算，在这 10 年的时间里，墨西哥全国城市面积由 5688.8 平方公里上升到了 21 540.3 平方公里，几乎翻了两番，占到了整个国土面积的 1.1%。[1] 如果与同期的人口城市化水平相比（1990—2010 年的 20 年内，每 10 年只提高了不到 2.8 个百分点），土地城市化速度大大超前于人口城市化速度。

五、集体农庄实地考察

上面的背景介绍，提出了本文所涉及的研究对象和研究目的，下面则是根据对两个农庄的实地考察情况，围绕着农民对土地私有化的要求、私有化之后原集体所有制土地如何在家庭成员中分配，以及农民在出售土地之后的谋生方式等问题，进行具体分析。

（一）两个农庄的基本情况介绍

2014 年，课题组实地考察的两个农庄分别是圣玛丽亚奇科瑙特拉（Santa María Chiconautla）和圣托马斯奇科瑙特拉（Santo Tomás Chiconautla）。它们相邻坐落在当地一个名为奇科瑙特拉（Chiconautla）的小山丘之下，行政上隶属于墨西哥州埃卡特佩克市[2]。在埃卡特佩克市，共有 8 个集体农庄，本课题组考察的是其中 2 个。目前，这两个农庄已经完全成为城市建成区，只有圣玛丽亚奇科瑙特拉所处的丘陵地带，零星点缀着一些玉米种植活动。历史上，墨西哥谷地由 7 个湖区组成，当时，这个地区是淡水和咸水的分界线。

---

[1] Sergio E. Martínez Rivera & Rafael Monroy-Ortiz, "La expansión urbana sobre el campo mexicano. La otracara de la crisisagrícola", *Estudios Agrarios*, Vol. 16, No. 43, 2009, pp. 29-46.
[2] 埃卡特佩克市，毗邻墨西哥城东北，是墨西哥州下属的 125 个市级行政单位之一，也是该州乃至全国人口最多的市级行政单位，2020 年时人口为 164 万多人。

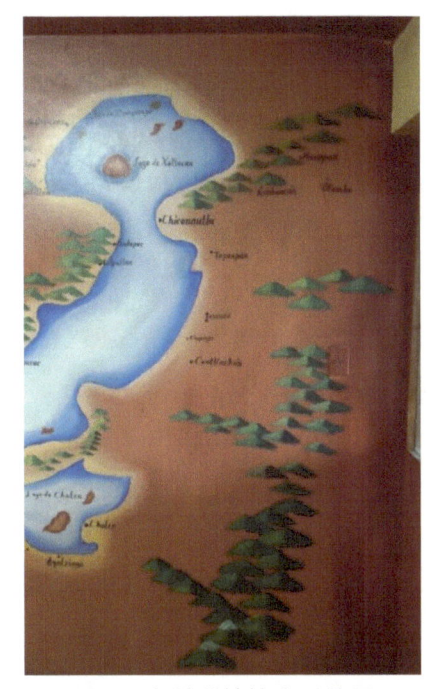

图 1 奇科瑙特拉山丘位置

资料来源：当地农庄提供。图中 Chiconautla 处，是山丘位置。另外，在历史上，图中蓝色部分属于湖区，由于多种原因，湖区已经不复存在。

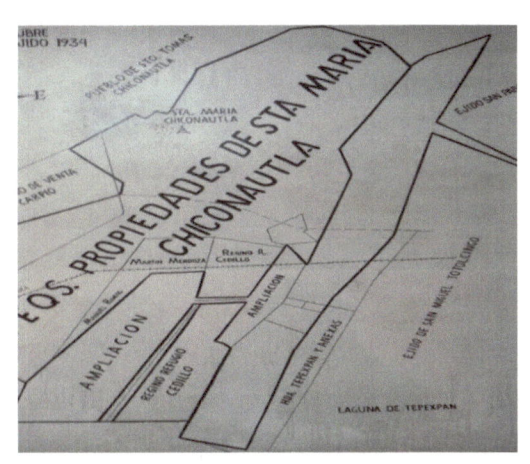

图 2 圣玛丽亚奇科瑙特拉和圣托马斯奇科瑙特拉农庄的地理位置

资料来源：当地农庄提供。图中左上角处，PUEBLO DE STO. TOMAS CHICONAUTLA 和 STA. MARIA CHICONAUTLA，分别是圣托马斯奇科瑙特拉和圣玛丽亚奇科瑙特拉两个农庄。

由于圣玛丽亚奇科瑙特拉农庄成立时间晚于圣托马斯奇科瑙特拉，二者相差 10 年左右，因此，前者面临土地规模减少和人口增长的双重压力。前者在成立之时，每个成员获得的土地数量不仅相对较少，并且到位较晚。当时政府承诺的 1200 公顷土地，实际上仅仅到位 500 公顷，其余的 700 公顷，到现在为止都不知道在哪里。另外，圣玛丽亚农庄主埃斯特万·拉米雷斯（Esteban Ramírez）在采访中还提到，在这个农庄的土地上，后来还建立了一座州级监狱，占用的是集体所有制土地，到现在为止，州政府不仅没有履行对于土地面积的承诺，也没有为占用集体所有制土地修建监狱而对该农庄成员给予补偿。

相对来讲，圣托马斯奇科瑙特拉农庄的情况相对好一些，不仅土地都是在平原地带，并且人均面积也较多。当地的灌溉设施较为齐全，在 2000 年之前，每公顷的玉米产量曾超过 6.5 吨。（见表 3）

表 3 圣玛丽亚奇科瑙特拉和圣托马斯奇科瑙特拉农庄基本情况

内容	圣玛丽亚奇科瑙特拉	圣托马斯奇科瑙特拉
成立时间	1936—1937 年	1928 年
农庄法定成员（人）	156	294
土地数量（公顷）	1200（实际分配面积 500）	2594
人均土地数量（公顷）	7.7（实际数量 4.5）	8.8

资料来源：作者根据实地考察资料整理。

（二）集体土地私有化程度及其现状

尽管在土地面积和耕作条件方面存在差异，但两个农庄的土地已经全部通过"完全控制"（dominio pleno）程序，实现了私有化。

根据 1992 年宪法改革内容以及在此基础上出台的农业法规定，集体所有制土地转变为私有制的具体程序是：首先，对农庄内所有土地进行丈量，即对每家每户所有土地数量都一清二楚，也就是通常所讲的确界定权。该工作由农业改革部、国家统计局、农村检察院与国家农地登记处等四单位共同合作进行，对农村用地进行定界划权，即集体农庄土地和住宅确权项目（Programa de Certificación de Derechos Ejidales y Titulación de Solares，简称 Procede）。该工作的中心是，根据农村用地的不同情况，在界定农民个人使用土地、集体使用土地和住宅用地的基础上，分别发放相应的证书，从而在法律上实现土地使用权的明确界定。

此后，农庄委员会需要召集所有法定成员就是否进入土地私有化程序进行表决，如果到会的农庄法定成员超过总数的四分之三，并且到会的成员中四分之三以上同意土地进入"完全控制"程序，那么表决有效，也就意味着正式将土地的集体所有制属性转变为私人所有。农民则会按照之前的确权记录分到相应的土地，同时按程序到国家农地登记处备案，这样，其被分配的土地也就正式成为其个人私有财产。

1. 私有化之后的土地在家庭成员中的分配及经营

根据法律规定，只有农庄法定成员才有充分获得土地所有权的资格，既包括他们使用的部分，又包括集体共同使用的部分。对于另外两种农业生产主体——"土地拥有者"和"外地迁入邻居"，他们仅仅获得他们使用部分的权利。不管是法定成员还是另外两种生产主体，在获得土地私有权之后，都基本按照平均原则，分配给他们的直系亲属，即儿女和配偶。该分配方式，明显有别于墨西哥长期以来存在的唯一继承人制度，其中的主要原因即土地不再用于农业生产活动。因此，保持土地经营的完整性并维持经营规模已经变得没有意义。

同时，需要指出的是，自 2000 年以来，随着土地私有化程序的不断推进，两个农庄都在 2014 年左右完成了私有化过程，大部分土地已经出售给了房地产开发商，并建起了房屋，销售给了城市居民。虽然到目前为止，这里已经聚集了 30 多万的城市人口，但在本课题考察之时，因农民没有出售而闲置的土地仍至少占到当地土地总面积的四分之一，被居民住宅区以及其他城市用地分割、包围。在这种情况下，过去建设的各种水利浇灌设施，慢慢失去了原有功能而无法使用。即使有些农民并不同意土地私有化，或者私有化后还期望继续从事农业生产，也不得不面对无法进行正常生产活动的现实。根据圣托马斯奇科瑙特拉农庄反映出的情况，无疑最终出现了土地资源的闲置和浪费，那些没有出售土地的农民只能同其他人一样，选择另外的非农业谋生手段，比如开出租车、到当地或者墨西哥城的工厂和商业单位打工。在所有农民中，只有一位利用销售土地的收入在外州（韦拉克鲁斯）购置农场，继续从事农业生产活动。这种方式在当地被称为"土地互换"（permuta），也是政府积极推荐的选择。

另外一个农庄的情况是，2014年驻地人口为1.3万—1.5万，其中只有5%—6%是农庄成员和他们的家属，其余则是从外地迁入的居民。

从2014年两个农庄的村民反映来看，尽管生活水平都有所提高，但他们都一致表示，在出售土地之初，基本没有管理财富的经验和知识准备。很多情况往往是，当他们看到邻居售出自己的土地之后立刻就开上了豪华轿车，于是便纷纷仿效，卖掉土地，购置奢侈品。对此，当地农民坦承，如果当时就懂得如何更好地管理财富，那么现在的生活水平肯定会更高。值得一提的是，农庄委员会当时曾试图成立自己的房地产开发公司，但是由于成员内部意见不统一，最后未能实施。

2. 农民出售私有化后土地的困扰

土地市场往往有其特殊性，买卖市场并不是理想中的完全竞争，而是由几个主要的房地产商控制。所以，农民个人在与实力雄厚的土地开发商谈判时明显处于劣势，无法保证土地出售价格能够完全达到市场水平，当然也很难在交易中充分行使其作为土地所有者的权利。特别是在农民纷纷效仿他人急于出售却又不熟悉流通渠道的情况下，更是无法达到理想目标；在那些农民组织力量薄弱的农庄，更不利于农民利益的实现。考虑到墨西哥人多地少的现实，即使能够在土地销售时获得单位面积高价，大量的农民在出卖土地之后，依然无法脱离贫困。

六、几点思考

1992年土地改革的最大贡献，应该是通过放松对集体所有制土地的限制，至少为增加城市用地供应开辟了一条新途径，在很大程度上缓解了城市用地紧张的局面。但是，集体土地私有化并没有大规模出现，"农庄的土地仍然没有进入'完全控制'程序，私有化也没有大规模出现"[1]。提出私有化要求的往往是那些处于城市边缘地带的农庄，即使是那些已经实现了土地私有化，并且原有法定成员也不再是土地主人的农庄，其中的大部分农地依然继续用于农业生产活动，没有出现用途上的变化。

此外，实行集体土地私有化，并不等于解决了农民问题和城市住房问题。土地私有化过程不仅对各级监管机构提出了更高的要求，而且对参与房地产建设的企业来讲，更需要加强自我监督。前面提到，集体土地私有化进程的发展，尤其是在城市边缘地区私有化需求增加的背景下，为城市化提供了大量的资源。2000年之后，墨西哥联邦政府开始大量发放住房贷款，希望通过房地产开发进一步促进经济发展，不少城市居民，特别是那些收入水平较低的工薪阶层，往往会选择在距离城市中心较远的地带购置房产，以时间换取空间。许多土地开发商在其中看到了土地的增值前景后，大量囤积土地，占用了自身过多的资金，不仅影响了正常的经营活动，而且在房地产市场不景气

---

[1] Arturo Warman, "La reforma al Artículo 27 constitucional", *Estudios Agrarios*, No. 2, 1996, pp. 57.

的情况下，还导致其经营困难，甚至倒闭。实际上，自2013年初以来，墨西哥三家最大的上市地产商（Casa Geo、Homex 和 Urbi）相继出现经营困难，①其中一个很大原因就是它们前期大量囤积土地占用了过多资金。②

[责任编辑：徐沛原]

---

① 当时，共有六家房地产开发商在墨西哥股票市场上市，分别是 Casa Geo、Homex、Urbi、Ara、Sare 与 Hogar，它们组成房产系（Índice Habita）在墨西哥股票市场上市。
② 刘学东：《墨西哥案例 1992—2012：土地制度改革与城市用地分析》，《中国名城》2014年第1期，第17—25页。

Analysis of Mechanisms and Challenges in the Transformation of Rural Land to Urban Using in Mexico (2000-2016): Case Study of Two Collective Farms in Ecatepec

LIU Xuedong

Abstract: The constitutional that reform occurred in 1992 officially ended the system of state allocation to landless farmers and those in shortage of it, and started the process of privatizing collectively owned land. However, with the continuous implementation of land reform measures, farmers living in the periphery of cities are often the first to apply for private ownership, while those areas that are really engaged in agricultural activities have not experienced massive privatization. Through the empirical investigation and analysis of two local collective farms, this paper finds that the main reason for the above is that the surrounding urban areas belong to the forefront of urbanization, and are frequently faced with a large demand for constant rural land incorporation. After 2000, with the rapid development of the local real estate industry, it has become more prominent. So, the further increase in the land demand for urbanization has led to the accelerated pace of its appreciation, and boosted to the privatization process, and in theory, the farmers could hold the maximum of the benefits through the sale of their own land. Nevertheless, due to the small extension of the land and the deficient capacity in the negotiation with the real estate corporations, the peasants hardly can carry out their goals.

Keywords: collective ownership of land, urbanization, collective farms, Indian communities, land system reforms

老挝高地田野调查中的情绪、感知以及伦理考虑*

李云霞**

摘　要：本文探讨在老挝高地作为中国少数民族的研究者（笔者）与研究对象（阿卡）在定性研究过程中所生发的情绪和感知层面互动。笔者说明了田野研究是如何受到研究者的田野遭遇和人生经历的影响，并导向了一种微妙、非言语和非物质的生活层面，而这个层面往往被多方面的力量抗争所沉默化。作者认为识别和分析这些情感层面需要嵌入反身性讨论，从而扩充现有的经验知识。社会亲近感让研究者与被研究者维持对话关系，然而当隐私边界变得模糊，伦理困境随即出现。因此，研究者需要在"局内人"与"闯入者"角色之间转换。同样重要的是，研究者感受到的情绪和遭遇的伦理问题对我们理解所研究的社会、文化和政治进程的本质起到了关键作用。

关键词：老挝高地；定性研究；情绪；感知；研究伦理

与宋赛（Sonxai），一个在发展组织工作的低地（lowland）

---

* 本文基于作者在2008年至2010年攻读澳大利亚麦考瑞大学哲学（人类学）博士期间的田野调查。相关研究伦理澄清获得了麦考瑞大学研究伦理委员会的审批和通过。为了保护隐私，本文所涉及的机构名、村寨和人名均使用化名。

** 李云霞，云南民族大学社会学院讲师，主要研究方向为东南亚高地少数民族及其政治经济进程。

老族人①的聊天中，我告诉他我的民族身份是哈尼族，和他们的目标群体阿卡（Akha）是同一民族。②他的回应很激烈："你怎么可能是阿卡女人呢，她们好'脏'（但是你不脏）。"在我毫无准备的情况下，宋赛的评论犹如当头一击。紧接着，这种被击中的感觉，变成了窘迫和难过，即便我对当地人对于我的民族身份的回应早有心理准备。我压制住了情绪并接着问："脏？你的意思是不讲卫生吗？"他连忙否认："不不，你在这里待长一点儿就明白了。"宋赛的言语令我受到了巨大冲击，我被困在其中，且不喜欢这种感受。

与老挝隐晦的言语风格大相径庭的是，其直接又强烈的评述显示了他作为一个老挝男性，同东南亚其他国家的男性

---

① 在老挝乃至东南亚的大众认知中，高地（upland）和低地（lowland）之间除了海拔高低的差别之外，更多的是社会经济、文化和历史意义建构上的区别，甚至对立。然而，在学界，近期的研究强调历史上高地和低地之间在经济和文化方面的密切联系和生计共生关系。相关讨论详见 Jonathan Rigg, *Living with Transition in Laos: Market Integration in Southeast Asia*, London: Routledge, 2005; Jean Michaud & John McKinnon, "Introduction: Montagnard Domain in the South-East Asian Massif", in J. Michaud (ed.), *Turbulent Times and Enduring Peoples: Mountain Minorities in the South-East Asian Massif*, Richmond, Surrey: Curzon Press, 2000, pp. 1-28; James C. Scott, *The Art of Not Being Governed: An Anarchist History of Upland Southeast Asia*, New Haven: Yale University Press, 2009。
② 据流传于老挝阿卡人中的传说，哈尼族先辈们在中国境内南迁的过程中迷了路，只能就地停下，阿卡人却继续向前，有的就在云南西双版纳定居下来。因此，阿卡人将中国的哈尼族称为"落下的阿卡"（阿卡语：*gan du Akha*）。阿卡人如今分布于中国、老挝、越南、缅甸和泰国。在中国，阿卡被称为爱尼，是哈尼族的分支。在本文中，由于阿卡是一个自称，所以将哈尼与阿卡区别开来。同样，用中国阿卡和老挝阿卡来明确国籍。关于阿卡的相关民族志研究详见 L. Alting von Geusau, "Dialectics of Akhazan: The Interiorizations of a Perennial Minority Group", in John McKinnon & Wanat Bhruksasri (eds.), *Highlanders of Thailand*, Kuala Lumpur: Oxford University Press, 1983, pp. 243-276; L. Alting von Geusau, "Overview of Politico Economic Structures in Akha Culture, The Akha in the Muang Sing District of Luang Namtha PDR Laos and Expectations, Challenges, Stress, Responses of Some Akha Villagers in Muang Singh Area Regarding the Problems of Marginalisation and Development Assistance", report made on the request of GTZ Lao-German Integrated Food Project, 1997; Cornelia Ann Kammerer, "Descent, Alliance, and Political Order among Akha", *American Ethnologist*, Vol. 25, No. 4, 2008, pp. 659-674; Janet C. Sturgeon, *Border Landscapes: The Politics of Akha Land Use in China and Thailand*, Seattle: University of Washington Press, 2005。

一样，处于对阿卡女性的道德行为进行评判的位置。也正是如此，我并不把他对于阿卡女性和对我的评述看作是随意和无心之举。

我所属的发展机构也是宋赛的工作单位，这个机构的主要服务群体是阿卡人，所以他的评论听起来就像对我的个人攻击。此发展机构在当地已经开展了十多年的援助项目和发展活动。尽管所服务社区内的基础设施建设得到了很大提升，但很多发展活动收效甚微，甚至在近几年很难维持。我变成了宋赛由于日常工作中与阿卡接触产生了挫败感的情绪上的"替罪羊"。在与宋赛的对话结束后，我觉得我的学术盔甲被剥离，情感脆弱性在增加，最终我从阿卡成员的角度，对阿卡产生了一种发自内心的同情感。（田野日记，老挝琅南塔省芒新县，2008年8月15日）

这是我在老挝琅南塔省（Luang Namtha），一个多山的贫困地区开展博士项目研究实地调查时所遭遇的离奇经历之一。我的博士项目是关于琅南塔省阿卡人对生计变迁的理解。尽管我以研究新手的身份开始了对老挝阿卡的研究，但我也并不是毫无准备。我在上文曾提到自己的民族身份，在此对相关的方法论进行进一步陈述。我的父母都是哈尼族，所以我的母语与阿卡语相似。除此之外，我在泰国清莱（Chiang Rai）和与我在老挝的田野地点仅70公里之遥的中国西双版纳阿卡村落都有过田野调查经历。然而与此前的田野经历不同，我在老挝琅南塔省真正意义上的田野调查是从上述对话开始的，其间，我的情绪波动如同过山车，直到田野研究结束。在民族志的棱镜下，我为什么对宋赛的言论如此在意？这个问题的提出是我真正开始思考"我在研究中的位置和身份"的关键性时刻。

在本文中，我将考察一系列相互交叉和关联的要素：反身性

（reflexivity）、情绪（emotions）、感知（senses）和伦理含义（ethical implications），以及这些因素如何相互交织，并为知识生产增添新的层面。学界关于反身性的定义和讨论很多，以至于高夫（Gough）建议使用复数形式来表达这些定义的灵活性、模糊性和矛盾性。① 在人类学领域，可能关于反身性、客观性、再现的政治性以及其他问题的最具影响力的争论均由《书写文化》（Writing culture）② 引发并为代表。在本文中，通过对于反身性的识别，我承认无法将知识生产与自己的经历（biographies）分离。在这一点上，英格兰（England）颇有洞见地提出："我们是有着不同经历和处于不同位置的主体，我们不是'去物质性的'和'去具身性'的实体。"③ 在反身性方法和方法论中，对研究者经历的强调意味着揭示社会研究的纷繁复杂的本质，这包括研究者以及处于研究和知识生产过程的被研究者和研究群体的伦理和价值立场。④

当新实证主义对于绝对客观性追求的立场受到质疑时，近期的方法论研究开始认识到研究者和研究中的情绪层面，因为这是一个"史无前例的自我意识和质疑的时代"。⑤ 这种思潮，一方面，认为情绪

---

① Brendan Gough, "Deconstructing Reflexivity", in Linda Finlay & Brendan Gough (eds.), *Reflexivity: A Practical Guide for Researchers in Health and Social Sciences*, Oxford: Blackwell, 2003, pp. 21-35.
② James Clifford & George E. Marcus (eds.), *Writing Culture: The Poetics and Politics of Ethnography*, Berkeley, California: University of California Press, 1986.
③ Kim V. L. England, "Getting Personal: Reflexivity, Positionality, and Feminist Research", *The Professional Geographer*, Vol. 46, No. 1, 1994, pp. 84-85.
④ W. Pillow, "Confession, Catharsis or Cure? Rethinking the Uses of Reflexivity as Methodological Power in Qualitative Research", *International Journal of Qualitative Studies in Education*, Vol. 16, No. 2, 2003, pp. 175-196; S. Wilkinson, "The Role of Reflexivity in Feminist Psychology", *Women's Studies International Forum*, Vol. 11, No. 5, 1988, pp. 493-502; K. Lumsden, "Introduction: The Reflexive Turn and the Social Sciences", in Karen Lumsden, Jan Bradford & Jackie Goode (eds.), *Reflexivity: Theory, Method and Practice*, London/New York: Routledge, 2019, pp. 1-24.
⑤ Kim V. L. England, "Getting Personal: Reflexivity, Positionality, and Feminist Research", *The Professional Geographer*, Vol. 46, No. 1, 1994, pp. 80-89; R. E. Olson, J. J. McKenzie & R. Patulny, "The Sociology of Emotions: A Meta-reflexive Review of a Theoretical Tradition in Flux", *Journal of Sociology*, Vol. 53, No. 4, 2017, pp. 800-818.

是社会生活的必要组成部分，而且人际互动本身就是充满情绪的另一方面，① 这种反身性转向的逻辑是，在定性研究中，被研究者是一个主体而不是客体（object）。② 对于社会生活的主体间性本质，维恩（Couze Venn）这样概括："作为一个特定的'谁'，每一个自我都从物质和社会性方面与这个世界相联系。尤其是，自我以联接的形式存在于主体间性行动和理解中。"③

在方法论探究领域，对情绪问题化的尝试包括提出在研究过程中什么引发情绪以及在定性研究中研究者如何处理情绪问题。研究者的情绪作用与认知行为密切相关。④ 霍赫希尔德（Hochschild）指出，感觉原则影响雇员在不同场合与场景下情绪的感受和表达。⑤ 在微观分析框架下，社会学研究指出"情绪与例如身份、结构、不平等、规范性、实践、社区、合法化、政治、互动、社会化和伦理等问题相

---

① B. Gray, "Putting Emotion and Reflexivity to Work in Researching Migration", *Sociology*, Vol. 42, No. 5, 2008, pp. 935-952; Sherryl Kleinman & M. A. Copp, *Emotions and Fieldwork*, London: SAGE Publications, 1993; Oana Romocea, "Ethics and Emotions: A Migrant Researcher Doing Research Among Romanian Migrants", *Sociological Research Online*, Vol. 19, No. 4, 2014, pp. 1-12; R. E. Olson, J. J. McKenzie & R. Patulny, "The Sociology of Emotions: A Meta-reflexive Review of a Theoretical Tradition in Flux", *Journal of Sociology*, Vol. 53, No. 4, 2017, pp. 800-818; S. Scott, "'I Enjoy Having Someone to Rant to, I Feel Like Someone is Listening to Me': Exploring Emotion in the Use of Qualitative, Longitudinal Diary-Based Methods", *International Journal of Qualitative Methods*, Vol. 21, No. 5, 2022, pp. 1-15.

② L. Stanley & S. Wise, *Breaking Out Again: Feminist Ontology and Epistemology*, London/New York: Routledge, 1993; Kim V. L. England, "Getting Personal: Reflexivity, Positionality, and Feminist Research", *The Professional Geographer*, Vol. 46, No. 1, 1994, pp. 80-89; K. Lumsden, "Introduction: The Reflexive Turn and The Social Sciences", in Karen Lumsden, Jan Bradford & Jackie Goode (eds.), *Reflexivity: Theory, Method and Practice*, London/New York: Routledge, 2019, pp. 1-24.

③ Couze Venn, "Narrative Identity, Subject Formation, and the Transfiguration of Subjects", *Subjectivity*, Vol. 13, No. 1-2, 2020, pp. 39-59.

④ J. Holland, "Emotions and Research", *International Journal of Social Research Methodology*, Vol. 10, No. 3, 2007, pp. 195-209.

⑤ Arlie Russell Hochschild, "Emotion Work, Feeling Rules, and Social Structure", *American Journal of Sociology*, Vol. 85, No. 3, 1979, pp. 551-575; Arlie Russell Hochschild, *The Managed Heart: Commercialization of Human Feeling*, California: University of California Press, 1983.

关"。①结合马克思主义和心理分析，艾哈迈德（Ahmed）认为情绪的生产和流通在一定条件下导致社会意义上的后果，如此一来就将情绪纳入政治领域。②在情绪和研究实践方面，讨论集中于情绪在定性研究的信息收集和处理方面的影响，这些学者指出了识别和处理情绪在研究实践中的作用。③这些研究表明，研究者和被研究者之间的情绪共鸣起到了增进情感联系、促成融洽关系形成和团结的作用。④

唐（Down）等人指出，识别田野调查中的情绪失调有着更深远的方法论含义，"情绪是日常生活中的一部分，也应该是日常民族志中的一部分。"⑤麦奎尼（McQueeney）和拉维尔（Lavelle）确定了将情绪劳动转化为分析工具的三个策略："情境化情绪，用情绪揭示研究过程中的权力关系以及将情绪与个人经历相联系。"⑥基于2008年开始的为期15个月的田野调查，我重点强调情境化情绪，以及将情绪与研究者个人经历相联系这两个策略。我主要感兴趣的是情绪的社会性——赋予情绪的意义，特别是在研究过程中情绪共鸣以及失调所

---

① R. E. Olson, J. J. McKenzie & R. Patulny , "The Sociology of Emotions: A Meta-reflexive Review of a Theoretical Tradition in Flux ", *Journal of Sociology*, Vol. 53, No. 4, 2017, pp. 800-818.
② Sara Ahmed, *The Cultural Politics of Emotion*, Edinburgh: Edinburgh University Press, 2004.
③ Nicole Johnson, " The Role of Self and Emotion within Qualitative Sensitive Research: A Reflective Account", *Enquire*, Vol. 2, No. 2, 2009, pp. 191-214; S. Down, K. Garrety & R. Badham, "Fear and Loathing in the Field: Emotional Dissonance and Identity Work in Ethnographic Research", *M@n@gement*, Vol. 9, No. 3, 2006, pp. 87-107; Oana Romocea, " Ethics and Emotions: A Migrant Researcher Doing Research Among Romanian Migrants", *Sociological Research Online*, Vol. 19, No. 4, 2014, pp. 1-12; S. Scott, "'I Enjoy Having Someone to Rant to, I Feel Like Someone is Listening to Me': Exploring Emotion in the Use of Qualitative, Longitudinal Diary-Based Methods", *International Journal of Qualitative Methods*, Vol. 21, No. 5, 2022, pp. 1-15.
④ 斯科特以日记为基础的研究方法，非面对面的研究。这一研究表明，在新冠疫情封控期间，人们共有的沮丧感有助于研究者与研究对象建立情绪联结。
⑤ S. Down, K. Garrety & R. Badham, "Fear and Loathing in the Field: Emotional Dissonance and Identity Work in Ethnographic Research", *M@n@gement*, Vol. 9, No. 3, 2006, pp. 87-107.
⑥ Krista McQueeney & Kristen M. Lavelle, "Emotional Labor in Critical Ethnographic Work: In the Field and Behind the Desk", *Journal of Contemporary Ethnography*, Vol. 46, No. 1, 2016, pp. 1-27.

产生的意义。对情绪进行情境化，一方面可以理性化感受，另一个方面可促使我思考我的经历如何促进知识生产，而这些知识与我的研究群体的经历有着共鸣，从而让我更好地理解研究对象的处境。

感官人类学（anthropology of the senses）或者感官研究（sensuous scholarship）所关注的是文化与个体对于感知、文化和世界观的排序。[1] 与情绪相似，感知（又译为身体感）也是社会建构，它们是通往理解的强有力媒介并代表着感觉结构，而这种感觉结构的根基是政治的。[2] 对于感知的讨论，我所强调的是研究者对这些进程中偶然（serendipitous）发现之实质的把握。"我们的意识总是研究之所以发生的媒介；如果没有研究者这一媒介，那么研究方法或者技术就无从谈起。"[3] 与斯坦利（Stanley）和怀斯（Wise）的论点相符，我的情绪以及身体感知很大程度上是情景化知识（situated knowledge）并提供了重要的信息来源，因此，这些情绪和感知不应该成为分析的阻碍。[4]

很显然，这种探索人类情绪和感官层面的研究对新实证主义所强调的客观性形成了挑战。从研究伦理角度来讲，挑战不是来自于程序伦理（procedural ethics），而是来自于"实践伦理"，即源于研究者和被研究者之间的在日常生活情境中涉及的研究伦理问题。[5] 罗莫西亚（Romocea）指出："并不是所有伦理挑战都具有情绪层面；同样

---

[1] Paul Stoller, *Sensuous Scholarship*, Philadelphia: University of Pennsylvania Press, 1997.
[2] Mandy Thomas, *Losing Touch: Theorising Sensory Dislocation in the Migration Experience*, Migration, Affect and the senses Conference, Center for Cross-Cultural Research, Australian National University, June 16-18, 2004, http://lists.cdu.edu.au/pipermail/csaa-forum/week-of-mon-20040412/000036.html.
[3] L. Stanley & S. Wise, *Breaking Out Again: Feminist Ontology and Epistemology*, London: Routledge, 1993, p. 157.
[4] Sarah Homan, "Anxious Spaces: The intersection of sexuality, the senses and emotion in fieldwork in Nepal", in Susan R. Hemer & Alison Dundon (eds.), *Emotions, Senses, Spaces: Ethnographic Engagements and Intersections*, Adelaide: University of Adelaide Press, 2016, pp. 107-122.
[5] M. Guillemin & L. Gillam, "Ethics, Reflexivity and 'Ethically Important Moments' in Research", *Qualitative Inquiry*, Vol. 10, No. 2, 2004, pp. 261-280.

地，并不是所有情绪层面都具有伦理含义。"① 出于对这些情感层面讨论的需要，我将选择涉及情绪和伦理或者感知的例子作进一步阐释。在这些例子的基础上，本文旨在说明跨越客观性常规边界的研究如何给知识生产作出贡献或者给知识生产增添了新层面。

一、研究的情感包袱

> 只有我们自己，作为研究者已经经历了这些状态，才能理解非理性和情绪化的状态。
>
> ——伊皮兰加（Ipiranga）②

在进一步了解之后，我才知道宋赛（开篇所提到的老族男性），实际上娶了一位老挝少数民族，即普内（老挝语：Phounoy）女性为妻。那他为什么对阿卡女性会存在如此大的偏见呢？这里需要指出的是，老挝是世界上最早承认民族平等的国家之一。③ 然而，尽管政治辞令中所描述的"老挝文化"是建立在多民族的概念之上并强调其自治的历史，但其文化发展也符合该地区其他国家的发展趋势。与其他东南亚的少数民族类似，阿卡也受到指引走向了与国家文化相呼应的生活方式，而这种国家文化是以低地老族文化为主导的。④

在老挝，甚至在整个大湄公河次流域，阿卡这一民族有着特殊

---

① Oana Romocea, "Ethics and Emotions: A Migrant Researcher Doing Research Among Romanian Migrants", *Sociological Research Online*, Vol. 19, No. 4, 2014, pp. 3.
② T. A. Ferreira, L. D. Fantinel & R. D. A. Amaro, "Body and senses in Organizational Research: Empathic Understanding from an Embodied Experience", *Revista de Administração Mackenzie*, Vol. 22, No. 5, 2021, pp. 1-27.
③ Grant Evans, *A Short History of Laos: The Land in between*, New South Wales: Allen & Unwin, 2002.
④ Jean Michaud & John McKinnon, "Introduction: Montagnard Domain in the South-East Asian Massif ", in J. Michaud (ed.), *Turbulent Times and Enduring Peoples: The Mountain Minorities of the South-East Asian Massif*, Richmond, Surrey: Curzon Press, 2000, pp. 1-28.

的含义,而这些含义经过社会再加工后,往往是贬义的。① 在琅南塔省,勐批(老挝语:Muang Phi)② 维系着低地泰泐人的优越感,从而使之区别于甚至优越于高地民族。③ 而在东南亚,关于阿卡多性伴侣行为的谬论维系着人们对老挝阿卡女性的猎奇幻想。④ 就如埃斯科瓦尔(Escobar)和弗格森(Ferguson)的研究表明,发展与援助最终不一定能实现预期的目标,甚至往往会产生一定的无法控制的影响。⑤ 在发展、现代化和国家构建的尺度下,作为高地少数民族之一的阿卡是一个需要改变的群体。⑥ 尽管发展项目的出发点很好,但是往往会带来无法预计的后果。⑦ 随着对当地发展组织的深入了解,我发现一些失败的发展项目带给参与人员的挫败感是显而

---

① 关于国际发展组织对当地人的援助及其后果的研究请参阅 David M. Anderson & Vigdis Broch-Due (eds.), *The Poor Are Not Us: Poverty and Pastoralism in Eastern Africa*, Oxford: James Currey, 2000; Vigdis Broch-Due & Richard A. Schroeder (eds.), *Producing Nature and Poverty in Africa*, Uppsala: Nordiska Afrika Institutet, 2000。
② 勐批(Muang Phi),泰语语族的护卫神灵。
③ Paul T. Cohen, "Lue Ethnicity in National Context: A Comparative Study of Tai Lue Commu-nities in Thailand and Laos", *Journal of the Siam Society*, Vol. 86, No. 1-2, 1998, pp. 49-61.
④ C. Lyttleton & D. Sayanouso, "Cultural Reproduction and 'Minority' Sexuality: Intimate Changes among Ethnic Akha in the Upper Mekong", *Asian Studies Review*, Vol. 35, No. 2, 2011, pp. 169-188.
⑤ Arturo Escobar, *Encountering Development: The Making and Unmaking of the Third World*, Princeton, New Jersey: Princeton University Press, 1994; James Ferguson, *The Anti-politics Machine: "Development", "Depoliticization" and Bureaucratic Power in Lesotho*, Cambridge: Cambridge University Press, 1990.
⑥ Paul T. Cohen, "Resettlement, Opium and Labour Dependence: Akha-Tai Relations in Northern Laos", *Development and Change*, Vol. 31, No. 1, 2000, pp. 179-200; Paul T. Cohen & Lyttleton, "Opium-reduction Programmes: Discourses of Addiction and Gender in Northwest Laos", *Sojourn: Journal of Social Issues in Southeast Asia*, Vol. 17, No. 1, 2002, pp. 1-23; C. Lyttleton & D. Sayanouso, "Cultural Reproduction and 'Minority' Sexuality: Intimate Changes among Ethnic Akha in the Upper Mekong", *Asian Studies Review*, Vol. 35, No. 2, 2011, pp. 169-188; C. Lyttleton & Paul T. Cohen, "Harm Reduction and Alternative Development in the Golden Triangle", *Drug and Alcohol Review*, Vol. 22, No. 1, 2003, pp. 83-91.
⑦ James Ferguson, *The Anti-politics Machine: "Development", "Depoliticization" and Bureaucratic Power in Lesotho*, Cambridge: Cambridge University Press, 1990; C. Lyttleton & Paul T. Cohen, "Harm Reduction and Alternative Development in the Golden Triangle", *Drug and Alcohol Review*, Vol. 22, No. 1, 2003, pp. 83-91.

易见的。① 而宋赛所表现出来的情绪即是将这些挫败感所带来的憎恶感投射到了更为无权的阿卡女性身上。

在老挝琅南塔省的芒新（Muang Sing）和芒龙（Muang Long）两个县，阿卡虽然在人口数量方面是多数民族，但却是处于弱势的扶贫对象。② 传统上，阿卡人以刀耕火种为主要农业生产方式。从 21 世纪初开始，随着由国家主导的安置和清除罂粟运动以及山区生计日渐萧条，阿卡人陆续下山，并努力在以老族为主导的低地谋生。随着在地研究的持续进行，我发现，包括阿卡在内的山地少数民族均被低地老族视为"反叛的和危险的"。③

在此之前，我和当地阿卡人没有任何联系，但他们仍把我识别为其中一员，其主要原因在于语言相通。在 21 世纪前十年，研究者在老挝开展实地调查，获得正式身份非常关键。④ 因此，我与这个政府间合作的发展机构的附属关系给我的实地调查带来了便利。有了实习生这一"官方"身份，我可以很大程度上避开"守门人"，拜访阿卡村寨。由于我住在发展机构的职工大院里，尽管这些职工对我的反应没有宋赛那么强烈，但他们对我的日常观察还是让我感到非常不自在。因为凝视（gaze）在生产主观性和塑造主体方面有着工具性的作用。在对一个嫁给中国汉族人的老挝阿卡妇女的访谈中，她表示不理解我这么一个接受过良好教育的中国人为什么要跑去老挝山区这样的"蛮夷"之地。也即，研究者对于研究所带来的情绪压力比较易感。⑤ 正如从我和宋赛的谈话中可以看出，我作为"研究者"和"（阿卡）

---

① 来自与驻扎在琅南塔省的两家德国和法国发展援助机构负责人的个人交流。
② 在琅南塔省，阿卡主要分布在芒新和芒龙两个县。在 2008 年，阿卡分别占芒新 31 764 人口的 48% 和芒龙 30 461 人口的 70%。（数据来源：Paul T. Cohen, "The Post-Opium Scenario and Rubber in Northern Laos: Alternative Western and Chinese Models of Development", *International Journal of Drug Policy*, Vol. 20, No. 5, 2009, pp. 424-430。）
③ 这种刻板印象主要源于山地民族的罂粟种植历史以及轮作的农业生产方式。
④ Sarah Turner (ed.), *Red Stamps and Gold Stars: Fieldwork Dilemmas in Upland Southeast Asia*, Vancouver: University of British Columbia Press, 2013.
⑤ G. Howarth, "What's Emotion Got to Do with It? Reflections on the Personal in Health Research", *Annual Review of Health Social Sciences*, Vol. 8, No. 1, 1998, pp. 2-7.

其中之一"时内心的挣扎。我选择倾听而不是与宋赛对抗，从而使自己目的性地与研究群体保持心理距离，但我同时亦内疚无比。事实上，在日常生活中，研究项目、研究群体和我之间的权力关系逐渐变得过于复杂，我也很难摆脱自身的这些感受。

大贯惠美子（Ohnuki-Tierney）提出，为了获得客观性，人类学者应该与被观察者保持距离，她指出"保持距离取决于我们的知识能力，它不但要对行为模式或模型进行抽象，而且要在抽象情感和情感过程中保持距离"[1]。过度的同理感有时会变成情感负担，所以我遵循计划中的"多点调查"法，从而与阿卡社区"保持距离"。在德斯贾莱斯（Desjarlais）的"麻木感知"（dulling senses）的基础上，赫曼（Homan）指出，在实地研究中的感知和感受能够促进认知。但是，从另一方面来说，为了保护研究者，使其不受这些因素的影响，我们应该通过麻木这些个体感受从而达到回避的目的。她指出："麻木的前提是已经对此有感知。"[2] 莱鲁姆（Lerum）建议，为了获得客观知识，"我们应该沉浸于主观感受中，而不是压抑情绪，我们应该显露自己的情绪，并与研究对象达到情绪上的回应"[3]。我向我的导师克里斯·利特尔顿（Chris Lyttleton）[4] 寻求建议，他回答："阿卡也是人，他们痛并快乐着。"导师的建议中隐含了我所处状况的危险性，即过度情绪化的结果是我实际上将研究对象视为客体。

除了情绪负担外，我的田野调查还遇到一个瓶颈，必须寻找出口。起初，我对于田野调查的预想是，由于我并不是研究一个完全陌

---

[1] Emiko Ohnuki-Tierney, "'Native' Anthropologists", *American Ethnologist*, Vol. 11, No. 3, 1984, p. 584.
[2] Sarah Homan, "Anxious Spaces: The Intersection of Sexuality, the Senses and Emotion in Fieldwork in Nepal", in Susan R. Hemer & Alison Dundon (eds.), *Emotions, Senses, Spaces: Ethnographic Engagements and Intersections*, Adelaide: University of Adelaide Press, 2016, p. 112.
[3] Kari Lerum, "Subjects of Desire: Academic Armor, Intimate Ethnography, and the Production of Critical Knowledge", *Qualitative Inquiry*, Vol. 7, No. 4, 2001, p. 479.
[4] 克里斯·利特尔顿（Chris Lyttleton）为澳大利亚麦考瑞大学人类学系教授，主要研究区域为泰国和老挝，研究方向为疾病人类学。

生的群体，那么开展定性调查应该不会有很大问题。相应地，我把田野调查划分为三个阶段。第一阶段，我在11个阿卡村子里开展了入户生计调查。在此阶段，随着与村民的熟悉度增加，田野工作的基础相对扎实，我与村民之间建立了一定程度的理解。在第二阶段，我以所获信息和资料为基础，选择了5个村子进行集中观察。在第三阶段，除了对上述5个村子的回访之外，我也对琅南塔省各级政府的部分工作人员进行访谈。我认为，与研究对象在文化上的相似性本应有益于我与他们建立良好关系，但我总会感觉实地调查缺失了一些东西。从我的博士项目研究初始，我就对由兴趣与个人经历驱动的研究和由方法导向的研究有所认识。因此，我打算将"当地人视角"纳入到调查方法之中。为此，我意在通过缩小与研究对象的距离，形成建立以信任和支持为原则的互动研究关系。因为作为研究者，我们带着收集信息的框架来到田野，但如果我们不在场，研究对象的生活又将是什么样的景象呢？

然而，矛盾的地方是，寻找消解情绪负担的方式打开了一扇通往新世界的门。我最终决定采用"当地人视角"的方式并更深度的浸入。我从机构大院搬了出来，在芒新早市附近租了一个房子。这个地点距一些接受移民安置的阿卡村民所住之处不远，这些村民每天的生活日常就是辗转于各个种植园区务工。凭着对阿卡社交方式的认识，我的直觉告诉我，那些通过走访村子而认识的阿卡一定会来我新租住的地方找我。[①] 改变交流地点确实是对驻村田野调查的有益补充：在村子之外，人们可以更放松地谈论村内的事。所以，除了参与我在村子里的田野研究，来访的村民也可以在路过时，甚至是"不请自来"地特意来到我租住的房子里聊天或者吃饭。

将研究对象请入我的生活情景中，对于后续研究是非常重要的。将研究对象当作主体使我的研究变得鲜活起来，这是因为人类生活

---

① 作为一种阿卡文化传统，阿卡人都是亲戚。

的本质并不是固定的，而是不断变化着的。维恩指出："我们知道，如果不考虑性别或种族、阶层或种姓等要素，以及其中的权力关系的话，是无法弄明白个体的。"① 于是，我决定接受和坦然面对情绪负担。

然而，遵从当地人的社会交往惯习并不等于我自认本土人类学者，即便我具备一定程度的文化敏感性，并且凭借这些敏感性，我能识别出本土和地方性的内容。总的来说，由于相似的语言和文化，我从民族身份上认同老挝阿卡社区，但是我也察觉到了我和他们之间的物质与社会距离。② 而且，这些都与我个人的人生经历有关，即无论在国内还是国外，我都是一位少数民族女性，以及一个出生并成长在从物质相对匮乏到充裕的经济转型时期的中国人，同时，还是一个接受了多年人类学学术训练的学人。对此，我将田野工作中的情绪、感知，以及个人的人生经历交织在一起，在以下三个田野遭遇中说明这些要素的集合在跨越绝对客观性边界的同时，是如何指引研究者抓住并揭示复杂的社会经验本质的。

二、跨越绝对客观性边界：
田野互动中的情绪和感知

伴随着20世纪80年代的"身体转向"和接下来的"感官转向"，人类学界出现了大量强调情绪和感知在人文及社会科学中的重要性的呼声，但却没有出现相应的教科书式的调查方法研究。这在很大程度上体现了人类社会的异质性以及易变性。然而，应当承认研究者在田

---

① Couze Venn, "Narrative Identity, Subject Formation, and the Transfiguration of Subjects", *Subjectivity*, Vol. 13, No. 1-2, 2020, p. 58.
② C. Geertz, "Thinking as a Moral Act: Ethical Dimensions of Anthropological Fieldwork in the New States", *The Antioch Review*, Vol. 28, No. 2, 1968, pp. 139-158; Kirin Narayan, "How Native Is a 'Native' Anthropologist?", *American Anthropologist*, Vol. 95, No. 3, 1993, pp. 671-686.

野调查中的情绪和感知在获取调查信息中的作用,并从根本上承认研究者和研究对象处于相对密切的互动关系中。如下文所示,与实地调查开展前的调查设计不同,一些意料之外的田野遭遇往往会带来新的分析思路。

(一)与阿卡女性雇佣劳动力的无间之交

> 文化报道人与研究者分享的那些生活、爱和悲剧是最根本的信息,对于真正具有研磨力的民族志磨坊来说,是最有益的原料。
>
> ——史黛西(Stacey)[①]

在芒新生活了6个月后,随着更多阿卡人知晓我属于同阿卡有关联的民族,我逐步建立起了自己的阿卡社会圈子,其中之一是与阿卡女性雇佣劳动力的交际圈。2003年之后,这些阿卡女性跟随家人从高地搬迁到低地,却遭遇了无地或者缺地的窘境。有时,她们中的一些人会在我的租屋里过夜,以便能在第二天早上到达做工地点。人类学者往往要置身于不同的社会环境,而从某些层面来讲,这种感受与这些女性所经历的孤立和排斥是相通的。我感受到,由于这些女性知道我能理解她们的经历(我和她们同属于相似群体),所以在访谈中她们表现得比较自如。除此之外,我还对我在老挝的工作经历直言不讳,我相信自我披露(self-exposure)在本研究的情境中是非常适用的,因为参与者通常也会提及她们所经历的但是别人不在意或者无法理解的情形。在这个过程中,我个体的情感逐渐向民族志规范中的同理和同理感靠拢。

面对我时,一些女性对于她们的生活境遇表达得很直接,通常会

[①] J. Stacey, "Can There Be a Feminist Ethnography?", *Women's Studies International Forum*, Vol. 11, No. 1, 1988, p. 23.

用一种自怜的口吻，如"阿卡太惨了！"。渐渐地，我开始适应这种自我叙述和遭遇困境时的生存策略，尽管这种适应并不能让访谈和观察变得更容易。一个晚上，在闲谈的时候，妹四（Mae Se）突然告诉我她有 11 个孩子。我很吃惊，因为我认识她快一年了，且我熟识她的 4 个孩子。我以为我听错了，但还是不禁问道："其他的去哪里了？"她说道："我们经常会发烧，他们都是因为高烧不在了。"听到这个回答，我试图忍住眼泪，但这让我的姿势变得很奇怪。在我看来，这可以被定义为"伦理重要时刻"，正如吉列明（Guillemin）和吉拉姆（Gillam）所定义的"在研究实践中发生的困难、隐晦却难以意料的情形"①。吉列明和吉拉姆提出，在这种时刻，将关系处理到位，能让之后的研究顺利进行。尽管妹四看到我的不安，但她并没有期待我对此有所反应。从她的角度，这可以被解读为一种极度的信任。在此，伦理时刻形塑了我和研究对象的情感关系，我对她的这一情感回应，给我们双方都提供了"泄洪"的作用，从而让我们俩的谈话更为开诚布公。

当我问及为钱出卖劳动力的问题时，这些阿卡女性很坦白地说，她们不在意工作有多辛苦，但是一旦包工头或者监工拒绝她们的工作申请，她们会觉得羞耻（阿卡语：saduo）。这不仅仅意味着失去一天的收入，更包括作为女性和少数民族无法与他人相提并论的感受。我将"saduo"这个对感受和情绪的口头表达问题化，在此基础上我还将她们对于雇佣劳动的身体和情绪体验扩展至更广泛的议题。例如，贫困的个体化概念，特别是贫困的身体体验。②换言之，有的人将贫困的原因归于结构因素，而在阿卡的认知中，它却是一个个人化问题

---

① M. Guillemin & L. Gillam, "Ethics, Reflexivity and 'Ethically Important Moments' in Research", *Qualitative Inquiry*, Vol. 10, No. 2, 2004, pp. 261-280.
② Li Yunxia, "In between Poppy and Rubber Fields: Experimenting a Transborder Livelihood among the Akha in the Northwestern Frontier of Laos", in Dan Smyer Yü & Jean Michaud (eds.), *Trans-Himalayan Borderlands: Livelihoods, Territorialities, Modernities*, Amsterdam: Amsterdam University Press, 2017, pp. 243-262.

(personalized notion of poverty)。也就是贫困不一定是资源分配不均所致,因为在他们的生活经历中很少有被平等对待的体验。而摆脱贫困更多地与个人是否能通过有利的人际关系获得资源以及市场机会有关。如此一来,这种根源于地方和个体的体验和表达,揭示了阿卡如何适应低地生活方式,以及应对由于全球化、现代化和老族化引发的结构变迁。

从乐观的一面来看,或者用增权(empower)这个女性主义的术语来说,我对这些阿卡女性的访谈以及日常相处中的交流,可能促使她们反思和重新评估自己的生命经历。确实,她们在描述对低地生活的适应时确实感到难堪,但是同时也说明了她们"努力跟上"的愿望。为了适应低地生活方式,她们愿意穿上老族筒裙以看起来更像低地老族女性。其中的一位自嘲道:"比起需要自种棉花手工缝制的阿卡服装,购置机器生产的老族筒裙更便宜、更省事。"对此,有关山区村民对社会变迁的适应研究,这些研究往往提示着一种入侵性质的低地政权与反抗的高地村民的二元对立。如阿尔廷(Alting)使用"自我边缘化"(self-marginalization)来描述阿卡应对低地民族的策略。① 以民族国家兴起前的情况为例,斯科特(Scott)给佐米亚人(Zomian)赋予了能动性,他认为,佐米亚人回避的方式其实是对低地政体的一种抵抗。② 通过与包括这些女性在内的阿卡的交往,我所发现的是一种折中的路线,即在面对新的市场机会时,他们确实持有

---

① L. Alting von Geusau, "Dialectics of Akhazan: The Interiorizations of a Perennial Minority Group", in John McKinnon & Wanat Bhruksasri (eds.), *Highlanders of Thailand*, Kuala Lumpur: Oxford University Press, 1983, pp. 243-276; L. Alting von Geusau, "Overview of Politico Economic Structures in Akha Culture, The Akha in the Muang Sing District of Luang Namtha PDR Laos and Expectations, Challenges, Stress, Responses of Some Akha Villagers in Muang Singh Area Regarding the Problems of Marginalisation and Development Assistance", report made on the request of GTZ Lao-German Integrated Food Project, 1997.
② James C. Scott, *The Art of Not Being Governed: An Anarchist History of Upland Southeast Asia*, New Haven: Yale University Press, 2009.

一些佐米亚意识（Zomia thinking），①但是同时，在阿卡寻找其在世界中的位置时，在被纳入主流发展逻辑时，阿卡也会选择性地保留一些原生性文化特征。②

（二）早市的"气味"

在老挝，谁不喜欢在早市里吃上一碗粉（老挝语：kao suoi）呢？老八，一位来自于扬赛村（老挝语：yangxai）的卫生员却能抵挡这一市场里的当地美味，而且他很少花钱购买食物。在当地，从自给自足为导向到以市场为基础的经济转型产生了不同的具身体验。老八告诉我，他喜欢攒钱买地和买房，原因就是别人只看得到你的住所和穿戴，而不一定看得到你所吃的东西。对他来说，赶集这一念头会激发他失去微薄的血汗钱的焦虑感。他向我倾诉，他不愿意去市场是因为那个地方让他意识到缺钱。尽管老八是让我意识到身体感这个问题的人，然而一旦觉察到这一点，我就能在很多研究对象身上找到身体感这个问题。

在市场里，一家中国米线摊提供了新风味，并吸引了一些老族顾客和一些常住于低地的阿卡人。起初他们不太适应味道浓郁的中国食物，就像一个阿卡朋友的儿子在吃了一口中国米粉后就吐了。一位七十多岁的阿卡老妇不愿意吃我做的中国饭菜，因为她不习惯中国食物，而我却以为菜里放了很多肉她应该会喜欢。此情此景，奶奶无法

---

① 斯科特在对民族国家兴起前的东南亚高地与低地政权的关系进行评述时，指出高地民族为了逃避低地政权的控制，进行了包括农业生产方式的一系列改变。同时，佐米亚地区的人具有逃离国家管控的意识和想法。相关讨论详见James C. Scott, *The Art of Not Being Governed: An Anarchist History of Upland Southeast Asia*, New Haven: Yale University Press, 2009; Sara Shneiderman, "Are the Central Himalayas in Zomia? Some Scholarly and Political Considerations across Time and Space", *Journal of Global History*, Vol. 5, No. 2, 2010, pp. 289-312。
② Li Yunxia, "In between Poppy and Rubber Fields: Experimenting a Transborder Livelihood among the Akha in the Northwestern Frontier of Laos", in Dan Smyer Yü & Jean Michaud(eds.), *Trans-Himalayan Borderlands: Livelihoods, Territorialities, Modernities*, Amsterdam: Amsterdam University Press, 2017, pp. 243-262.

接受电饭锅的事浮现在我的脑海中：在20世纪80年代的中国，电饭锅成了厨房里的特色，与大部分开始知晓和体验现代化的工薪阶层一样，我父母对于拥有一个能够节省做饭时间的家用电器感到很兴奋。在那个时期，很少有娱乐场所能够准时开场，但随着时间和效率意识的增长，人们开始变得守时，例如，开会和电影院开场变得准点。我奶奶只习惯用传统木制蒸笼蒸制预先泡好的米，不喜欢用电器煮制的米饭，她认为这种米有"电味"，吃起来味道不自然。同样，老挝阿卡味觉体验的例子体现了人们进入到以市场为基础的经济时代的那种"发自肺腑"的矛盾心态。我试图捕捉的是，人们在簇拥新事物（现代）的同时，却总是与"旧方式"——传统的食、行和感知纠结在一起。

对于年轻的阿卡女性，集市提供了现代性的终极体验。她们流连于售卖从泰国进口的增白霜、洗发水、廉价香水和卫生巾等的商品摊。她们享受这些物品所散发出的香气，就如她们在摩托车上的感受一样。或许有人会认为当地人陷入了消费主义困境，但是我所看到的是这些物品所带来的舒适感和他们对现代的渴求。从这一点上也可以看到我在本研究中的作用，捕捉那些无法直接可见的材料的独特形式，并提供对当地人生活的更为微妙的理解。

（三）"不太像个阿卡女人！"

有时，我会问自己，我观察到的当地生活，其展演成分是不是多于真实性？有一件事消除了我的疑虑。我是在一种非常尴尬的情况下，第一次到达山区的村子。在路况好、天气好的情况下，从低地到山区的村子，（摩托车）骑行时间为4小时，但是由于我和助理遇上了大雨和路面坍塌，所以用了7个小时。到达村子时，我们又冷又饿，更糟糕的是我开始腹泻。驻村的老挝政府工作人员阿四，一个阿卡男性，帮助了我，给了我一些药。第二天，为了表达对他的谢意，我给了他我带的鱼罐头。为此，阿四说："无论从哪里来，阿卡都是一家人。"其实起初,在村子的时候,阿四对我的关照就超越了普通亲戚。在第一次见面后,他就让村主任杀了一只鸡给我改善伙食。他还老跟着我,结果,村民中都谣传我是阿四的女朋友。村主任都打趣道:"你得永远待在老挝了。"

作为阿卡亲戚的民族身份拉近了我和阿四的距离,但我个人觉得这种民族纽带非常不自在,阿四想通过民族纽带占我的便宜。一句话总结,如果我被看作阿卡,一个阿卡女性,那么就意味着要遵循阿卡的追求方式——未婚阿卡女性拒绝男性的挑逗会被看作"无理"的。但是阿四发现,他无法让我迫于他的权威而成为他的"玩物",很快他无计可施,就开始威胁我。有一次,在和村主任一家吃晚饭时,当着所有人的面,他开始吹嘘自己并不存在的职权。他开始数有多少外国人为了留在老挝向他行贿。我觉得阿四的这番言论有弦外之音,知识女性的本能同样也激发了我的愤慨,我对他说:"如果你说的都是真的,那么你应该比现在有钱多了,要知道芒新有很多外国人。"

这一民族志片段属于布莱克曼(Blackman)所述"隐匿的民族志",即"鉴于其争议性而未公开的民族志经验信息"。① 然而,与赫曼等人的经历相似,② 这些信息成为我研究中的重要部分。我辗转于不同的阿卡家户,被他们的日常谈话吸引,我同样也注意到了男女两性之间的紧张关系和举止行为的微妙之处。我小心地尝试把我的经历与其他人的经历相比较。也许是因为我对阿四的对抗举动,有的阿卡女性跟我分享了她们认为自己不被公平对待的经历。除此之外,她们的经历往往在社区层面受到漠视。基于我对阿卡社区和家户层面的性

---

① Shane J. Blackman, "'Hidden Ethnography': Crossing Emotional Borders in Qualitative Accounts of Young People's Lives", *Sociology*, Vol. 41, No. 4, 2007, p. 700.
② Sarah Homan, "Anxious Spaces: The Intersection of Sexuality, the Senses and Emotion in Fieldwork in Nepal", in Susan R. Hemer & Alison Dundon (eds.), *Emotions, Senses, Spaces: Ethnographic Engagements and Intersections*, Adelaide: University of Adelaide Press, 2016, pp. 107-122.

别关系的理解，我创造性地使用"性别化渴望"（gendered yearnings）以概念化老挝阿卡女性在新的历史时期对自我的展望。① 我对此议题的关注缘由被罗威（Lowe）和肖特（Short）把握得很准确："不要忽略或者否认结构性要素，反而应该让多种声音出现。"② 相应地，这种关切有助于研究者发现来自弱权群体的更为细致的叙述，从某一程度上，也减少了我作为一个女性学术工作者的情绪压力。

三、局内人与闯入者：伦理考虑与知识生产

以上描述的与阿卡的三个例子表明了我在田野工作中的角色模糊与多重身份。在第一个例子"与阿卡女性雇佣劳动力的无间之交"中，通过情感联系和交换，我作为局内人参与到她们的生活中。依靠"观察"而非"参与"，以反身性的方式，我将自己的经历纳入到观察中：我成长于中国的改革开放年代，同其他普通中国人一样，我们开始能够购买并品尝到市场中的新食物。我将嗅觉与味觉的不适和舒适同伴随着现代性到来的结构感受相联系。最后一个例子中，在老挝，人们将我看作阿卡女性，我也有了"作为老挝阿卡女性"的体会。富勒（Fuller）提出，在研究过程中，民族志工作者必须跨越多样的社会世界，以及重新调整我们的身份和位置，应该将民族志看作研究者和研究本身的一种有益经历。③

然而，随着浸入的深化，知识与个人之间的界线变得模糊，伦理

---

① Li Yunxia, "Leaving the Mountain: Wage Laborers and Gendered Yearnings in a Northwest Lao Border Town", in Dan Smyer Yü & Karin Dean (eds.), *Yunnan-Burma-Bengal Corridor Geographies: Protean Edging of Habitats and Empires*, London/New York: Routledge, 2021, pp. 205-226.
② M. S. Lowe & J. R. Short, "Progressive Human Geography", *Progress in Human Geography*, Vol. 14, No. 1, 1990, p. 8.
③ Duncan Fuller, "Part of the Action or 'Going Native': Learning to Cope with the 'Politics of Integration'", *Area*, Vol. 31, No. 2, 1999, pp. 221-227.

顾虑开始出现，浸入的负面影响变成"伦理的关键时刻"。[①] 在妹四的例子中，她的理解和我的情绪彼此回应，我们化解了潜在的伦理问题。在阿四的例子中，女性本能驱使我与他对抗。从研究角度上来讲，这是非伦理的吗？如果我选择不对抗，那么我是不是会面临更多类似的遭遇？

对于闯入者身份，从一方面来讲，我们承认研究者对于当地社会结构的影响是植入性的。[②] 从另一方面来讲，由于我的出身/位置是与阿卡相关的少数民族，那么我对阿卡的同理感又是否超越了研究者的身份。换句话来讲，反身性有时会将更多关注点放在研究者而不是研究和研究对象的伦理与政治本身。[③] 正如郑明河（Trinh）所质疑的："你如何在不暴露对你及同类的极度自恋描述的情况下描述差异。"[④] 通过对情感的情境化，将情感与研究者经历相关联，我承认我的出现以及少数民族背景（但是似乎不受性别约束）影响到了我身边的，尤其是那些与我年龄相仿的阿卡女性采取行动和自我改变。因此，我在一个关于阿卡女性雇佣劳动力的研究中，对在语义情境下我对阿卡妇女们有关自己的社会处境认知的影响做出了分析。[⑤] 同时，由于她们力图接受周围发生的变迁，也敦促我关注到她们自我塑造和自我改变的进程。在人员、观念和资本不断涌入老挝的正在发生的进程中，人际间交换和影响正在成为需要进行剖析和分析的现实。

[①] M. Guillemin & L. Gillam, "Ethics, Reflexivity and 'Ethically Important Moments' in Research", *Qualitative Inquiry*, Vol. 10, No. 2, 2004, pp. 261-280.

[②] J. Stacey, " Can There Be a Feminist Ethnography?", in S. Berger Gluck & D. Patai eds., *Women's Words: The Feminist Practice of Oral History*, New York/London: Routledge, 1991, pp. 11-19.

[③] K. Lumsden, "Introduction: The Reflexive Turn and the Social Sciences ", in Karen Lumsden, Jan Bradford & Jackie Goode (eds.), *Reflexivity: Theory, Method and Practice*, London/New York: Routledge, 2019, pp. 1-24.

[④] Minh-Ha Trinh, *Woman, Native, Other*, Bloomington: Indiana University Press, 1989, p. 28.

[⑤] Li Yunxia, "Leaving the Mountain: Wage Laborers and Gendered Yearnings in a Northwest Lao Border Town", in Dan Smyer Yü & Karin Dean (eds.), *Yunnan-Burma-Bengal Corridor Geographies: Protean Edging of Habitats and Empires*, London/New York: Routledge, 2021, pp. 205-226.

四、结语

直到我离开老挝,甚至是在写这篇文章的时候,我始终不清楚宋赛为什么说阿卡妇女"脏",我也许永远无法得知这个问题的确切答案。但是和宋赛的谈话成为我在田野点实地研究中情感和感知层面的起点。同时,这个田野插曲的意义在于它不断促使我去思考我的认知基础是什么。作为女性、少数民族和知识分子,我自身作用于其中。

情绪和感知本身是政治性的,因为其反映了田野地点的更广义的模式和动态。因此,为了追寻绝对客观性和价值无涉的研究从而否定情绪的存在,将会遮蔽我在田野所收获的知识。至少在一定程度上,这些情绪和感知体验有助于我理解我进入的世界的情景和关系。辗转于"局内人"和"闯入者"之间,我试图强调的是,调查者的经历以及调查者和被调查者的互动结果在塑形知识生产中的作用。

[责任编辑:高良敏]

Emotion, Senses and Ethical Considerations of Doing Fieldwork in Upper Land Laos

LI Yunxia

Abstract: This paper explores both emotional and sensory dimensions of fieldwork that emerge while conducting qualitative research as a Chinese minority researcher (Hani) who shares some cultural similarities with the researched (Akha) in Laos. I illustrate how field research is shaped by the researcher's biography as well as ethnographic encounters thus oriented to the subtle, non-verbal, and immaterial dimension of human life that may become silenced by power contests at multiple levels. I argue that recognizing and analyzing these affective dimensions requires reflexivity, which adds new insights to empirical knowledge. While social proximity is at work to sustain a dialogical relationship between the researcher and the researched, ethical dilemmas arise when the boundaries of privacy become blurred. Therefore, it necessitates an alternating of the researcher's role as either "insider" or "intruder" to the research group. Of equal importance, felt emotions, senses, and ethical issues we encounter are essential for better and more nuanced understandings of the nature of the social, cultural, and political processes we study.

Keywords: upperland Laos, qualitative study, emotion, senses, research ethics

从"他者"到"我们":俄罗斯黑土区田野工作的回顾

马 强[*]

摘 要: 回顾本人在俄罗斯黑土区的田野工作,最为深刻的感受便是从"他者"转变为"我们"。这种转变是调查者主动采用各种策略获得在当地社区的合法身份,以克服进入和融入田野点所面临的诸多困境。与此同时,异文化也存在将"他者"塑造为"我们"的机制,调查者越是深入田野,越能感受到异文化的吸引和塑造力量。在"他者"与"我们"的互动与转换中,调查者获得了认知和深描当地社会的机会和途径。在这个意义上,中国人类学海外民族志研究更具优势,对已有的研究进行回顾和反思,可以为区域国别研究提供方法论支撑。

关键词: 海外民族志;合法身份;俄罗斯黑土区;他者

2009年春夏之交,我在俄罗斯南部沃罗涅日州顿河边的拉特诺耶村[①]进行田野调查。住到村里的第二天,房东薇拉便让我随她去村

---

[*] 马强,中国社会科学院俄罗斯东欧中亚研究所副研究员,中国社科院俄罗斯研究中心副秘书长,主要研究方向为俄罗斯社会与文化、海外民族志、政治人类学。

[①] 沃罗涅日州位于俄罗斯黑土中央区。该地土壤肥沃、气候条件好,是俄联邦传统的农业区,黑土区有40%的农业人口。拉特诺耶村位于沃罗涅日市(沃罗涅日州首府)城郊,历史上是由逃往此地的扎波罗热哥萨克人建村。该村居民主要为俄罗斯族人,信仰东正教,村中喀山圣母教堂建于1863年。

里的教堂参加圣三主日①礼拜。薇拉②人如其名，是虔诚的东正教徒。圣三主日早上，薇拉很早就叫我起床，还塞给我两张字条：一张字条抬头写着"祈祷健康"（о здоровье），另一张上画着东正教十字架。薇拉向我解释道："前一张是为自己和在世的亲人、朋友祈祷健康，后一张是为逝去的亲友安魂。在字条上写上他们名字，交给神甫，神甫会在礼拜中为这些人祈福、安魂。"按照薇拉的吩咐，我在"祈祷健康"的字条上写了自己的名字，是用俄语拼写的汉语名字。教堂钟声在清晨响起，我随薇拉走进村中弥散草木清香的教堂，按照薇拉的指示，我把字条交给教堂执勤妇人。她拿着我的字条看了半天，最终没有接受我的字条。她对薇拉说："他不是我们的人，不是俄罗斯人（не наш, не русская душа）。"

教堂里执勤妇人的话让我印象深刻，也思索许久：谁是"我们"？如何成为"我们"？回顾我在俄罗斯黑土区的田野调查，这两个问题萦绕始终。简言之，如何处理调查者和当地人、自我和他者的关系。局外人/局内人关系一直是人类学民族志方法的重要议题。通常，民族志学者将自己的角色定位为"他者"，相应地，当地人更会把调查者视为"外人"。如果按照玛丽·道格拉斯的理解，调查者是闯入社区的"危险"的存在。人类学民族志学者进入田野并不只是进入调查的公共和私人空间，而是要突破"我们"的界限，融入其中。民族志方法要求调查者"在那里"（being there）以及积极参与身边的互动，研究者才能够更为切近地体验和理解"局内人"的观点。③ 同时，还要保持足够的理性距离以确保研究者能够批判地分析他们所参

---

① 圣三主日（День Святой Троицы），复活节后第 50 天，又称五旬节（Пятидесятница）。因第 50 天"圣灵"降临，所以又叫圣灵降临节、"三位一体"节。这一节日保留了很多古斯拉夫人悼亡节的仪式：用供品来祭奠植物的神灵和祖先的神灵以求得保佑。
② 薇拉（Вера）的词根具有"信仰"之意。
③ 林恩·休谟、简·穆拉克编：《人类学家在田野：参与观察中的案例分析》，龙菲、徐大慰译，上海译文出版社 2010 年版，第 1 页。

与的事件，便于对他们所研究的社会世界中的一些想当然的规则和期望加以确认和反思。① 以往的研究方法都在告诉初入田野的民族志学者，如何从局外人成为局内人，这是进入（浸入）田野的过程，民族志学者具有主观能动性。在俄罗斯的田野工作给我带来的最为切身的感受是，在调查者积极进入田野的同时，异文化的社区、群体中还有一种力量在排斥，甚或是吸纳和塑造调查者，也存在将"他者"塑造成为"我们"的力量。

2007年底到2010年初，我在莫斯科和黑土区乡村进行了两年多的田野调查。我与我的调查对象之间在国别、民族、宗教、语言、文化等几乎所有维度都有很深的区隔，我成了所有维度、完全意义上的"他者"。作为一名尚未毕业的学生，我在田野调查中也无年龄和其他优势，缺乏调查经验和社会关系。相比于在国内的田野调查，海外田野调查的条件更为"恶劣"，跨越各种边界缺乏各种类型的资本（经济资本、社会资本、文化资本）。② "进入田野"困难重重，拉特诺耶村教堂的一幕是我在"进入田野"过程中种种遭遇的缩影。对我而言，我并没有成功地"进入田野"，而是被"吸纳进田野"。我面对的"异文化"社区（群体）是一个强大的"场"，这个"场"对外来者有开放和包容的一面，前提是与其交往、受其塑造，从"他者"成为"我们"。以往，"局内人/局外人"的视角忽视了"局"（场）的能动性，将其设定为客观、刻板的有待调查者发现和阐释的存在。如今，人类学民族志方法早已不再如殖民主义时代调查者那般，在进入田野时内心带着居高临下的地位和道德优越感。中国人类学开展海外民族志的研究，有着中国人类学的深层哲学，不是关于"我"与"他者"的关系建构，而是关于"我"与"他"构成"我们"的关系

---

① 林恩·休谟、简·穆拉克编：《人类学家在田野：参与观察中的案例分析》，龙菲、徐大慰译，上海译文出版社2010年版，第1页。
② 杨春宇：《汉语海外民族志实践中的"越界"现象——基于方法论的反思》，《世界民族》2014年第3期，第32页。

建构。① 如果说"合作民族志"是人类学界对调查者和被调查者关系的反思，那么，从我进入田野的过程来看，"合作民族志"早已是进入、开展田野工作的前提。

自我和他者因互动而情境性发生的、超出自我与他者的实践增量，才使得"做"民族志成为可能。② 在这个意义上，海外民族志研究更具优势。调查者与当地社区有着更深的区隔、更远的距离，获得"我们"的身份不是天然而得，而是需要不断地适应和习得。这会让调查者有着更为敏感的文化自觉，对"我们"的塑造机制和实践会有着更为客观、清晰的认识。这是以"他者"为方法，③ 也是以自己为方法。当地社区通过各种维度的分类，塑造"我们"的界限和内外之别。在成为"我们"的过程中能更为深刻地理解这种分类、界限和运作机制，这其中，"我们"也有不同的程度和层次。从"他者"到"我们"是调查者必然要经历的过程，之后，再次跳出"我们"，成为审视"我们"的他者。正是在这个淬炼自我的过程中，才能对异文化产生层层剥茧般的认识。

一、成为"我们"的前提：获得合法的居留身份

在任何一个社会，"我们"的概念对社会成员都十分重要，被排除在"我们"之外的外来者总是被视为危险的存在。要让人们摆脱对危险的恐惧，就要把外来者放到适当的位置，而这个位置是在各种条件约束下形成的。

在俄罗斯的田野调查过程中，我对于划分"我们"和"他者"的

---

① 高丙中、熊志颖：《海外民族志的发展历程及其三个层次》，《广西民族大学学报》（哲学社会科学版）2020 年第 2 期，第 7 页。
② 谭同学：《超出自我与他者的实践增量及民族志"做"法——以〈双面人〉为例》，《思想战线》2018 年第 4 期，第 8 页。
③ 龚浩群：《泰国佛教中的他者与文明化：兼谈海外民族志研究中作为方法的他者》，《青海民族大学学报》（社会科学版）2019 年第 4 期，第 8 页。

界线十分敏感，这首先是源自我本身的"外国人"身份，而这也是所有从事海外民族志研究的调查者共同的心态。现代国家通过国民身份（或者称国籍）建立"我们"的共同体，"外国人"进入他国需要经过严格地登记和管控。对于调查者而言，这种管控更为严格，有些国家还会为其发放专门的调查签证。在俄罗斯，外国人在办理签证获准入境之后，还需办理"落地签"。"落地签"（регистрация）是在俄中国人的通俗叫法，其基本的释义为"登记"，即在移民局登记在俄居住地址和联系人。登记住址后，外国人会得到一张小小的灰色纸条（"落地签"），上面有身份信息、居住地址和居住期限，还有联络人的联系方式。外国人的居住地点要进行严格的登记，而为外国人办理落地签的个人和机构则成为管理其行动的责任人。

在俄罗斯的正式法律条文和民众的意识中，"外国人"始终和危险联系在一起，"外国代理人"甚至被视为间谍、奸细和"第五纵队"，更何况外国人本身。在俄罗斯针对外国人的管理体制中，"落地签"的功能在于限制外国人的流动，掌握其行踪。按照当时的法律规定，离开"落地签"登记的居住地3个工作日以上，就要在新的居住地办理新的落地签。因此，"外国人"很难自由地流动。

刚到俄罗斯的时候，我的正式身份是北京大学-莫斯科大学联合培养博士生，享受莫斯科大学研究生的待遇，学校免费提供宿舍，因此，我的"落地签"的签注地点是大学宿舍。如果要去其他城市、乡村，超过3个工作日，就要去当地移民局办理"落地签"。如果在外地办了"落地签"，回到学校还要再次办理"落地签"，并保持"落地签"的连续性。要在俄罗斯开展田野调查，并深入当地社区、住到当地人家庭中，最先要解决的问题便是获得合法的居留身份。这需要很多条件，不仅需要我所在的大学开具介绍信，还需要房东同意并积极配合。如果在当地没有合法的居留身份，可能会面临非常严厉的处罚。在寻找田野的过程中，因在当地找不到愿意帮我办理"落地签"的房东而错过了很多机会。

后来，我前往俄南部的黑土区乡村调查，村长见到我，第一件事情就是要我去所在区（相当于我国的县）的移民局办理"落地签"。区移民局表示没有权限批准我在村中长期居住，最多只能批准 10 天。后来，我拿着莫斯科大学的介绍信找到州移民局才获得批文，但这个批文只能允许我在这个村庄住一个月。不过，刚性的制度下也有可转圜的方式，移民局官员告诉了我在当地长期居留的诀窍：批文只写了居留的时限，但没有标明次数。我在这个村子每住满一个月后只要离开几天，便可再来办理为期一个月的"落地签"。我就以这样的方式在当地"合法"地居留了几个月。回到区移民局办理"落地签"时，需要房东和我同去。"落地签"上除了写明我的详细信息，还要写明房东的住址、姓名、联系方式，最后还需要我和房东签字。当时，移民局长对我的房东说："他（指我）出任何事情你都要负责，他离开时，一定要把落地签还回来，如果提前离开，也要和我们打招呼。否则，就会面临高额的罚款。"

合法身份对于"外国人"而言尤为重要。我在俄罗斯的感受是，外国人享受的是"低国民待遇"。马路上，警察经常要求外国人出示证件（документы）。在这里，"证件"一词用的是复数，可见其复杂程度，包括护照、签证、落地签和移民卡①。只有证件齐全才能证明"外国人"完整的合法身份，任何技术上的错误（即便是一个字母错误）都会使这种合法身份瞬间崩塌，立刻被归入"危险的外国人"之列。俄罗斯对"外国人"的警惕与戒备让我特别没有安全感，即使是证件齐全也可能不断地被警察、移民局盘查。正是外国人合法身份获得的复杂性，使得办理"落地签"存在很多灰色空间。外国人离开签注地去外地，可以与当地的宾馆和民宿协商，不在当地移民局办理"落地签"，这样就避免了对外国人行动轨迹的跟踪以及回到签注地后再办理"落地签"的麻烦。如果属于不办理"落地签"或面临签证

---

① 移民卡是入境俄罗斯时海关发给个人的证明，上面有入境时间、入境地点、邀请方地址等，出境时移民卡会被海关收回。

超期的"黑住",外国人也可以通过贿赂警察和当地移民局以躲避检查和数额巨大的罚款。

对于调查者而言,合法的居留身份是进入田野的前提,这可能是所有从事海外民族志研究的调查者面临的最基本的问题,其区别可能仅在于获得居留身份的难易程度。对我而言,获得田野调查所在社区合法居留身份的坎坷经历,让我更深刻地体会到俄罗斯对"他者"的态度和刻板制度下的有弹性的生活实践。

二、社会关系构建的"我们"

回到本文之初提到的教堂的场景中,执勤妇人将我排斥在"我们"之外的依据显然不是我的证件、外国人身份,她的判断依据只有一个,就是我的名字。我的名字不是教名,我写在字条上的名字是用俄语拼写的中国名字。在当地社区中,名字是社会关系的表征,名字中可以透露出亲属关系、家族、宗教信仰等诸多信息。在后来的田野调查中,我发现在村民普遍以东正教为信仰的村落,如果没有东正教徒的身份,个人会被排斥在社会关系构建的"我们"之外。

在俄罗斯,东正教徒取名的方式与中国人完全不同,只有在东正教文化脉络中才能理解他们的名字。教名是在洗礼仪式中取得的,是成为东正教徒的重要标志。在黑土区乡村,孩子出生后不久就要来教堂接受洗礼。在洗礼仪式中,取教名是一个必不可少的环节。取教名的依据是东正教的"人名历"(календарь имени),该人名历记录着东正教圣徒生卒纪念日。神甫会根据孩子的出生日同哪位圣徒的纪念日相近而为其取教名,教名就是这位圣徒的名字。取了教名之后,同名的圣徒和受洗者之间便建立了联系,该圣徒是受洗者的"主保圣徒"。一般情况下,家里的圣像角里会摆放家庭成员的主保圣徒的圣像。受洗仪式之后,受洗者便正式入教,受神的庇佑。教名连通了世俗和神圣空间,主保圣徒的精神气质也会潜移默化地影响同名的受洗者。拥有教名的信徒才能参加教堂的仪式，享受教堂为其提供的服务，生时祈福，死后安魂。

在日常生活中，人们也都习惯于互称教名①。个人的名字成为群体认同的最为基础的标记，名字尽管是赋予个人的，但本质上还是群体性的、社会性的。在东正教的文化空间里，教徒的名字承袭自圣徒先贤，并与之建立起精神联系。在所在的社区中，拥有教名也是东正教徒的一个重要标志，是判断"我们"的重要依据。名字有如社会规范，提供一种最低限度的安全感，一个人有名有姓，自会产生一种安全感，否则必将陷入绝望。②这种安全感来自于社会（社区）成员的身份，这个身份能享受"我们"（社区成员）所拥有的权利。在本乡本土的条件下，社区成员的身份往往被忽视，而在异地、异文化的场域里，社区成员的身份对于外来人而言则变得十分清晰和重要。

在黑土区乡村，人们认为没有经过洗礼的"灵魂"是不洁净的，因此，没有教名（没有教徒身份）的人在当地社区中是"危险"的存在，即所谓"无名的恐惧"（nameless fear），是各种恐惧之最。③这种恐惧是社会赋予的，是在区分"我们"与他者的过程中建构的。在黑土区乡村，人们认为，"不洁净的"灵魂生时不被神庇佑，死后也不能升入天堂。传统上，村子里"不洁净的"死者是不能进入墓地的，要单独下葬，其墓地要做出特殊标记。据村里人讲，这些"不洁净的"灵魂无法安息，在尘世四处游荡，是邪恶和可怕的，而没有受过洗礼的孩子也会受到"不洁净的力量"④的侵害。这些不洁的灵魂在当地的民间传说中被赋予了人鱼、妖婆的形象。总之，在信仰东正

---

① 俄罗斯人的姓名系统包括名、父称和姓。由于教名的数量较少，重复率较高，在正式文件、场合中要用姓来区分彼此。姓体现了家族的继承性，家族以男性为主体，女性嫁人以后要随夫姓。父称是父亲名字的变体，也传递出家族继承性的信息。
② 哈罗德·伊罗生：《群氓之族：群体认同与政治变迁》，邓伯宸译，广西师范大学出版社2015年版，第137页。
③ 哈罗德·伊罗生：《群氓之族：群体认同与政治变迁》，邓伯宸译，广西师范大学出版社2015年版，第137页。
④ 不洁净的力量，俄语称为 нечистаясила，类似于民间传说中的鬼和妖。

教的俄罗斯族聚居的黑土区乡村，社区成员身份与教徒身份是紧密结合在一起的。在东正教信徒看来，共同分圣餐、体圣血后，彼此之间便是兄弟姊妹的关系了。没有东正教徒的身份，很难与其他社区成员建立正常的社会关系。

因此，即使是在无神论运动最为严苛的时代，黑土区村庄里很多人还是秘密地为自己的孩子洗礼。我访谈的大多数出生在苏联时代的村民都曾受洗，他们普遍的说法是，家里的老人认为不受洗的孩子会经常生病，受到"不洁"灵魂的侵扰。在黑土区乡村，共同的教徒身份被格外珍视，这是一种集体的身份认同，就如传统时代的村社社员、苏维埃时代的集体农庄庄员一样。如果没有集体身份，则很难在社区内立足。在希绍夫卡村教堂，我曾遇到过一位从中亚迁回俄罗斯的女人。她的祖籍在该村，她的父母在苏联时期迁往中亚定居，她在中亚成为穆斯林。苏联解体以后，她迁回祖籍地，想改信东正教，参加教堂的礼拜。她的请求虽未被拒绝，但每次礼拜时，她都远远地站在一边，明显与其他信徒保持距离。这个女人虽有俄罗斯国籍，有当地的户籍，但没有被承认的教徒身份，同样很难融入当地社区。

民族志学者在社区的社会生活中，外国人的身份演变成为"外族人"或"异教徒"，在当地人的观念里，外人进入本社区会带来危险，类似于"不洁的力量"。在希绍夫卡村，曾发生过一次"指甲刀事件"。刚进入村子时，我自己去找退休教师罗扎访谈，但被她拒绝了。为了能和她建立良好的关系，我便送给她一个从中国带来的用景泰蓝工艺制作的指甲刀作为礼物。当天半夜，罗扎给我的房东打电话说道："住在你家里的中国人给了我一个神秘的东西，不是项链，不是耳环，也不是戒指。它五颜六色的，放在那里，会不会有什么魔力。我没有接受他的请求，他是不是在报复我？我非常害怕，以至于到现在还睡不着觉……"后来，在房东的解释下罗扎才平复心情。我想，如果是村里人送她一个新奇东西，她一定不会如此紧张。只是因为这件事发生在我这个"外人"(异教徒)身上,才会酿成"指甲刀事件"。

在黑土区的其他村庄,我也面临着同样的问题。村里的人可能要比移民局更早发现我的存在,在路上遇到,都会用异样的眼光打量我。他们在背后都会向房东打听:"你是从哪把他弄来的?"而这种情况是我在莫斯科、沃罗涅日这些大城市不曾遇到的。究其原因,城市里人员流动性高,外国人并不鲜见;再有,当地社区需要外来者嵌入社区的社会关系之中,如果外来者在社会关系中没有位置,自然会被视为危险的存在。

当我发现,名字变成阻碍成为"我们"的因素时,取一个合适的名字可能是融入当地人生活的敲门砖。在开始学习俄语的时候,俄语教师都会给我们取一个俄语名方便课上交流,但只有深入当地社区,才能明白俄语名背后的意义。根据我的姓氏谐音,我的房东给我取了一个俄语名"米哈伊尔"(Михаил)。"米哈伊尔"是《圣经》中天使长米迦勒的名字,也是俄罗斯人特别喜爱的名字。罗曼诺夫王朝第一位沙皇便名为"米哈伊尔",苏联最后一位领导人也叫"米哈伊尔"。"米哈伊尔"还有一个指小形式(爱称)是"米沙"(Миша),亲人朋友经常用"米沙"来称呼我,显得非常亲切。在俄罗斯的童话中,"米沙"通常也是熊的爱称,憨态可掬的熊是俄罗斯人非常喜欢的形象。人们对熊的喜爱也会移情至"米沙"这个名字,对于取名"米沙"的我,自然也不会感到反感。自从我的名字从汉语名字变成"米沙"之后,与当地人的交流变得更为顺畅了。米沙这个"拟教名"为我在教堂里参加各种仪式提供了方便,在聚会、节日仪式中,我的名字也被编入祝酒词和快板歌里。这让我倍感亲切,也给当地人提供了安全感。

想要顺利地完成田野调查,成为社区认可的"我们",不只是取一个名字那么简单,还需要密织社会关系网。房东是我在村子里关系最密切的人,通过房东的介绍,我认识了村庄里更多的精英,如村长、教堂里的神甫、学校校长、文化宫主任、供销社经理、社会工作者、农场主……之后，再请他们介绍村子里的其他村民和我认识，让村子里的人都了解我所进行的调查工作。这就让我在社区的社会关系中有了一个位置，虽然这个位置并不完全稳固，但我所拥有的社会关系以及转化而来的社会资本，足以建立起彼此的信任关系，这要比初入社区时作为一个"危险的外来者"有益得多。在社区接纳我作为一个无害的，甚至有些讨人喜欢的调查者以后，再没有出现"指甲刀事件"式的窘境，田野调查工作开展得非常顺利。

三、文化认同上的"我们"

教堂执勤妇人的话中后半句更值得玩味："не русская душа（不是俄罗斯人）。"在教堂，教徒都是用"душа"（心灵）一词来表达，在他们的观念里，与身体相比，人的精神性更被强调。"русская душа"（俄罗斯心灵）不仅指"俄罗斯性"，更是指俄罗斯人。如果说获得合法居留身份是在田野调查地居住的法律合法性、在田野调查社区获得承认和认可是社会合法性，那么，要真正融入社区，成为文化意义上的"我们"，则是要成为具有"俄罗斯心灵"的人。

在田野调查中，当地人和我说过最多的一句话便是："你要想了解俄罗斯，必须首先成为俄罗斯人。"当然，这里的"俄罗斯人"不是民族身份或者国籍意义上的，而是文化意义上的，是服膺和践行俄罗斯文化的人。房东家的男主人要按照他的标准把我培养成为"俄罗斯男人"：要成为家里的"沙皇"，保护弱小的女人、孩子；做男人该做的事，能干重体力活，会开车、射击；懂得幽默，能把忧愁付之一笑……他甚至还教我很多只能在男人堆里说的俚语和骂人的话。房东家的女主人是虔诚的东正教徒，她会在节日里领着我去教堂礼拜，教我如何随着神甫的指令用三指画十字、跪拜。我也会参与俄罗斯的传统节日：在谢肉节参加广场上的竞赛和狂欢；在新年与俄罗斯家庭围坐在新年餐桌前畅饮、守岁；复活节时随着房东去教堂圣化食物，去墓地和逝去的亲人相聚。在教堂里，经常会有人送我圣经，让我理解东正教徒的生活，并劝我皈依东正教。在与俄罗斯人的接触中，他们会因我习得俄语的歌谣、仪式、习俗而感到欣喜，我也得以借此快速地与他们拉近距离。在他们看来，这是一个外来者对于俄罗斯文化的尊重，以及对俄罗斯文化价值的认同。在我看来，俄罗斯文化有着巨大的吸引力，将深入其中的"他者"塑造为"我们"。在俄语圈，很多学习俄语、在俄罗斯留学和访学的人都对俄罗斯文化有着很深的情感。他们爱围着俄式传统围巾，爱吃黑面包和酸黄瓜，爱唱俄罗斯歌曲，热爱俄罗斯文学。从他们身上也能感受到俄罗斯文化的塑造能力和感染力。

作为"他者"，我切实感受到俄罗斯文化无所不在的塑造能力。推己及人，我能感受到俄罗斯文化在后苏联时代更为波澜壮阔的塑造"我们"的运动。在教堂的场景下，执勤的妇人通过我的名字判断出我不是东正教徒，继而判断我不是俄罗斯人。后一点在逻辑上其实是说不通的：俄罗斯人也并非都是东正教徒，如何通过教徒身份来判定是否是俄罗斯人？这并非执勤妇人的偏见，正是由于我这个"他者"的存在，更清晰地映衬出俄罗斯社会非常重要的文化认同的问题，即从宗教认同向文化认同的转向，东正教文化日益成为俄罗斯文化的底色。以俄语、俄罗斯文化为基础，构建起大多数俄罗斯人认同的基础。从目前的局势来看，这种塑造"我们"的政治实践甚至超越了俄罗斯，扩展至后苏联空间。

苏联解体后的转型与转轨出现了波兰尼在《大转型》中提出的脱嵌问题，市场从社会中脱离出来造成了整个社会的道德失范。同时，原有的意识形态崩塌，而新的价值观还没有确立，社会处于信仰的真空。"俄罗斯向何处去"再一次成为俄罗斯人热烈讨论的问题。在讨论中，俄罗斯社会基本达成了共识："要尽最大努力维护全社会共同的道德价值观,在此基础上团结俄罗斯社会。"① 面对着社会失序、道德失范,俄罗斯官方的意识形态转向了"新保守主义"②,民族主义、爱国主义,在文化政策制定和文化实践中开始倾向于传统文化价值的回归。

在俄罗斯,宗教向许多人提供了一种强有力的身份认同、群体归属和伦理道德的来源。苏联解体之初,俄罗斯出台了关于宗教信仰自由的法律。基于东正教"对俄罗斯历史以及俄罗斯精神以及文化的建立与发展的特殊贡献",俄罗斯政权积极扶持东正教会,支持东正教复兴,这也成为20世纪末21世纪初俄罗斯最为重要的文化事件。

俄罗斯政权与东正教会也密切合作。③2004年,普京在参加教会活动时的讲话中声称:"根据法律俄罗斯教会和政府是分开的,但是在我们的灵魂和历史中,我们是一体的。现在是,将来也是。"④ 在俄罗斯政权看来,东正教会在社会转型中起到了重要的社会稳定器的作用,东正教复兴实际上成为国家和政府推动的文化实践。在当代俄罗斯,东正教已经不仅是宗教信仰,而是"民族道德力量的源泉"。东正教会作为传统文化载体的身份也逐渐为俄罗斯官方和东正教国民所认同。⑤ 因此,东正教信仰已经被视为珍贵的民族文化遗产,这成为塑造"我们"的重要资源。这种宗教认同向文化认同转换的过程是当前俄罗斯东正教复兴的主要特征。

---

① 普京:《普京文集(2002—2008)》,张树华、李俊升、许华译,中国社会科学出版社2008年版,第639页。
② 1993年颁布的《俄罗斯联邦宪法》明确规定,在俄罗斯,任何政党不能将任何一种理论作为国家的意识形态强加给全体公民,但是一个国家的文化传统和特殊的社会核心价值观不可或缺。俄罗斯执政党统一俄罗斯党将新保守主义作为这个政党首选的治国理念的思想资源。
③ 1993年的《俄罗斯联邦宪法》宣称:俄罗斯联邦是世俗国家,不确立任何宗教为国家宗教。各个宗教团体要与国家分离,它们在法律面前是平等的。但在历史传统中形成的国家与东正教会的紧密关系使得宪法所规定的"政教分离"难以在现实中实现。
④ 尼古拉·梁赞诺夫斯基、马克·斯坦伯格:《俄罗斯史(第八版)》,杨烨、卿文辉、王毅主译,上海人民出版社2013年版,第666页。
⑤ 戴桂菊:《俄罗斯东正教会:教权服从政权》,《世界知识》2013年第12期,第43页。

在黑土区城乡进行田野调查的时候，我总会遇到两个和宗教相关的身份：东正教教徒（православный）和信徒（верующий）。受访者经常会说自己是东正教教徒，而不是信徒。按照我的理解，信徒应该是包括东正教教徒在内的更大的信众群体，但事实却相反，很多"东正教教徒"并不认为自己是信徒。"教徒"和"信徒"关系的错位恰恰反映了俄罗斯人的信仰的状态。俄罗斯宗教社会学家西涅丽娜根据社会调查的结果指出："调查结果再次印证了当代俄罗斯国民宗教信仰的一个特殊现象，即被调查者中称自己为东正教追随者的比例高于认为自己为信教者的比例。这表明，被调查者将自己归为东正教文化人，而不是东正教信仰者，以此来确定文化的自我认同。"① 在这个意义上，东正教已经超越信仰本身成为一种文化认同的符号，东正教文化已经转化成为俄罗斯文化。

俄罗斯社会东正教信徒的广泛分布以及后社会主义时代俄罗斯社会各方重建秩序的意愿，使得塑造"我们"的认同感成为共同的事业。在这场运动里，东正教的复兴不只是教堂大规模重建、东正教教义的宣教、吸引更多的人入教，更为重要的是，东正教文化的传承与传播，特别是代际之间的文化传承，这是达致俄罗斯文化自觉的基础。在这方面，东正教课程进入国民（世俗）教育的课堂是最为生动的案例。②

在我的调查地希绍夫卡村，学校开设了"东正教文化基础"课程，从三年级开始，每周一节。这门课的教学目标如下：培养孩子健康的体魄和心灵；发掘孩子们精神上和身体上的才能；在他们中间形成自觉的公民意识；培养他们对于自己祖国和民族的爱。这些表述并

---

① Ю·西涅丽娜：《当代俄罗斯国民宗教性发展状况（1989—2012 年）》，赵凤彩译，《俄罗斯研究》2013 年第 3 期，第 150 页。
② 2003 年，俄罗斯东正教神学已被收入全俄世俗高校人文专业目录中。从 2012 年 9 月 1 日起，俄罗斯全国十一年制世俗中小学正式普遍开设宗教文化与世俗伦理基础必修课。参见戴桂菊：《俄罗斯东正教会：教权服从政权》，《世界知识》2013 年第 12 期，第 43 页。

没有浓重的宗教意蕴，反而更具世俗色彩。这门课的内容不只是与东正教的知识和礼仪相关，还涉及俄罗斯经典作家的童话、散文、短篇小说和诗歌等文学体裁的作品。从教学目的和内容来看，"东正教文化基础"这门课并不是要对孩子进行宗教（神学）教育，更多的是对孩子进行文化启蒙，甚至是爱国主义教育。

小学三年级的"东正教文化基础"课程安排在星期六的第三节课。2009年12月，我旁听了一节课，这节课的主题为"关于自己的名字，你知道什么"。授课教师讲到俄罗斯人的名字和东正教信仰的关系：

> 从前，我们的大公弗拉基米尔到了希腊，看到了美丽的教堂，之后，他让全体的俄罗斯人都信仰东正教。① 那一年是988年。而在此以前我们信仰的是多神教，人们相信这个世界上有很多神灵，比如太阳神、风神、雨神、树神等等。而当时人们的名字也都各式各样，比如家里排行老大的人就叫"第一"，皮肤黑的人就叫"黑"，这些名字经常出现在俄罗斯民间童话中。我们的名字其实是教名。俄罗斯民族信仰东正教以后，人们都要受洗，受洗以后就会按照东正教人名历取教名，你的生日和哪位圣徒的纪念日最为接近，便会给你取哪位圣徒的名字。每一个圣徒的名字也有独特的含义，比如"安德烈"是胜利者的意思，"塔基扬娜"是信仰者的意思，"弗拉基米尔"是统治世界的意思。

上课的那一天是12月5日，按照东正教人名历，是圣徒叶卡捷琳娜的纪念日。授课教师讲述了圣徒叶卡捷琳娜的故事。讲完之后，她让孩子们回答叶卡捷琳娜是一个怎样的姑娘，她具有的哪些优点是值得大家学习的。最后，老师布置了家庭作业：要求学生们找到和自

---

① 这是对俄罗斯接受东正教的浪漫化表达。

己名字对应的圣徒的故事,并在下次上课的时候讲述给大家听。这节课并不如我想象的那样,老师也并未讲授东正教的神学知识,而是将东正教作为民族文化传统传授给孩子们。巧合的是,这次东正教文化基础课程讲授的内容与我最初来到俄罗斯黑土区乡村遇到的问题颇为相似——名字背后的认同。

这节课告诉我们,在文化实践中,俄罗斯人通过名字将自己与民族、祖国建立起文化联结,这种联结的媒介正是东正教文化。东正教文化成为共享的知识体系,这也是自我与他者形成"我们"、建立共同体的基础。在纵向上,俄罗斯人通过名字与祖先、先贤建立起联系,即继承祖先的文化;在横向上,俄罗斯人命名体系的背后是共同的信仰和文化,共享制度规则、价值和世界观。俄罗斯人便是生活在这样纵横交织的文化网络中。一千多年以来,俄罗斯人浸润于东正教文明之中,东正教文化与俄罗斯人水乳交融,密不可分,一位神甫的话极好地诠释了这种关系:"东正教就是水,而俄罗斯人就是水里的鱼,岂有鱼不在水里的道理?"

四、结语

回顾在俄罗斯黑土区田野工作的进程,很多经验和教训是从事海外民族志研究者的共性问题。从事田野调查的民族志学者进入田野之时,其作为"外来者"往往被视为危险的存在。民族志学者亟须获得合法身份,这种合法身份不仅包括官方赋予的外国人在当地的居留权利,更重要的是被当地社区、当地人承认的合法身份。正因如此,民族志学者要采用各种策略突破当地社区针对外来者设立的各种边界,从"他者"成为"我们"。成为"我们"是认识研究对象的最好契机。"外来者"的身份在探求"我们"的分类标准和塑造机制中具有天然的优势,可以让研究者以旁观者的视角发现当地社区的历史经纬、社会网络、文化谱系。在这个意义上,海外民族志研究者具有更大的优势。

田野调查者在当地社区成为"我们"的进程，还体现了异文化对"外来者"的引力。在黑土区乡村，我时刻都能感受到俄罗斯文化"塑造"的力量。我的房东抓住一切机会要将我训练成为"俄罗斯男人"；在教堂里，热心的教徒会积极向我"传播福音"，认为只有成为教徒才会理解"俄罗斯心灵"；博物馆和展览馆的讲解员会不断地向我灌输，什么才是"俄罗斯的"。可能，在我没有出现之前，这些俄罗斯人对于什么是"俄罗斯的"并不敏感，是习以为常的。在我这个"外来者"出现之后，他们便会积极构建"俄罗斯的"要素和特征。当然，每个人都有不同的认知和标准，甚至他们所认为的"俄罗斯的"都是相反的。无论如何，当我出现以后，当地人开始不断构建"我们"，并努力地将我变成"我们"中的一员。从黑土区乡村的文化实践，我也感受到了后苏联时代俄罗斯塑造"我们"的进程。这是一种建立在俄罗斯传统文化基础上的文化和政治实践，对于理解当代俄罗斯极为重要。

田野调查中，调查者从"他者"到"我们"的转变是由多重力量驱动的。调查对象对调查者既遮蔽又开放、既拒斥又吸引，贯穿于田野调查的始终。调查者不可能是完全意义上的"他者"，也不会真正成为"我们"。对于调查者而言，最宝贵之处便是这种转变的过程，调查者作为参与者，能有机会与当地社区、当地人进行最为深入的交流、交往，会对异文化和当地社会的运作逻辑有着更切身的体会。调查者获取资料的方式不是索取式的，甚至不是问答式的，而是来自"自我"在当地社区潜移默化的感受。正因民族志研究有着这样的优势，才能成为理解异文化的重要的方法。因此，海外民族志研究可以为当下兴起的区域国别研究作出自己的贡献。

[责任编辑：郑楠]

From "Others" to "Us": A Review of Fieldwork in the Black Earth Region of Russia

MA Qiang

Abstract: Looking back on my fieldwork in the Black Earth region of Russia, the most profound feeling I have is the transformation from "others" to "us". This transformation is the result of the researcher's initiative to use various strategies to gain legitimacy in the local community in order to overcome the many difficulties of entering and integrating into the field site. At the same time, there is also a mechanism for shaping the "others" into "us" in the other culture, and the deeper the researcher goes into the field, the more he/she feels the attraction and shaping power of the other culture. In the interaction and transformation of the "others" and "us", the investigator gains the opportunity and means to perceive and deeply describe the local society. In this sense, Chinese anthropological overseas ethnographic research is more advantageous. Reviewing and reflecting on the existing studies can provide methodological support for area studies.

Keywords: overseas ethnography, legitimacy, black earth region of russia, others

理论与方法

发展中国家田野研究伦理：涵义、复杂性与困境应对

熊星翰 *

摘　要：近年来，中国的社会、人文学科研究不断走向域外，在区域国别学正式成为一级学科后，该趋势还可能进一步增强。与之相伴，域外田野研究的研究伦理问题也将日趋凸显，有必要进行提前的思考与准备。本文将首先梳理田野研究伦理的涵义，指出其中科学伦理与人文伦理两个层面的不同内容。在此基础上，本文将借助一个经典的田野研究伦理案例，从人文、社科研究的范式特点以及田野研究多主体相互关系两个方面，展现发展中国家田野研究伦理问题呈现出复杂性的原因。此外，本文还将介绍发展中国家田野研究六个常见的伦理难点，同时简要讨论应对这些难点的可能性，并在最后尝试提出一个改善发展中国家田野研究伦理运行机制的整体性建议。

关键词：科研伦理；田野研究伦理；发展中国家研究；发展中国家田野研究

近年来，区域国别研究在中国迅速发展，并且呈现以下几大特点：首先是学科覆盖面提升，由过去以语言文学研究为主的学科领域，向政

---

* 熊星翰，清华大学国际与地区研究院助理研究员，主要研究对象国为马达加斯加和毛里求斯。

治学、社会学、经济学等学科门类延展，甚至开始呈现跨学科研究的趋势；其次是研究对象国数量迅速增加，由主要关注大国、发达国家转变为关注广大发展中国家和地区；最后是研究方法从文献研究向实地田野工作拓展，越来越多的高校和科研机构开始拓展海外田野研究。①

随着田野工作走向域外，海外田野研究伦理问题也与之相伴而生。相比于国内的田野工作，海外田野研究面临的伦理情境呈现出更大的异质性和跨文化特征。特别是在发展中国家与地区开展的田野工作，相较于在发达国家进行的研究而言，总体上存在制度化程度低、可借鉴的既有经验材料少等一系列特点，如何更好地应对发展中国家田野研究中面临的伦理问题也亟待得到更多重视。

此外，虽然区域国别研究是一门近年来得到迅速发展的学科，但其名下进行的田野工作至今尚缺乏对于研究伦理维度的系统思考。其实，不只区域国别学这样的新生学科，即便是我国目前其他已经发展成熟的社会科学和人文学科研究，田野研究伦理也尚未作为一种独立、完备的伦理体系被提出，它要么被放置于广义的科研伦理中进行检视，要么作为一种重要性被呼吁，但缺乏具体的实际田野案例探讨。此外，对田野研究伦理的要求与讨论有很多都在强调学术规范，而对于田野研究工作中可能产生的更为复杂的伦理牵涉与影响还相对较少触及。并且国内有限的对于田野研究伦理的著述也限于国内田野，对于海外田野，特别是发展中国家田野调研的伦理问题研究就更加少见。②

---

① 钱乘旦、兰旻：《1+1>2：区域国别学为学科融合开新局》，《中国社会科学报》2022年6月16日，第5版；秦亚青等：《区域国别学的知识体系与学科建构》，《国际论坛》2022年第6期，第3—24页；李晨阳：《关于新时代中国特色国别与区域研究范式的思考》，《世界经济与政治》2019年第10期，第143—155页。

② 参见邓蕊：《科研伦理审查在中国——历史、现状与反思》，《自然辩证法研究》2011年第8期，第116—121页；李荷：《社会研究的伦理规范——历史、哲学与实践》，《人文杂志》2011年第3期，第153—160页；侯俊霞、赵春清：《社会科学实证研究方法应用中的伦理问题剖析》，《伦理学研究》2018年第2期，第111—116页；杜沙沙、余富强：《国外社会科学研究伦理审查制度的实践与反思》，《科学与社会》2019年第4期，第73—92页；耿亚平：《田野研究中的伦理困境》，《教育理论与实践》2019年第22期，第8—11页；刁统菊：《感受、入户与个体故事：对民俗学田野伦理的思考》，《民俗研究》2020年第2期，第13—22页。

有鉴于此，本文将尝试对发展中国家田野研究伦理这一主题分以下几个部分进行探讨：首先，第一部分将介绍发展中国家田野工作伦理的涵义和重要性。在此基础上，第二部分将通过一个具体的人类学案例，来分析发展中国家田野工作中的研究伦理为何具有复杂性。接下来，本文的第三部分将探讨发展中国家研究田野工作伦理常见的几类问题，并提出解决这些问题的可能性。最后，本文将尝试总结出一种发展中国家田野研究伦理的基本原则，并希望借此推动对于发展中国家田野研究伦理问题的进一步思考。

一、田野研究伦理的涵义

简言之，田野研究伦理是科研伦理的组成部分，又因为科研伦理是伦理分类体系下的一个子集，因此田野研究伦理也是伦理的一种。从包含与被包含的关系上看，可以粗略认为三者之间的关系是：伦理—科研伦理—田野研究伦理。

出于论述的简洁，本文将借助上述关系来阐释田野研究伦理的涵义。首先，田野研究伦理是伦理的一种。在西方的语境下，伦理（Ethics）作为一种道德体系，又被称为道德哲学（Moral Philosophy），旨在探究道德上的是非与好坏，进而讨论什么行为是有价值和重要的，并借此演化出指导性的行为规范——应该／不该做什么。[①] 类似地，在中文里，"伦"指条理、次序，"理"指规律、规则，合并起来可以理解为道理与条理，特别是人伦、人际道德关系，[②] 合乎伦理也因此被认为是重要的善行标准。作为一种道德体系，

---

① David Copp, *The Oxford Handbook of Ethical Theory*, New York: Oxford University Press, 2006, pp. 3-4; Gordon Graham, *Theories of Ethics: An Introduction to Moral Philosophy with a Selection of Classic Readings*, New York: Routledge, 2011, pp. 1-2.
② 中国社会科学院语言研究所词典编辑室编：《现代汉语词典》，商务印书馆 2016 年版，第 799、857 页；《古代汉语词典》编写组：《古代汉语词典》，商务印书馆 1998 年版，第 1021 页。

伦理有两个重要特征在讨论田野研究伦理时非常重要：一是伦理具有系统性，是一种成体系的行为规范；二是作为一种主观的评判标准，伦理又具有涉他性，是在人的行为与他者、与外界发生互动关系时产生和发生效用的。田野研究伦理无疑具备伦理的上述特征，它作为一套体系，用于规范田野研究者的行为，同时也涉及与田野研究相关的不同行为体。

在广义的伦理定义之下还需要看到，随着人类社会规模的扩大与复杂性的增加，作为行为规范的约束机制，伦理也在不断演变和分化。这其中既常见用历史时代对伦理进行的划分，比如中国语境中耳熟能详的"封建伦常"。也可以依据伦理应用对象和范围的不同，对其进行不同的分类，比如政治伦理、族群伦理、宗教伦理、职业伦理等，比如马克斯·韦伯的《新教伦理与资本主义精神》，就在论述作为新教信仰群体的伦理特征，并尝试将其与近代资本主义的发展建立相联系。与之类似，科研伦理也是近现代人类社会中科研活动发展的产物，是用来约束科研相关活动以及群体而形成的伦理规范体系。

作为社会科学中重要的研究路径，田野研究无疑是科研活动的一种，因此，田野研究伦理也是科研伦理的一个部分，受到科研伦理原则的辖制。但值得强调的是，目前人文社会学科的研究伦理原则主要脱胎于自然科学研究，特别是生物学、医学、行为心理学等学科的科研活动所产生的伦理原则，甚至说前者的伦理规范是对后者伦理规范的完全移植都不为过。[①] 因此，还有必要对科研伦理的特点进行简要介绍，这对于在后文中更好地理解田野工作伦理的复杂性及其困境的产生原因也会很有帮助。

在既有的知识话语体系中，科研伦理往往被当作一个整体来进行讨论。然而本文认为，科研伦理其实包含两个方面的内容：

首先，科研伦理需要维护科学研究的客观性和可证伪性。因此，

---

① Ron Iphofen & Martin Tolich (eds.), *The Sage Handbook of Qualitative Research Ethics*, London: SAGE Publications, 2018, p. 93.

学术共同体形成了一套相应的伦理和规则体系，包括规范的文献引用、研究数据和方法的透明公开、同行评议制度、对科研原创性和独立性的维护等。为了表述的简洁性，本文将科研伦理中维护科学性的层面称为科学伦理。可以说在这个层面上，科研伦理的内容与科研的本质诉求是高度耦合的，前者能够很好地维护后者。

但除此以外，科研伦理还有另外一个重要的维度，就是当研究对象是人的时候，需要去保护科研对象，使其免受科研活动可能产生的伤害，而这个层面的科研伦理，在本文中被简称为人文伦理。① 当然，科研活动对人文伦理的要求并非凭空产生，而是在近现代西方科研发展的历史上，伴随着一系列因为科研而伤害人权的案例而产生和发展的。这其中既有自然科学研究中的案例，比如二战时期德国纳粹和日本731部队的人体实验、塔斯基吉研究所的梅毒研究（1932—1972）；也有偏向社会科学研究方面的案例，比如米尔格伦实验（1963）、斯坦福监狱实验（1971）。正是这一系列骇人的科研活动，让人类社会意识到对于科研成果的追求不能失去人道的底线，并因此推动实施了一系列以保护人类研究对象为目的的协议和立法。比如二战后于1947年颁布的《纽伦堡法典》（The Nuremberg Code），制定了对人类进行人体实验时须遵循的基本原则，被认为是国际上首部系统性规定人类受试相关科研活动规范的科研伦理准则；1964年通过的《赫尔辛基宣言》（Declaration of Helsinki）是涉及人类受试者医学研究的伦理原则，也是关于人体试验的第二个国际文件，它比《纽伦堡法典》更加全面、具体和完善，被广泛认为是人体研究伦理的基石性准则；此后，美国联邦政府正式推出了《国家研究法令》（National Research Act），法令后被编入联邦法规（1974），成为其中的第45章第46节，并以此为基础开展了一系列后续研究来完善相关立法。著名的《贝尔

---

① 更广泛的伦理关注并不限于人类本身，对于受试体动物、自然环境等的保护也已经成为科研伦理的组成部分，本文因为主要探讨人文社科类的田野伦理，故对此不做展开。

蒙报告》(The Belmont Report),以及后来成为北美科研伦理审查制度化代表的机构审查委员会(Institutional Review Board,简称 IRB)也是在这一趋势下推出的。此外,可以看到,这些重要文件颁布的时间节点与上述违背人文伦理的科研案例存在密切的时间先后关系。

可以说,人文伦理与科研的本质诉求没有必要联系,甚至还可能给科研活动增加难度。[①] 简言之,如果说科研的目的只是单纯地追求真知,那么在实现这一目的的过程中,却既存在坚持求真求实的科学伦理要求,又存在维持人性的人文伦理要求,这也使得科研伦理为科研活动增加了更重的"负担"。(见图 1)

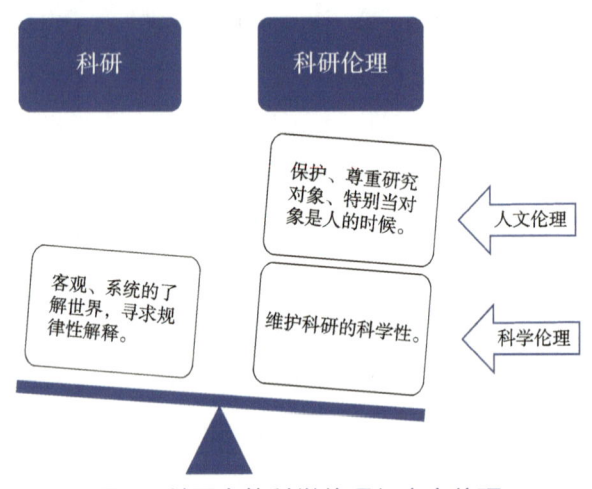

图 1 科研中的科学伦理与人文伦理

综上,如果需要给田野研究伦理下一个简单的定义,可以认为它是用于规范田野研究工作的科研伦理。它首先是广义的伦理中的一种,作为一套规范体系,它主要用于约束从事田野研究的工作者,同时又和田野研究相关的群体(资助机构、学术同行、研究对象等)产生关系。此外,作为科研伦理中的一种,田野研究伦理也承袭了科研

---

① 某种程度上,这种对客观科学性的追求和维护人性之间的矛盾,也可以被视作一种伦理困境。

伦理内涵的双重性特点——既需要维护研究的科学性，又希望在研究过程中尽量确保相关人群不受到伤害。

然而，将具有这样特点的科研伦理规范应用到发展中国家的实地田野研究中时，会发现在制度设计的通约性追求和制度实践中所面对的复杂性之间存在巨大的差距乃至矛盾。因此，接下去的部分，将借助一个经典的人类学田野研究案例，展现发展中国家田野研究伦理的高度复杂性及其产生的原因。

二、发展中国家田野研究伦理的复杂性

为了更直观、充分地展现发展中国家田野研究伦理的复杂性，本部分将首先介绍一个在西方人类学领域引发过巨大伦理争议的经典案例——美国人类学家拿破仑·夏侬（Napoleon Chagnon）的代表作《雅诺马姆人》(Yąnomamö)。该案例既是具有代表性的发展中国家深度田野研究，同时又在研究伦理的各个层面都引发了激烈而持久的讨论。

雅诺马姆人是生活在委内瑞拉和巴西交界区域亚马孙丛林中的一个群体，总人数大约有两万人，分散成约200—250个村落。20世纪60—90年代，夏侬多次前往雅诺马姆人生活的区域，前后在当地进行了约63个月的田野研究，① 并借此出版了大量学术成果，其中最有影响力的就是其代表作《雅诺马姆人》。这本田野民族志的第一版出版于1968年，当时的书名为《雅诺马姆：暴烈之人》(Yąnomamö: The Fierce People)。在书中，夏侬通过自己的田野研究得出结论：雅诺马姆人生活在长期的战争文化和行为中，这一事实在他们的经济生活、价值观、定居模式、政治行为和婚姻习俗中都有反映。雅诺马姆人在神话和传说中解释人类凶残的本质，并将自己与可观察到的真实

---

① Robert Borofsky, with Bruce Albert et al., *Yanomami: The Fierce Controversy and What We Can Learn from It*, Berkeley: University of California Press, 2005, p. 8.

世界在智力上使用这种好战和凶残的逻辑联系起来。① 更重要的是，夏侬认为，更加暴力而好战的雅诺马姆男性将获得更多女性资源，从而体现出一种进化上的优势。② 书籍出版后迅速受到关注和欢迎，后多次再版，总销量据估计超过 300 万本，③ 为作者带来了超过 100 万美元的版税收入。④

尽管夏侬的专著取得了巨大成功，但对他田野研究伦理的质疑却不断出现。其中，记者帕特里克·蒂尔尼（Patrick Tierney）在 2000 年出版了超过 400 页的《黄金乡中的黑暗》（Darkness in El Dorado）一书，指控夏侬以及其他一些研究者在雅诺马姆人居住区的工作有违科研伦理。其中针对夏侬的批评主要有：协助美国原子能委员会收集雅诺马姆人的血液样本；带领电影拍摄团队进入当地时，不考虑雅诺马姆人对外来疾病缺乏抵抗力；为开展田野研究，赠送当地人包括钢斧和枪支在内的武器，加剧雅诺马姆村落间的冲突，并因此得出雅诺马姆人好战的结论；在拍摄人类学影片的时候，通过提供当地人需要的贸易品来诱使研究对象按自己的意愿进行表演。⑤ 从蒂尔尼对夏侬的批评可以看到，夏侬研究中的田野伦理争议既有科学伦理层面

---

① Robert Borofsky, with Bruce Albert et al., *Yanomami: The Fierce Controversy and What We Can Learn from It*, Berkeley: University of California Press, 2005, p. 5.
② Stephen Corry, "The Emperor's New Suit in The Garden of Eden, and Other Wild Guesses or, Why Can't Napoleon Chagnon Prove Anything?", *Truth out*, September 21, 2013, https://truthout.org/articles/the-emperors-new-suit-in-the-garden-of-eden-and-other-wild-guesses-or-why-cant-napoleon-chagnon-prove-anything/.
③ Robert Borofsky, with Bruce Albert et al, *Yanomami: The Fierce Controversy and What We Can Learn from It*, Berkeley: University of California Press, 2005, pp. 8, 39.
④ Robert Borofsky, with Bruce Albert et al, *Yanomami: The Fierce Controversy and What We Can Learn from It*, Berkeley: University of California Press, 2005, p. 13.
⑤ 值得注意的是，相较于赠送钢斧、砍刀，夏侬对于枪支的态度非常谨慎。在蒂尔尼的书中，夏侬前往田野时随身携带了两把霰弹枪，他曾经将其中一把连同十来发弹药赠予了自己在当地居住的村落（Bisaasi-teri）中的向导，因为后者害怕邻村的敌人。但是，尽管是一种出于防御目的的馈赠，这种行为连同夏侬携带枪支自卫的事实，极大增强了夏侬所在村落的防御能力，使其居民外出劫掠时的活动时间和作战半径都有所增加。详见 Patrick Tierney, *Darkness in El Dorado: How Scientists and Journalists Devastated the Amazon*, New York: W. W. Norton & Company, 2000, p. 33。

的——比如作为人类学纪录片的电影存在摆拍的嫌疑；同时也有人文伦理层面的——比如对当地人身体健康不够重视，人为造成当地冲突等。

蒂尔尼书籍的出版立刻产生了极大影响，《黄金乡中的黑暗》一书也入选2000年美国国家图书奖（非虚构类）最终提名。尽管经过美国人类学学会的调查取证，蒂尔尼在其书中的指控有一部分被认为是虚假和片面的，但夏侬以及美国人类学学会还是因此遭受到不小的冲击。此外，依然有包括马歇尔·萨林斯（Marshall Sahlins）在内的很多人类学家继续质疑夏侬的研究，指出夏侬在亚马孙进行田野研究时，触犯了当地人的伦理体系：首先，他并未按照雅诺马姆人的道德准则分享自己的食物，招来了后者对自己的不悦；此外，姓氏在雅诺马姆社群中是不能公开的禁忌，而夏侬为了收集研究对象的姓名，采取了很多违反当地伦理体系的行动。萨林斯认为，这些事件本身是否会促成夏侬形成对雅诺马姆人性格"暴烈"的判断是值得思考的。①

此外，夏侬的研究成果在伦理层面的影响也并非仅停留在学术研究层面，作为影响力极大的人类学家，其研究成果和自己的知名学者身份会让很多人相信他通过"科学的"方式证明了雅诺马姆人是好战而暴力的，甚至将此作为后续的行动指南。比如巴西政府在为雅诺马姆人划定保护区时，认为应该将保护区尽量切割，以减少村落间冲突的发生。② 但同时有人指出，这种碎片化保护区的真正用意在于方便矿业公司开采当地金矿，甚至夏侬自己在20世纪90年代要重返田野地点时，因为不受当地社群和学界的欢迎，也曾寻求委内瑞拉博物学家查尔斯·布鲁尔-加利亚斯（Charles Brewer-Carías）的保护，而据

---

① Marshall Sahlins, "Jungle Fever", *The Washington Post*, December 10, 2000, https://www.washingtonpost.com/archive/entertainment/books/2000/12/10/jungle-fever/e8b757ae-b365-4632-8f04-3d9e61371ed7/.
② Emily Eakin, "How Napoleon Chagnon Became Our Most Controversial Anthropologist", *New York Times*, February 13, 2013, https://www.nytimes.com/2013/02/17/magazine/napoleon-chagnon-americas-most-controversial-anthropologist.html.

传言，加利亚斯同时也是非法金矿主。①

夏依的研究除了直接影响到巴西政府对印第安保护区的划分，同时还在更广的层面上进一步脸谱化了公众对于南美印第安原住民的认知。殖民时代以来，西方对于初民群体大致形成了两种标签化的认识，一种是"高贵的野蛮人"（Noble Savage），另一种与之相对，认为初民群体是未开化的、原始的、残忍的。夏依的研究无疑为第二种认知增加了"有力的"证据，特别是他强调雅诺马姆人通过定期的战争和暴力来争取繁衍上的优势，并因此形成一种社会进化机制，这更为他的研究增添了一种"科学性"色彩。这样的学术生产和流行文化中对印第安人原始、暴力的夸张表现会产生怎样的互构和共鸣，从而加剧公众对于初民社会的误解，无疑是值得重视的，甚至有时候夏依自己都被称为"人类学家中的印第安纳·琼斯"。②

更进一步说，蒂尔尼作为记者对一个人类学研究案例的调查和书写，本身也体现出田野研究在后续伦理影响上的复杂与不可控特性。尽管美国人类学学会通过调查，反驳了蒂尔尼的很多指控，但是，《黄金乡中的黑暗》一书入选美国国家图书奖提名这一事件意味着对于读者群体和大众传媒的影响已经发生，美国人类学学会可以对夏依研究的合法性作出评判，但却无法掌控其作品的溢出效应，以及该效应对研究对象的反作用。

甚至从夏依著作前后不同版本的名称和封面都可以看出他自己在这一事件上的妥协，第一版《雅诺马姆：暴烈之人》在引起争议后，

---

① Kate Wong, "Controversial Anthropologist Napoleon Chagnon, Who Chronicled the Lives of the Yanomamö, Has Died", *Scientific American*, March 1, 2001, https://www.scientificamerican.com/article/controversial-anthropologist-napoleon-chagnon-who-chronicled-the-lives-of-the-yanomamo-has-died/.

② Emily Eakin, "The Indiana Jones of Anthropology", *New York Times*, February 13, 2013, https://www.unl.edu/rhames/Napoleon%20Chagnon,%20America%e2%80%99s%20Most%20Controversial%20Anthropologist%20-%20NYTimes.pdf; Douglas R. Fry, "Review: Noble Savages. My Life Among Two Dangerous Tribes—The Yanomamö and the Anthropologists by Napoleon A. Chagnon", *European Journal of Sociology*, Vol. 54, No. 3, 2013, pp. 531-536.

夏侬删除了"暴烈之人"的副标题，并且封面人物也由一位手执武器、满面怒容的男子更换为另一位头戴羽毛、眼神忧郁的男子，后者较前者也显得更年轻和沉静。（见图2）

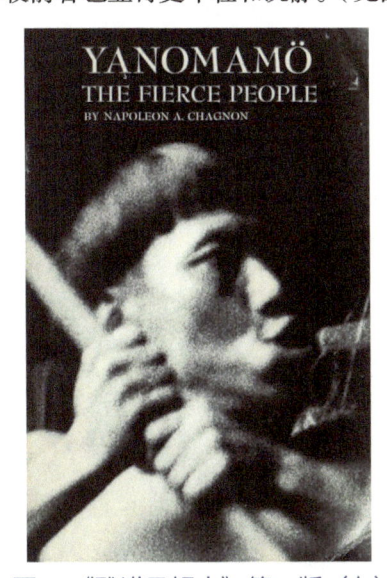

图2 《雅诺马姆人》第一版（左）和第六版（右）的标题与封面对比

资料来源：Napoleon A. Chagnon, *Yanomamö: The Fierce People*, New York: Holt, Rinehart and Winston, 1968；Napoleon A. Chagnon, *Yanomamö*, Belmont: Wadsworth Cengage Learning, 2013。

从夏侬的案例可以看到，即便研究对象是一个密林中的少数群体，相关研究所产生的伦理牵涉却可以是多维度和持续性的，甚至可能远远超越其研究的对象和专业领域本身，产生全球性的效应。这个案例非常鲜明地展现出发展中国家田野研究伦理的复杂性。归纳起来，这种复杂性的来源主要有以下两个方面。

第一，发展中国家田野研究伦理的复杂性来源于人文社会学科在研究范式上具有的特点。在人文社会学科的研究中，研究对象大多数是人类社会本身，因此很难像自然科学一样，在实验室的封闭空间内控制变量，进行可重复的精细实验。因为这样做无疑会侵犯人权，也很可能产生斯坦福监狱实验类型的伦理问题。人文社会学科的研究者进入的是一个没有清晰边界的社会空间，原则上也不应该对空间内的构成要素进行人为的干预。此外，社会群体处在与外部世界长期的互动中，一直在发生不可逆的变化，因此也很难对其进行严格意义上的重复性研究。这一点在田野工作中经常使用的术语上就有很鲜明的体现：在田野研究中，经常使用的研究方法——参与式观察、访谈——其实都体现出一种非干预性的研究特征。在此类研究中，研究者与研究对象为互动关系，甚至有时候只是前者单方面的观察。与之相对应的是诸如生物医药研究等自然科学学科的研究方式，在这些研究中，采用的是干预性（interventive）和控制性的实验研究。此外，对于研究对象的称呼其实也体现出这一区别：在田野工作中，研究对象通常被称为受访者或信息提供人，而自然科学研究中，研究对象则称为"被试"或"受试"。

人文社会学科的上述特点之所以会让田野研究伦理变得更加复杂，一方面是因为它会对田野研究在科学伦理层面产生挑战：因为田野研究处于不可逆的真实世界中，所以研究过程的不可重复性使得每一个研究在极端意义上都是特殊的和唯一的。因为包括研究者的自我身份与经历，研究材料的选择与解读的主观阐释性，田野中特定的情境、事件等，都可能对研究进程和结果产生重要影响。[1] 因此，科学性只能通过在某些研究环节尽可能维持客观性来维护：比如确认文献来源可靠、确认访谈记录真实、确认论证过程有足够程度的经验材料支撑等。但是，绝大多数人文社科的实证研究，在科学性上，很难对整个研究过程进行操作意义上的多次复盘，从而去完全证伪或证实前人的研究结论。另一方面，真实世界的复杂性在田野研究伦理上的挑战也体现在人文伦理层面——田野研究是研究者进入研究对象的社群和时空并获得信息，进而产出研究成果的过程，这其中必然存在与研究对象的交流和互动，但因为社会活动的复杂性和不可逆性，研究所

---

[1] Mark Isreal & Iain Hay, *Research Ethics for Social Scientists*, London: SAGE Publications, 2006, p. 7.

造成的影响难以控制，所产生的伦理牵涉也会复杂而多样。①

第二，发展中国家田野研究伦理的复杂性，还来源于研究涉及的主体之间的相互关系。在田野研究中，主要涉及研究者、学术机构及学术共同体、田野研究对象这三个主体。在田野研究伦理方面，研究者同时和其他两个主体发生关系：一方面，研究者直接接触研究对象，获得相关信息；另一方面，研究者通过学术机构和学术共同体申请科研资金，并在研究结束后将田野成果反馈给后者，接受他们的监督与评议。同时，不能忘记的是，以上三个主体的相互关系都是在这些关系所处的更广阔复杂的社会中运行的，因此也随时可能和外部社会的其他因素发生互动。（见图3）

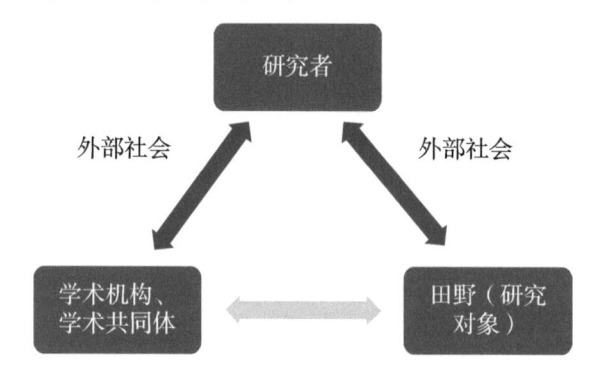

图3 田野研究伦理涉及的主要三个主体及其相互关系

此外，在上述关系中，不同主体存在空间、文化、语言等多个维度上的间隔，并且他们各自掌握的信息和对信息的解读也存在差异，这样的状况无疑会产生研究伦理上的挑战。通常情况下，学术机构和共同体不会直接接触到研究者的特定研究对象，而是通过研究者的研究成果了解他们。特别是对于发展中国家研究而言，那些掌握特殊语言、投入长期田野工作的研究者，他们在田野过程中所产生的伦理影响，很多情况下难以被学术机构和学术共同体完全认知，后者只能尽

---

① 这一点在《雅诺马姆人》的案例中已经有所展现，此外在下一部分讨论发展中国家田野研究常见的伦理问题时也会有很多案例，此处不再展开论述。

量通过标准化、制度化的手段和道德教育对研究者予以约束。但是这样的制度化一方面可能流于形式，另一方面也可能阻碍研究者的正常田野工作。

同样，作为田野中被研究的人群，特别是发展中国家人群，受限于知识背景、经济能力、权力差异等因素，他们很难直接与学术共同体产生联系，并借助后者通过制度性的手段对研究者进行监督。并且因为发展中国家研究并非显学，相关的知识产出有限，对发展中国家在伦理影响上的讨论也就更少，从而进一步拉大了学术共同体和全球民众对于这一类地区的认知鸿沟。然而，一旦有类似《雅诺马姆人》这样焦点性的学术伦理争议发生，长期以来对发展中国家人群的不了解，又很容易使学术伦理争议遭到误读和广泛传播。

那么，在发展中国家田野研究中，具体有哪些常见的研究伦理问题，对这些问题存在怎样的应对可能性呢？接下来的章节将试图就这两个问题进行探讨。

三、发展中国家田野研究中常见的
伦理困境及应对可能

本部分将从"保护脆弱群体""匿名性与隐私性要求""研究的介入性""研究方法的伦理牵涉""伦理审查制度与田野实地情况的矛盾""世界观、价值观差异"六个主题来讨论发展中国家田野研究中常见的研究伦理问题类型，并简要探讨相关应对的可能性。之所以选择这六个主题，主要因为它们是田野研究伦理中比较常见的困境，此外，它们还涉及田野工作的方法论、认识论两个维度以及二者间的相互关系。

当然，这六个主题并不能穷尽发展中国家田野研究的所有研究伦理困境，并且六个主题所涉及的内容也存在互相渗透和关联，并非边界清晰的独立存在。此外，这六个主题主要都在讨论科研伦理中"人

文伦理"方面的情境，对于"科学伦理"方面将不作涉及，因为后者在制度运行上已经相对成熟，并且与田野中的研究对象关系较小。

（一）保护脆弱群体

从《贝尔蒙报告》正式确立以人为研究对象的科研活动的伦理准则开始，尽量避免给研究对象造成伤害就是其中的核心原则之一。以该原则为出发点，当前的科研伦理审查制度要求在研究设计时要对包括儿童、残疾人、罪犯等群体在内的脆弱人群（vulnerable groups）采取尽可能谨慎和细致的态度，以期避免他们的权利在研究中受到侵犯。[①] 因为这些人群要么难以理解研究的涵义，从而无法给出真正的知情同意，要么因为在社会权力体系中处于弱势地位而容易受到伤害，特别是研究可能透露出他们信息的时候。

但是，在田野研究中会遇到这样的困境：由于需要特别关照和保护脆弱群体，因此无论在制度审批上还是实际操作上都需要投入更多成本，从而使研究者在进行研究设计时尽量避开相关人群。但这样做，其实会使脆弱人群失去通过研究展现自己处境的发声机会，也减少了通过将研究结果转化为发展实践，从而改善脆弱群体生存状态的可能。[②] 特别是对于发展中国家而言，脆弱群体很可能是研究中无法回避的部分，如果为了在伦理审查上尽量减少麻烦，而在田野研究中避开所有脆弱群体，这种做法可能本身也是存在伦理争议的。

比如携带艾滋病的肯尼亚贫民区女性天主教徒群体，她们其中一部分受生活所迫沦为性工作者。对于这些女性而言，她们在社会经济、两性关系、宗教生活等各个方面都处于弱势地位，并且极容易因为透露自身信息而产生对自己极为不利的后果。毫无疑问，这样的群

[①] Mark Isreal & Iain Hay, *Research Ethics for Social Scientists*, London: SAGE Publications, 2006, pp. 37-38.
[②] Isabella Paoletti, Maria Isabel Tomás & Fernanda Menéndez (eds.), *Practices of Ethics: An Empirical Approach to Ethics in Social Sciences Research*, Newcastle upon Tyne: Cambridge Scholars Publishing, 2013, p. 185.

体属于脆弱群体，但是如果不对她们进行研究，如何揭示长期压制她们的结构性歧视与暴力？有幸的是，已经有越来越多的研究注意到这一群体，[①]这些研究的发现也可能已经改善了后者的生活状况。比如在教会的压力下依然支持使用安全套，就会大大降低意外怀孕和感染性传播疾病的风险。[②]

因此，在田野伦理层面，研究议题的设立和研究对象的选择不应该简单应用规避脆弱人群的原则，需要意识到其实"脆弱性"本身蕴含巨大的社会、文化涵义，因此也具有显著研究价值。[③]在研究过程中，涉及脆弱人群的研究往往在三个维度上需要更深入的交流：首先是说服伦理审查机构接受自己的研究计划；其次是由于研究对象的脆弱性，他们的表达能力或意愿往往不同于一般研究对象，从他们身上获取信息需要更长的时间和更多的沟通；再有就是与研究对象相关人群，比如监护人、亲友、利益相关方等环境人群进行更深入的交流，从而消除误解和建立更广泛的信任。此外，在涉及脆弱人群时，田野成果在进行最终呈现时需要更加谨慎，更好地保护研究对象。

（二）匿名性与隐私性要求

在研究中及呈现研究结果时，对研究对象采取匿名性处理，从而保护他们的隐私和安全，这也是田野伦理中被广为接受的原则和操作方法。但是，这一原则在实际应用中也会存在困境。

首先，在田野研究中，有一种资料被称为"有罪的知识"（Guilty

[①] Emily Reimer-Barry, "The Listening Church: How Ethnography Can Transform Catholic Ethics?", in Christian Scharen & Aana Marie Vigen (eds.), *Ethnography as Christian Theology and Ethics*, New York: Continuum International Publishing Group, 2011, pp. 97-117.

[②] Lilian Muendo, "Pro-condom Activists in Kenya Push Back against Church's Teaching of Abstinence", *National Catholic Reporter*, Mar 12, 2016, https://www.ncronline.org/pro-condom-activists-kenya-push-back-against-churchs-teaching-abstinence.

[③] Nico Nortjé, Retha Visagie & J. S. Wessels, *Social Science Research Ethics in Africa*, Cham: Springer International Publishing, 2019, pp. 39-40.

Knowledge），指的是研究对象从事违法活动时研究者从他们身上获取的信息。① 从田野伦理的匿名性原则来看，无论出于研究的实际需要还是出于对研究对象的保护，研究者应该对研究中为自己提供信息的人采取匿名措施。但是，有时候这种做法会与公权力的要求产生冲突，比如警察或其他司法机关可能要求研究者提交研究对象的详细信息，特别是当研究对象是典型的非法从业者（毒贩、性工作者、地下赌场经营者）时，这样的矛盾会更加突出。一方面，研究者需要接触、观察这些人群，从而使研究客观、可信；另一方面，如果按照田野伦理的要求，研究者也需要保护他们的匿名性。这不仅因为泄露他们的信息可能使得他们被逮捕，更因为他们还有可能因此遭受其他非法组织、个人的伤害。并且，对于这样的研究而言，一旦研究者失去被研究者的信任，那么前期的大量预调研和沟通成本将付诸东流，甚至研究者自身也可能因此面临危险。

在这种情况下，研究者首先需要慎重进行研究设计，尽可能规避类似困局的出现。如果预料到研究活动可能涉及匿名性与公权力的冲突，可以尝试和公权力方面预先交流，展示自己的研究从长远来看可以为对方提供助力，从而使双方形成一种合作关系，并在此基础上最大程度保护研究对象的隐私。此外，一旦决定进行该类主题的研究，就需要做好心理准备，随时对研究所牵涉的总体社会正义进行评估，在特定情况下甚至可能需要放弃正在进行的研究。

此外，关于匿名性伦理原则，还有一种特殊的矛盾情境——姓名的不可隐匿。这样的情境经常出现在与艺术相关的研究中，例如一位研究非洲某地女性刺绣工艺品的学者，在完成自己的研究后，将成果反馈给田野中的研究对象看，而当她研究的非洲女性艺术家发现自己

---

① Ron Iphofen & Martin Tolich (eds.), *The Sage Handbook of Qualitative Research Ethics*, London: SAGE Publications, 2018, p. 120; Marlene de Laine, *Fieldwork, Participation and Practice: Ethics and Dilemmas in Qualitative Research*, London: SAGE Publications, 2000, pp. 22, 167.

的姓名被隐匿了，研究者的书中只有去掉刺绣者姓名的刺绣作品时，感到非常地不解和失落。在她们看来，自己的名字和自己的作品是不可分割的，二者必须是一个完整的整体。①

因此，在进行田野研究时，对涉及艺术和有原创性产出的研究对象，要多思考知识产权、艺术和身份表达等层面的伦理指涉，而非不假思索地运用匿名性原则，同时在田野研究成果转化的过程中和研究对象保持沟通，询问他们对相关问题的态度。

（三）研究的介入性

在深入进行田野研究的过程中，研究者很可能与研究对象群体建立深层羁绊，并就如何介入当地社群的生产、生活，从而改善研究对象生存条件进行思考甚至行动。甚至在一些人文社会学科的发展中，已经出现了诸如行动社会学、行动民族志这样主动介入的研究，以及应用导向很强的各类发展研究等。②但是，研究者对研究对象介入性的发展实践经常产生负面效果，比如分配不均导致的人际关系恶化，缺乏持续性的应急式关怀，因为介入而招来田野研究所在地国家公权力的干预等。此外，研究对象"愿望的落空"本身，其实也是一种负面的伦理影响。

作为案例，在一项对刚果金香蕉种植者的援助研究中，农学家希望为当地蕉农提供总产量更大的香蕉品种。但是新品种香蕉的成熟是季节性的，需要较长的生长周期，而老品种香蕉的成熟则是持续性的。因此，老品种的香蕉虽然产量低，但是因为能持续产出，所以当蕉农在生活中要少量用钱时，可以随时将已经成熟的香蕉在市场上

---

① Nico Nortjé, Retha Visagie & J. S. Wessels, *Social Science Research Ethics in Africa*, Cham: Springer International Publishing, 2019, pp. 40-41.
② Joan E. Sieber (ed.), *The Ethics of Social Research: Fieldwork, Regulation, and Publication*, New York: Springer-Verlag, 1982, p. 16; Andrew Sayer, *Why Things Matter to People: Social Science, Values and Ethical Life*, Cambridge: Cambridge University Press, 2011, p. 57.

出售变现，香蕉的功用类似于活期储蓄，而更换新品种后的香蕉变成了定期储蓄。所以在刚果金的这一案例中，除了种植品种的改良，对蕉农的援助中，还应该考虑相应配套的小额信贷体系建设，解决日常资金需求。①

综上，在田野研究可能产生介入性时，应采用复杂性、在地性和动态性思维，充分思考研究的介入性可能对当地社群产生的后续影响。此外，在进行介入时，最好坚持先试点、再铺开的渐进原则。介入性田野研究在伦理方面还有很重要的一个可行性建议是和研究对象保持长期的联系，从而体现研究者对于自己研究所产生的影响有充分和持续地关切。特别是在介入性研究如果产生意料之外的负面效果时，持续性的沟通有助于形成共情，消弭研究对象内心的猜测和不安，达成一种深度而持久的相互理解。

（四）研究方法的伦理牵涉

在田野过程中，因为研究方法而产生伦理争议的情况非常多，这其中涉及方法的不同维度。首先是研究方法中直接使用的研究工具和媒介，比如在一个研究战争对阿富汗女性心理影响的案例中，出于对当地文化特性的考虑，研究者向研究对象发放手机，以规避和她们面对面的接触。这在伦理层面看似是非常周全的研究设计，但是当时手机在田野地点是男女青年偷偷沟通和约会所依赖的媒介，研究者的做法反而激起了研究对象家庭内长辈的怀疑，引发了研究伦理问题。②另外，现在越来越多被使用到的影像研究方法，虽然能更直观地展示研究对象和主题，但是也更容易对研究对象的匿名性产生损害，还可

---

① Julie Van Damme, "From Scientific Research to Action in Southern Kivu: Ethical Dilemmas and Practical Challenges", in Susan Thomson, An Ansoms & Jude Murison (eds.), *Emotional and Ethical Challenges for Field Research in Africa: The Story Behind the Findings*, London: Palgrave Macmillan, 2013, pp. 88-91.
② Margaret D. LeCompte & Jean J. Schensul, *Ethics in Ethnography: A Mixed Methods Approach*, Maryland: AltaMira Press, 2015, p. 225.

能因为观众对影像的解读方法不同而产生伦理影响。① 此外，在影像中出现特殊群体或者画面时，也可能有伦理牵涉，比如当影像中出现儿童的裸体时。②

除了研究工具以外，研究方法的伦理牵涉还存在于方法论维度，很多研究方法在实际运用中都可能产生与田野伦理的关联。比如在进行焦点小组访谈时，有目的性地引导话题和氛围是否有违田野伦理？陈泳超和他的学生在一次调研中获得民间宗教经书的过程是一个非常有意思的案例。在这个案例中，为了让研究对象信任研究者，陈泳超和学生在疲乏的时候强装充满兴致，此外还通过谈话技巧让对方意识到电子化经书更便于保存的事实，并凭借类似的沟通技巧成功获得经书原本。③ 在这一案例中，研究者没有因为自己对访谈氛围的引导而使受访者受到伤害，并且也充分实现了互利。但是，如果对于气氛和话题的引导在于刻意诱导受访人去回答与自己研究假设相符的答案，无疑是有违田野伦理的，特别是其中的科学伦理维度。

类似地，在田野中有时候研究者会作为一个沉默的观察者对一些事件和空间进行观察，这样的行为是否符合田野伦理呢？有学者认为，在公共空间中进行观察时，可以认为该空间内活动的人都予以了被记录的许可，因为他们在这个空间中的存在和活动具有日常的自知性，是一种默认可以向外界展示的常规行为。④ 但是，公共空间内部其实也存在差异性，并且对公共空间内所获得的信息如何运用也可能产生伦理争议，这其中最有代表性的案例就是劳德·亨弗里斯（Laud Humphreys）在公园公厕对同性恋的研究——"茶室交易"（Tearoom Trade）。

---

① David Redmon, *Video Ethnography: Theory, Methods, and Ethics*, London: Routledge, 2019, p. 97.
② Pranee Liamputtong, *Doing Cross-Cultural Research: Ethical and Methodological Perspectives*, Dordrecht: Springer Netherlands, 2008, p. 127.
③ 陈泳超:《"无害"即道德》,《民族文学研究》2016年第4期, 第10—13页。
④ Helen F. Wilson & Jonathan Darling, *Research Ethics for Human Geography*, London: SAGE Publications, 2020, p. 38.

在亨弗里斯的研究中，虽然研究发生在公园这样的公共空间，但是他假装同性恋的做法，以及借助自己观察到的车牌号追踪研究对象更多信息的方法都引起了争论。[1] 相关的意见大致可以分为三类：第一类是完全否定，认为他不应该以科学研究的名义侵犯他人的隐私权。第二类是部分否定，认为对茶室交易的观察是可以接受的，因为这些同性恋者是在公共设施中进行性行为。但是随后以不正当的方式获取同性恋者的家庭地址，且在未获得受访者同意的情况下以虚假的借口对同性恋者进行上门调查是不道德的。还有少数人持肯定意见，认为亨弗里斯的方法是合乎情理的，因为同性恋是非常值得研究的社会现象，但是却没有获得这方面数据的其他方法。[2] 由此可见，即便是看似采取局外人观察的方法，在观察内容、方式等方面的不同，也可能产生不同的伦理影响。

由于在田野调研中，研究方法的运用可能产生伦理争议，因此可以考虑从以下几个方面予以应对：首先，对研究方法的设计和应用采取更审慎的态度，特别当研究中需要应用特定的媒介和物品时，要充分考虑相关媒介、物品在研究对象社会中所具有的独特功能和文化涵义。此外，对于大规模的研究，在研究实践中，应该坚持先小范围测试，再全面施行的原则。再有就是将对研究方法和研究伦理的审视、反思贯穿整个田野研究的始终，在出现问题后不断进行调试和改进。

（五）伦理审查制度与田野实地情况的矛盾

在人文社会学科的研究中，学术共同体或者政府机构的既有伦理审查制度和规则往往追求通约性和普遍性，并因此很可能与实际研究中多样复杂的田野状况相矛盾。这其中，签署知情同意书就是最具代表性的问题之一。

---

[1] Anthony Giddens et al., *Essentials of Sociology, 6th Edition*, New York: W. W. Norton & Company, 2017, pp. 32-36.
[2] 阿诺·巴塔查尔吉：《社会科学研究：原理、方法与实践》，香港公开大学 2016 年版，第 119 页，https://www.opentextbooks.org.hk/ditabook/35982。

首先，在要求研究对象签署知情同意书时，由于存在语言、知识背景、权力关系等多重因素的影响，签字人不一定真正了解知情同意书的涵义。特别是在一些发展中国家和地区，受到教育水平、文化背景等因素限制，被研究者在面对知情同意书时会感到不解乃至紧张，甚至在一些地方，女性受访者认为自己不具有为自己签字，从而代表自我意愿的权力，需要转而获得配偶或家长的许可。[1] 其次，如果研究议题本身比较敏感，甚至可能挑战研究所在地的公权力时，签署知情同意书本身可能为研究对象带来安全隐患，并且出于顾虑，研究对象也很可能不愿意签署这一类知情同意书。[2] 此外，即便被研究对象签署了知情同意书，还可能出现间接关联对象（Secondary Subject）的知情问题，即签署人对研究内容知情，但是签署人在访谈中谈及的其他人却可能对研究一无所知。

因此，知情同意书的签署并不一定能在田野研究中完全保护研究对象的权利与安全。甚至有一些学者认为，知情同意书更多是在保护科研机构和研究者的安全，是一种类似"免责声明"的文件，应该对知情同意书予以更多的批判和反思。相对于僵硬而程式化的知情同意书，有学者认为在田野中与研究对象更坦诚、深入的交流，以及在此基础上建立的相互理解与信任才是最重要的。[3] 因此，书面的知情同意在田野研究中是否一定是必要的，其实值得根据具体的研究议题和情境进行区分。在向研究对象充分介绍自己研究意图并充分尊重其意愿的前提下，口头的知情同意也应该获得伦理审查的认可。不过，值得注意的是，尽管一些研究不需要采用僵化的书面知情同意，但是这些研究在进行书写的时候，需要尽量展现出研究者与其研究对象的沟

---

[1] Margaret Diane LeCompte & Jean J. Schensul, *Ethics in Ethnography: A Mixed Methods Approach*, Maryland: AltaMira Press, 2015, p. 222.
[2] Pranee Liamputtong, *Doing Cross-Cultural Research: Ethical and Methodological Perspectives*, Dordrecht: Springer Netherlands, 2008, p. 13.
[3] Joan E. Sieber (ed.), *The Ethics of Social Research: Fieldwork, Regulation, and Publication*, New York: Springer-Verlag, 1982, pp. 33-48.

通过程，以及使研究对象知情并获得其认可的方式，从而让整个研究过程在伦理层面更加透明。①

除了知情同意书，伦理审查委员会（IRB）的要求有时候也可能和田野研究中的实际情况相抵触。一个加拿大学者研究"后大屠杀时代"卢旺达农村地区普通民众心理时，其研究设计在所在大学的伦理委员会审查时经历过很多挫折：伦理委员会审查时，为评估该研究者研究方法可能产生的伦理影响，要求研究者提供详细的访谈问题设计，提供知情同意书，并且要求研究者在研究设计中加入焦点小组的访谈方法。但是，由于卢旺达政府对外来学者的高度警惕，签署知情同意书在这一研究中并不现实。此外，在卢旺达大屠杀中，普通民众的心理活动、个人故事非常复杂，并且在后大屠杀时代成为很多人个人回忆中最私密和深藏不露的部分。因此，研究者坚持认为，想要真正挖掘民众的心理状态，必须和研究对象建立长期、可信的私人关系，并且依靠个人口述的方式，以个体生命史的形态来获得和展现研究发现。并且，在这种社会环境下，焦点小组的研究方法是完全不可行的，很难指望受访者在一个集体场景中吐露心声。②

当然，制度化的田野伦理也并非总是阻碍田野研究的顺利进行，随着科研伦理以及更广义的制度化建设被越来越多的国家和群体认同和实施，在研究前完成科研伦理的相关审核手续并获得官方的制度背书，在一些情况下也能有利于田野研究的顺利展开。

---

① 有时伦理审查委员会也会要求研究者记录详细的取得口头同意的过程，作为研究的伦理档案储存。参见 Natasha Mack et al., *Qualitative Research Methods: A Data Collector's Field Guide*, North Carolina: Family Health International, 2005, p. 11。
② Susan Thomson, "Academic Integrity and Ethical Responsibilities in Post-Genocide Rwanda: Working with Research Ethics Boards to Prepare for Fieldwork with 'Human Subjects'", in Susan Thomson, An Ansoms & Jude Murison (eds.), *Emotional and Ethical Challenges for Field Research in Africa: The Story Behind the Findings*, London: Palgrave Macmillan, 2013, pp. 139-147.

总体而言，田野实地研究与科研伦理审查制度的冲突，其核心都是实地研究情境的复杂性与追求统一、简单化的制度规约之间的冲突。为应对该类情况，研究者作为个体，一方面应该更充分地理解科研伦理的意义及其制度的形成脉络，从而更好地使研究符合田野中的伦理要求。另一方面，田野中的研究者也应该意识到，自己所开展的研究无论在研究对象、空间、时间等各个维度都是具有特殊性的，必然也可能产生独特的伦理牵涉和挑战。此时应该发挥能动性，寻求与制度的对话并争取达成共识。在上文提及的研究卢旺达"后大屠杀时代"民众心理的案例中，研究者通过与所在大学伦理审查委员会的多轮沟通乃至辩论，获得了后者的认可，最终按照自己的初衷完成了研究。因为伦理审查委员会的成员中不乏田野经验丰富的学者，他们虽然没有对卢旺达的具体感知，但是经过研究者的介绍，他们完全可以理解实地情况在伦理层面的特殊性。[①] 这一案例很好地展现了研究者如何将自己田野研究的特殊情况视为一个值得争取突破的判例，以具体的研究案例来推动体制的演化甚至革新。

（六）世界观、价值观差异

上文提及，从哲学的体系看，伦理学又被称为道德哲学，探究道德上的是非与好坏，进而讨论什么行为是有价值和重要的，并演化出指导性的行为规范——应该/不该做什么。由此可见，伦理规范其实与使用该伦理规范的人群所具有的价值观有着密切的联系。同时，由于价值观与世界观也有着深刻的关系，因此世界观的差异同样会影响到对于伦理标准的判断。中世纪基督教神学世界观受到近

---

① Susan Thomson, "Academic Integrity and Ethical Responsibilities in Post-Genocide Rwanda: Working with Research Ethics Boards to Prepare for Fieldwork with 'Human Subjects'", in Susan Thomson, An Ansoms & Jude Murison (eds.), *Emotional and Ethical Challenges for Field Research in Africa: The Story Behind the Findings*, London: Palgrave Macmillan, 2013, pp. 145-153.

现代科学发现的冲击，进而推动社会价值取向变革的历史世人皆知。同样地，在田野研究的过程中，不同的世界观与价值观也会产生伦理影响。①

在关于发展话题的研究中，这一类伦理矛盾经常出现。比如涉及公共工程建设、城市规划、现代旅游业发展等问题时，秉持不同价值观的人可能得出完全不同的研究结论。极端的文化相对主义者，会认为上述所有发展实践都应该尽可能保留相关地区原有人群的文化传统与特性，不能因为发展而随意改变当地人的生活模式；而笃信"仓廪实而知礼节"的人，则很可能会认为物质上的发展才是包括文化发展在内其他维度发展的前提。这一对争论同样存在于有关工作伦理的研究中，比如周末选择工作，而不是去教堂或者与家人聚会，这样的做法是属于缺乏信仰导致的唯利是图，还是有其他更深层次的社会、文化原因？更重要的是，由于知识与权力相互依存，因此不同价值观导向的研究结果对于政策规划、资金投放的不同影响，又会直接或间接影响研究对象人群。

除此以外，在文化、宗教研究中，熟练掌握历史分析、实证研究等研究方法的学者，在某一地区的长期田野调研后，可能会得出对于当地社群宗教信仰、文化传说而言具有颠覆性的结论，并因此对研究对象产生巨大冲击。陈泳超《背过身去的大娘娘》就是这样一个非常有代表性的案例。

在山西洪洞，依据一些遗留的古籍、遗址、习俗，地方精英和大众都相信尧和舜是本地人，在历史上真实存在。研究者则通过长年的田野研究认为：尧舜神话及围绕它产生的当地民俗是地方知识分子的建构性介入。这种建构性介入涉及知识权力的再生产，同时也整顿出一套稳定的话语秩序和文化表征，有助于维系地方的身份认同。最

---

① Nico Nortjé, Retha Visagie & J. S. Wessels, *Social Science Research Ethics in Africa*, Cham: Springer International Publishing, 2019, p. 21; Melanie L. Mauthner et al., *Ethics in Qualitative Research*, London: SAGE Publications, 2002, p. 138.

终，研究者的结论是尧舜在当地真实存在过的说法是很值得怀疑的，不能认定是史实。但这个结论给当地一位地方知识分子（同时也是主要研究对象）带来了在知识体系和历史真实性方面的根本性颠覆，同时也给后者带来了关于自我认同的深度怀疑。①

综上，尽管在学术研究中，价值中立被认为是一种应该普遍遵守的准则，但因为每个研究者都有自己的知识储备、文化背景、政治立场，并且在具体的研究情境中也会一再受到外界因素影响，所以真正的价值中立是否存在是值得质疑的，甚至价值中立本身其实也是一种价值取向。因此，在研究实践中，应该首先意识到价值观与世界观会存在差异，在此基础上反思其对研究结果可能产生的影响，并且将知识与权力的关系纳入考量，更全面地思考价值取向可能对研究对象人群产生的长远影响。

四、结语：力求伤害最小，处理好制度规范与能动性的关系

本文首先梳理了田野研究伦理的涵义，强调了研究伦理中的科学伦理与人文伦理两个维度。接下来，借助《雅诺马姆人》的案例探讨了发展中国家田野研究伦理的复杂性，本文指出了人文社科研究的范式特点以及研究者、研究对象、学术共同体三者的相互关系是造成发展中国家田野研究伦理复杂性的重要原因。此后，本文还介绍了发展中国家田野研究中六种常见的研究伦理问题，并尝试性地提出了应对的方法。

在最终的总结部分，本文尝试为发展中国家田野研究的伦理提出以下总体的导向性建议，供包括区域国别学学科在内从事海外实地研

---

① 罗兴振：《来自田野的回音——〈背过身去的大娘娘〉读后感》，《民族文学研究》2019年第1期，第6—13页；陈泳超：《理智、情感与信仰的田野对流——兼覆罗兴振来信》，《民族文学研究》2019年第1期，第14—20页。

究的学者进一步讨论和发展。

首先,在科学伦理层面的维护上,应该继续坚持甚至强化制度性的要求,对学术不端等有违田野研究科学伦理的行为予以坚决的抵制。这一部分内容相对清晰,可操作性也较强,并且在全球范围内也已经得到了普遍的推广与认同。相较而言,人文伦理层面的制度化和实际操作面临更大的挑战。尽管如此,本文认为发展中国家田野研究伦理一个总的实践原则应该包括两个对立统一的方面:一方面是尽可能避免对研究对象造成伤害,但另一方面又应直面研究问题,不把科研伦理挑战发展为无法承受的制度负担。

从本文二、三两个章节的内容可以看出,田野研究需要避免给研究对象造成的伤害是多层次的,除了直接的身心伤害以外,还包括间接的伤害。比如因为田野工作而使研究对象群体与其他人群发生冲突,受到公权力的惩罚,遭受外部社会的误解,生活方式改变而出现经济困境,世界观被冲击乃至颠覆后的心理创伤等。当然,本文已经充分展现了发展中国家田野研究伦理问题的复杂性,从中可以看到,想要在复杂的田野状况中完全规避所有类型的伤害是过度理想化的。因此,更现实的做法是在伦理影响上做好前期的准备工作,尽量预防一切直接的伤害,同时在研究过程中保持自省,对既有活动的影响不断予以反思,并尽可能与研究对象进行沟通,实现最大程度的相互理解与共情。

与此同时,田野研究需要认识并接受研究影响的不可控性,在尽量减小伤害的前提下,不回避研究问题,直面研究伦理层面的挑战。如同上文讨论"保护弱势群体原则"时提到的,进行研究可能会产生负面伦理影响,但同时它也意味着发现问题、解决问题的契机,从这个角度看,回避对于弱势群体的研究又何尝不是一种伤害?

最后,本文认为,如果希望在直面研究问题的同时兼顾伤害最小化,田野研究伦理一条很重要的实践逻辑是促成研究者主观能动性与研究伦理审查制度的良性互动。一方面,研究者应该重视伦理审查制度，认识制度存在的合理性，尽量按照制度要求来使自己的田野工作符合伦理规范，同时在遇到制度阻碍研究的情况时，思考问题的根本原因，并就其向制度执行方进行反馈；另一方面，制度的制定者与执行者应该充分认识到实地田野研究的多样性，并及时根据研究者的反馈意见，评估并优化伦理审查制度，使之更加动态和富有弹性。

[责任编辑：马悦]

Field Research Ethics in Developing Countries: Meaning, Complexity, and Response to Dilemmas

XIONG Xinghan

Abstract: In recent years, research in China's social science and humanity disciplines has expanded its scope towards oversea field, and this trend is likely to escalate as Area Studies have become a first-level discipline in China. With this shift, the ethical considerations of oversea field research are becoming increasingly important, making it imperative to proactively address them. In this paper, I first provide an explanation of the meaning of field research ethics by teasing out the difference between "scientific ethics" and "humane ethics" particularly. Subsequently, by using a classic case, the complexity of field research ethics in developing countries is explored through two lenses: the paradigmatic nature of humanities and social sciences research, and the interplay between multiple subjects involved in field research. The paper also outlines six common ethical dilemmas encountered in field research in developing countries, and provides potential solutions to cope with them meanwhile. The conclusion is made by proposing a general principle for enhancing the ethical framework for field research in developing countries.

Keywords: research ethics, field research ethics, developing country studies, field research in developing countries

经济学田野调查：回顾与思考

徐沛原[*]

摘　要： 田野调查是区域国别学的重要方法论，特别强调通过实地调研获得一手资料以加深对研究对象国或区域的理解；而追求一般性和普适性结论的经济学研究通常更多地使用二手数据，"似乎"不太重视田野调查。实际上，大量的经济学理论或实证研究有着坚实的田野调查基础，但因在学科范式、叙事模式和论证手段等方面存在差异，其田野调查的贡献和重要性并不凸显。本文认为，采集数据和论证哪些数据应该被搜集利用均是广义田野调查的组成部分。以经济学实证类因果推断研究为例，其涉及的田野调查划分为数据搜集型和数据生产型两大类。前一类田野调查以深入当地或其他国别地区搜寻和论证哪些现存的二手数据能更正确、更有效率地进行因果推断为代表；后一类以在当地组织受控实验、在控制部分环境变量的前提下生成干净的一手数据进行因果推断为代表。一般而言，前一类田野调查时间连续性不强、资金要求相对低；后一类田野调查时间连续性强、资金要求高。两类田野调查无优劣之分，研究者应根据具体问题选择合适的研究方法。基于区域国别学学科现状和经济学科发展趋势，建议区域

---

[*] 徐沛原，清华大学国际与地区研究院助理研究员，主要研究方向为国际投资、拉美经济。

国别研究学者加强交流互鉴、在新平台上尝试突破既有范式。

关键词： 田野调查；因果推断；观测数据；实验数据

一、引言

从改革开放到"走出去"战略实施以来，中国深度融入全球产业链，逐渐成长为一个负责任的发展中大国，甚至能够在特定领域比肩乃至超越部分发达国家。在此过程中，尽管在经济上积累了巨量贸易顺差、吸引了大量外国资本进入国内市场，但中国对世界，特别是对广大发展中国家的认知逆差却仍然显著。对于周边小国以及部分经贸联系不紧密、地理相距遥远的国家关注不够。即便是对于我们长期关注的大国，也存在判断不尽准确、不够及时等问题。为了更好地构建人类命运共同体、促进中国与世界其他国家的共同发展，需要更多地对发展中国家历史和当下面临的各类问题进行探索和分析。

2022年9月14日，教育部正式发布《研究生教育学科专业目录（2022年）》和《研究生教育学科专业目录管理办法》，正式确立区域国别学为新一级学科，可授予经济学、法学、文学和历史学学位。在学理层面，经济学研究者长期致力于寻找因果关系，在微观层面为各类经济主体的行为及其背后逻辑寻找合理解释，在宏观层面验证各类政策的预期目标与实际效果之间的差异并解释其原因；另一方面，区域国别学研究所强调的田野调查方法（论）不仅为经济学带来更多"接地气"的背景故事，也帮助研究者建立起抽象理论与现实问题之间的桥梁。综合来看，将经济学门类纳入区域国别学可授予学科类别符合学科发展规律，适应我国国际交往现实需要。

交叉学科强调多学科学科融合、方法与思想互鉴，需要对经济学与其他学科如何交叉进行回顾与总结。当然，作为社会科学学科之一，经济学与其他学科的交叉合作并不是因为区域国别学被设立才开始的，本文无意，亦无必要对经济学所有的跨学科发展进行回溯。一方面，传统观念认为，经济学实证研究主要依赖二手数据，并通过复杂模型得到相关性并推断因果关系，"似乎"不太重视田野调查或实地调查。然而，经济学区域国别研究不仅要在统计上证明其观点，也要让其理论在现实中有说服力，让研究对象国人民听得懂。田野调查思想就是这样一个建立起具体现实与抽象理论之间的联系的有力工具。长期以来，尽管经济学研究者们也进行了大量田野调查，但传统经济学研究叙事强调精简与表述的标准化，对于主干叙事以外的准备工作和数据搜集过程的呈现极为克制，不多见于研究正文，更多的时候是体现在附录、采访报道、现场分享中，容易被忽视。另一方面，交叉学科中的田野调查也不仅限于现场采访、问卷、访谈等直接产生内容的研究活动，寻找合适的研究方法、搜寻和采集间接有助于研究结果生成的研究活动也属于广义上的田野调查。

综上，本文意图强调，田野调查作为区域国别研究的核心方法论，同时也是经济学在区域国别研究中发挥更大作用的一个重要支点。希望通过对经济学研究所涉及的田野调查进行回顾、思考与总结，鼓励不同学科背景的研究者在此支点上进一步打破学科藩篱进行跨界交流，共同促进区域国别学发展。

本文余下的结构安排如下：第二部分是文献综述与理论探讨，简要介绍关于外国的区域国别研究与经济学交叉的历史、中国区域国别学纳入经济学学科的新特征以及经济学学科与区域国别研究的差异；第三部分重点结合案例，阐述数据搜集型和数据生产型田野调查的特点；最后是结论与建议。

二、文献回顾与理论探讨

现代地区研究的起源以美苏争霸为背景，除了军备竞赛以外，两国都在积极争取第三世界国家的支持。为了贯彻这一目标，两大集团都对广大发展中国家开展了政治、经济、文化、历史、地理等方面的研究。①诞生于此背景下的美国或苏联地区研究大多是为了回答具体的现实问题,涉及不同学科分析方法、涉猎各区域国别知识是地区研究学术界的共识,也是当时研究成果的一大特点。考虑到经济是各国发展的基础,搞懂、弄清目标国经济情况是各国地区研究的一项必答题,经济学家们早期也积极投身于地区研究,但是后来随着苏联解体、美国战略重心转向以及经济学自身的数理革命,经济学者们参与地区研究的热情有所消退。②

(一)区域国别研究的定义与内涵

地区研究强调以特殊性反驳或补充传统学科强调的一般性,总体而言更注重对对象国或区域的全面了解。尽管不同学者对于地区研究的定义略有不同,但基本上共识大于差异。比如唐世平等认为地区研究是"综合了历史、地理、文化、经济、政治、军事、外交等多个研究角度对其他国家或地区的研究"③;国分良成在其共同主编的《日本国际政治学(第三卷):地区研究与国际政治》中给出的定义是"发现并解析世界各地个性的知识探求",后来又在《加强全球化时代的地区研究》一书中对这个定义进行了丰富,认为"地区研究是研究构成地球社会的各个地区,旨在综合把握其固有属性及特点,以更好理解地球社会多样形式的专业性学问领域"④;郭树勇在《区域国别演讲录》一书中认为,"区域国别研究是对某一个特定国家或由某种政治

---

① Christopher Simpson (ed.), *Universities and Empire: Money and Politics in the Social Sciences during the Cold War*, New York: The New Press, 1998;梁志:《美国"地区研究"兴起的历史考察》,《世界历史》2010年第1期,第28—39页。
② F. 福山:《学术界何以有负于国家:区域研究的衰落》,《国外社会科学》2005年第3期,第90—92页。
③ 唐世平、张洁、曹筱阳:《中国的地区研究:成就、差距和期待》,《世界经济与政治》2005年第11期,第7—15页。
④ 转引自初晓波:《日本地区研究的论争与发展》,《国际政治研究》2018年第5期,第50—64页。

文化或地理因素联系起来的数个国家所构成的区域研究。其目的在于通过充分借助对对象国家和区域在语言、文化、政治、经济、地理、历史等方面的研究，把握对象国家和区域的特征"[1]；李晨阳着重探讨了区域国别学是否应该将研究范围限定在人文社科内部，认为"真正的国别与区域研究，除了研究特定国家或区域的语言、文学、文化、民族、宗教、历史、政治、经济、社会、外交、军事和安全等与人文社会科学相关的内容之外，还应该对这个国家或区域的地形地貌、土壤、水文、生态、生物、科技等与自然科学有关的内容进行深入研究，才能完整构建有关一个国家或地区的全面、准确、客观的知识体系，也才能适应新时代中国特色大国外交的需求"[2]；钱乘旦认为区域国别的"研究范围涉及一国、一个地区的社会、经济、政治、历史、文化、自然、资源、民俗、军事、外交、语言、宗教等各个方面，只有通过许多学科的共同努力、合作研究才能进行"[3]；谢韬等人认为"区域国别研究是针对特定地区和国家的历史、文化、政治、经济、军事和社会等领域的现象及其规律的研究"[4]；姜景奎认为区域国别研究应当是"基于地域的领域之学"[5]。从以上纷繁的定义可以看出，尽管目前针对地区研究的定义还没有形成定论，但一个共识是地区研究知识与成果应当以地理界限划分，对于成果的展现形式有较大的包容度。

另一些学者则重点探讨国别研究和区域研究的异同。郭树勇认为

---

[1] 参见郭树勇主编：《区域国别讲演录》，上海人民出版社2016年版。此处转引自马亮：《"一带一路"背景下俄语专业区域国别人才培养的现状、问题及建议》，《中国俄语教学》2019年第1期，第91—96页。
[2] 李晨阳：《再论国别与区域研究的学科建设》，《世界知识》2021年第18期，第73页。
[3] 钱乘旦：《以学科建设为纲，推进我国的区域国别研究》，《大学与学科》2021年第4期，第82—87页。
[4] 谢韬等：《构建中国特色的区域国别学：学科定位、基本内涵与发展路径》，《国际论坛》2022年第3期，第3—35页。
[5] 姜景奎：《新时期区域国别研究刍议》，《南亚学》2023年第1辑，第3—24页。

国别研究和区域研究采取的方法和理论是不同的。①孙江认为区域研究与国别研究的区别在于，前者的研究方法和叙事理论取决于研究者的意图与其对问题的认识，而后者通常在给定的国别范畴内进行研究。②张蕴岭提到区域国别学理论是由区域学、国别学和多层次的交叉学科构成，是一个复合的知识理论体系，而区域学的建立基于地缘区域的交叉学科、学科交叉基础上的学科构建、国别学以及交叉学科门类导向的其他理论。③陈恒认为区域研究和国别研究两类研究的要求显示了较大的共通性，都重视田野调查、语言学习、跨学科方法和积极积累对象地区各领域知识。④

区域国别学科建设显著落后于区域国别研究这一事实是目前区域国别学发展受阻的一大体现。⑤区域国别研究议题宽广，易与传统学科形成交叉，但又同时造成与其他学科"剪不断、理还乱"的复杂局面。虽然便于吸纳各个学科发挥自己的优势，但又因为学科间已经形成较为成熟的研究范式和知识体系，学科壁垒并不那么容易打破，由此导致各自为战的事实客观上拖累了关于地区研究本身的学理共识的形成和凝练。有学者表示，对地区研究进行全方位的概括是有难度的。⑥与学术性发展相对滞后的现实不同，地区研究的咨政功能在二战以后发展相对较为迅速。战后的很多地区研究项目起源于军方的"外国地区和语言"名目下的培训项目，⑦尽管军方的影响逐渐淡化，但是美国的国内和国际情报机构——联邦调查局和中

---

① 郭树勇主编：《区域国别讲演录》，上海人民出版社2016年版。
② 孙江：《区域国别学发凡》，《学海》2022年第2期，第22—26页。
③ 张蕴岭主编：《国际区域学概论》，山东大学出版社2022年版。
④ 陈恒：《超越以西方话语霸权和民族国家为中心的区域研究》，《学海》2022年第2期，第33—41页。
⑤ 周方银：《区域国别学科建设中的知识追求和学科建制》，《亚太安全与海洋研究》2022年第3期，第18—28页。
⑥ 于铁军：《日本特色的地区研究及其对中国的启示》，《国际政治研究》2018年第5期，第35—49页。
⑦ 牛可：《地区研究创生史十年：知识构建、学术规划和政治-学术关系》，《北京大学教育评论》2016年第1期，第31—61页。

央情报局都与当时的地区研究机构达成了合作。比如为地区研究项目设立专门的研究资金和奖学金，并且要求该专业的学生为政府提供一定的咨询服务。① 正是由于学术成果更多由上级部门评价而非同行评议（事实上，因为研究区域和学科的不同，也不存在所谓的"同行"），从应用层面评价研究成果与从学术层面评价研究成果显然侧重不同，再加上不同公共部门的评价能力和标准参差不齐，就使得地区研究成果没有经过"剪除枝叶"和不断精炼的过程，大家各自为战、各为其主，学理性内核难以进一步提炼。② 再加上一些研究致力于收集奇闻逸事和冷门知识，地区研究甚至被视作某种数据库。③

（二）经济学与区域国别研究的交叉领域

与之相对应的是，从边际革命到萨缪尔森革命后的经济学文献强调学习自然科学的严谨性和客观性，力图通过事实发现表象背后的因果机制，并且尤其强调研究结果的一般性和数学工具的应用，这与常见的地区研究叙事形式形成鲜明对比。在一些极端情况下，地区研究与社会科学甚至存在"双向鄙视"，④ 有些区域国别研究学者更希望将自己的研究成果发表到学科学术期刊上。⑤ 地区研究学者认为那些宏大的理论和精妙的模型脱离实际，其解释有时候甚至得不到研究对象

---

① 哈佛大学的俄罗斯研究中心与美国联邦调查局、中央情报局、军方以及其他智库保持了良好的合作关系，这也使其成为东欧研究中心和中国研究中心的学习典范。参见 Christopher Simpson (ed.), *Universities and Empire: Money and Politics in the Social Sciences during the Cold War*, New York: The New Press, 1998, pp. 164-165。
② 李秉忠：《区域国别学的西方传统和中国路径》，《史学集刊》2022 年第 4 期，第 18—22 页。
③ 于铁军：《日本特色的地区研究及其对中国的启示》，《国际政治研究》2018 年第 5 期，第 35—49 页。
④ 王昭晖：《重新找回韦伯：区域研究与社会科学的融合与发展》，《国际关系研究》2022 年第 2 期，第 109—128 页。
⑤ 周方银：《区域国别学科建设中的知识追求和学科建制》，《亚太安全与海洋研究》2022 年第 3 期，第 18—28 页。

的承认；以经济学为代表的社会科学学者则认为地区研究学者执着于对个体和细节进行描述，但对于背后的逻辑联系和深刻内涵缺乏理解。不难看到，在社会科学数理工具革命更彻底也更早的美国，地区研究与传统学科的地位不可同日而语；而在数理革命相对晚且范围相对窄的地区，地区研究定位相对更高，尤其是日本，地区研究在理解现代社会方面发挥着基础性作用。[1]事实上，在美国地区研究的发展末期，校园内已经很难看到经济学者投身于地区研究了，各种基金会也发现自己很难吸引经济学家参与到地区研究奖学金的争夺。[2]学术理念的分野是国际上经济学研究者逐步退出地区研究学界的重要原因，一些政治学等学科学者也因同样的理由不再活跃于地区研究学界。[3]

然而，新时代中国的区域国别研究注定要与西方早期的地区研究有所区别，其对经济学科的引入也存在差异。在需求方面，中国进行地区研究的初衷与西方国家是不同的。作为全球南方成员的中国不寻求国际霸权而寻求共同发展，我们需要认识真实的国别与区域，同时了解如何为这些国家和地区提供帮助；在供给方面，经历了现代西方地区研究变迁的经济学科也经历了较大变化，特别是引入统计工具和实验的方法来加强因果推断。这些都意味着在新时代背景下，经济学与其他学科交叉的区域国别研究必然有新特征。

经济学与区域国别研究的一个重要交叉点是需要了解其他国家的经济情况。一个实证经济学家在研究一个国家前首先考虑的是有没有足够的数据来支撑其研究，即便有数据，数据的完备性和真实

---

[1] 于铁军：《日本特色的地区研究及其对中国的启示》，《国际政治研究》2018 年第 5 期，第 35—49 页。
[2] Christopher Simpson (ed.), *Universities and Empire: Money and Politics in the Social Sciences during the Cold War*, New York: The New Press, 1998.
[3] 任晓：《本土知识的全球意义——论地区研究与 21 世纪中国社会科学的追求》，《北京大学学报》(哲学社会科学版) 2008 年第 5 期，第 87—98 页。

性又如何？如果条件不允许，学者可能不会选择进一步深入研究，而是转而选择那些能够获得高质量数据的国家进行研究。这类学者有时也有一个外号叫"数据驱动型学者"。然而，对于区域国别研究者而言，研究者不能因为没有数据而不研究这个国家，恰恰应该将这种资料的缺失当作广阔的研究空间，从而填补学术空白。在经济议题方面，相关的例子有很多：中国问题研究专家会关注中国的经济增长数据有没有水分以及估算水分有多大，委内瑞拉问题专家会关注马杜罗政府不公布财政支出和通胀率的年份里该国的公共支出和通胀率到底是多少等。在这些研究问题中，我们或许找不到一个清晰的"X 如何影响 Y"的命题，但是对这些基础性问题的正确回答却毫无疑问对于其他研究有促进作用，甚至可以打开针对该国研究的新局面。

另一个重要的交叉点在于经济学研究方法，特别是强调因果推断的社会科学研究方法。在经济学研究中，自变量 X 和因变量 Y 一般为经济变量。但在相当一部分研究中，自变量 X 和因变量 Y 都不是经济因素，只是因为使用了经济学方法论进行了分析论证。比如多诺霍（Donohue）和列维特（Levitt）利用工具变量的方法发现，20 世纪 80 年代开始生效的堕胎合法化法案减少了 18 年后的脆弱人口才是当时美国犯罪率骤然下降的主要原因，而不是当时所谓的警察数量增加、监狱数量增加、经济强劲等次要原因。[1] 由于该研究选取的样本来自美国，也增加了我们对 20 世纪美国犯罪问题的理解；塔罗齐（Tarozzi）研究的是在印度蚊帐的发放方式是否以及如何影响蚊帐购买/使用率，其自变量（发放方式）和因变量（获取与使用）严格来讲也都不是经济变量，但由于该研究使用了随机对照实验法从而得出干净的因果机制判断，其成果也发表在了经济学顶级期刊

---

[1] J. J. Donohue & S. D. Levitt, "The Impact of Legalized Abortion on Crime", *The Quarterly Journal of Economics*, Vol. 116, No. 2, 2001, pp. 379-420.

《美国经济评论》上。① 此类关于贫困与健康的议题显然也属于区域国别研究。

综上,了解真实的对象国/区域经济情况、通过数理工具判断现象背后的因果机制是经济学参与区域国别研究学科建设和知识生产的两个主要方面。

(三)经济学与一般区域国别研究的差异

1. 研究设计

区域国别研究区别于其他社会科学学科的一个重要特征即不是从本本出发,而是以知识和故事带动理论更新。② 而经济学中与区域国别学相关程度较高的实证研究特别看重因果机制的分析,至于研究证据是一手还是二手资料并不重要。这样的差异导致两个学科对于田野调查这一重要方法论的态度和实际应用有一定差别。

经济学研究者通常在田野调查前先将研究假设和研究设计准备完善,在田野调查过程中按先前的计划组织实验、收集数据返回实验室后,再进行分析数据、撰写研究结论。现代经济学研究在上述狭义田野中分配的时间较短。如果使用二手资料进行研究,甚至不需要抵达研究对象国,而只需要通过网络下载档案或数据进行分析即可;即便是问卷调研,只要提前安排得当,也能在较短的时间内完成。随着发展中国家互联网渗透率提高,部分商业机构也开始提供代发问卷的服务,研究者只需要付钱收货即可。相对要多花一些时间的经济学研究分支是实验经济学,研究者们需要组织大规模的实地实验。在这个过程中他们自行选择实验对象,引导被试者完成实验,最后研究者收集所有这些数据再进行分析。比较有代表性的研究包括补助是否影响蚊

---

① A. Tarozzi et al., "Micro-Loans, Insecticide-Treated Bednets, and Malaria: Evidence from a Randomized Controlled Trial in Orissa, India", *American Economic Review*, Vol. 104, No. 7, 2014, pp. 1909-1941.

② 任晓:《本土知识的全球意义——论地区研究与21世纪中国社会科学的追求》,《北京大学学报》(哲学社会科学版)2008年第5期,第87—98页。

帐使用和发放①;理性人假设是否正确等②。此类研究大多采用随机受控实验的方法,实验时间从几天到几个月不等。对于一些步骤较少的实验,其持续时间从几天到几周不等;对于另一些实验,由于某一个变量发生显著变化需要一定的时间(比如使用蚊帐以后减少了蚊虫叮咬从而患疟疾的概率下降,同时血小板浓度升高),其持续时间可能长达半年至一年。综合而言,尽管整个实验持续期长,但研究组织者本人并不需要一直待在实验地,而是需要在关键节点在地,以实现对重要环节的把控。与之形成鲜明对比的是,地区研究强调研究者本人要在对象国和地区进行长期浸润式生活体验,③ 在真正沉浸并吸收本土知识后再进行分析研判。④ 在研究问题的发掘上,地区研究学者并不一定需要在田野调查前做极致详尽的调查规划,而是可以在文化浸润中慢慢发现真问题,继而进行研究设计并开展研究工作。

---

① J. Cohen & P. Dupas, "Free Distribution or Cost-Sharing? Evidence from a Randomized Malaria Prevention Experiment", *The Quarterly Journal of Economics*, Vol. 125, No. 1, 2010, pp. 1-45; A. Tarozzi et al., "Micro-Loans, Insecticide-Treated Bednets, and Malaria: Evidence from a Randomized Controlled Trial in Orissa, India", *The American Economic Review*, Vol. 104, No. 7, 2014, pp. 1909-1941.

② J. C. Cardenas & J. Carpenter, "Behavioural Development Economics: Lessons from Field Labs in the Developing World", *The Journal of Development Studies*, Vol. 44, No. 3, 2008, pp. 311-338; J. C. Cox, "How to Identify Trust and Reciprocity", *Games and Economic Behavior*, Vol. 46, No. 2, 2004, pp. 260-281; W. Güth & R. Tietz, "Ultimatum Bargaining Behavior: A Survey and Comparison of Experimental Results", *Journal of Economic Psychology*, Vol. 11, No. 3, 1990, pp. 417-449; J. Henrich et al., "In Search of Homo Economicus: Behavioral Experiments in 15 Small-Scale Societies", *American Economic Review*, Vol. 91, No. 2, 2001, pp. 73-78; H. Oosterbeek, R. Sloof & G. van de Kuilen, "Cultural Differences in Ultimatum Game Experiments: Evidence from a Meta-Analysis", *Experimental Economics*, Vol. 7, No. 2, 2004, pp. 171-188.

③ 初晓波:《日本地区研究的论争与发展》,《国际政治研究》2018 年第 5 期,第 50—64 页;韩东育:《区域国别学研究的他山经验与自我实践》,《学海》2022 年第 2 期,第 42—46 页;李晨阳:《再论国别与区域研究的学科建设》,《世界知识》2021 年第 18 期,第 73 页;王昭晖:《重新找回韦伯:区域研究与社会科学的融合与发展》,《国际关系研究》2022 年第 2 期,第 109—128 页;谢韬等:《构建中国特色的区域国别学:学科定位、基本内涵与发展路径》,《国际论坛》2022 年第 3 期,第 3—35 页。

④ 陈岳、莫盛凯:《以深化地区国别研究推动中国国际关系学科的发展》,《教学与研究》2016 年第 7 期,第 36—44 页。

2. 研究范式

海外访谈调研是区域国别研究的重要方法，但是在传统经济学研究范式中，此类证据的展示空间不大。即使出现，也大多是在背景介绍或研究附录中。阿西莫格鲁（Acemoglu）等人在讲述哥伦比亚的警察滥用武力的背景时，引用了存在同样问题的国家（菲律宾）的警察的一段话："存在不同形式的奖励。我们一般是按照'遭遇'（encounter）人数来计算。是的，我们用'遭遇'这个词。奖金在 8000 比索（161 美元）到 15 000 比索（302 美元）之间……我们真正要抓捕的是毒贩，根据其恶劣性质不同有对应的奖励等级，等级越高奖金越高……而奖金是按人头支付的，假如行动时'遭遇'了 4 个人，那总奖励就是 32 000 比索（644 美元）。这种激励制度不会公布……都是总部私下用现金支付。奖金发到队伍，再由队伍瓜分……关于逮捕人数没有激励机制，我们不会因为逮捕了多少人而获得报酬。"[①] 交代完背景后，真正的"大餐"——因果关系论证仍然以数据论证的形式出现。在论文的附录文章中，作者们详细描述了激励机制的具体形式、当地司法机构的忽视、警察晋升机制在高能激励中的作用。从论文写作的角度来看，这些碎片式的证据和寻找过程并不需要在经济学论文正文中过多着墨，但这些过程其实反而是研究中耗时最多、最复杂、对研究结论有重要支撑且不可或缺的。

另一方面，总有一些田野调查想要验证的机制最终会被证明是错误的，得不到后续数据论证的支持，故一般不大量呈现在经济学研究正文中。但探寻这些理论上存在可能、实际上未起作用的机制渠道也是增加研究经验、培养区域国别研究直觉的重要过程，更可能成为未来研究的灵感来源。

3. 语言要求

两个学科对语言的要求也不一样。地区研究特别强调掌握对象国

[①] D. Acemoglu et al., "The Perils of High-Powered Incentives: Evidence from Colombia's False Positives", *American Economic Journal: Economic Policy*, Vol. 12, No. 3, 2020, p. 2.

当地语言。不掌握当地语言就无法掌握一手资料，也无法与当地人结交并构筑自己的网络，更无法验证理论。① 对于经济学科而言，通常情况下掌握英语具有相当的优先级。一方面是因为经济学权威期刊大多是英文期刊，前沿研究成果都优先在英语学术期刊发表；另一方面是研究过程本身不太需要当地语言，因为经济学大量使用数字或代码形式的一手/二手数据，而读取数据本身不需要太强的语言基础，偶尔需要做的就是将外文变量标签转化为英文。当然，经济学家们可能会遇到因不了解当地国情而导致模型设置错误的情况，此时经济学家们会找地区研究专家或来自目标国家的年轻经济学者进行优势互补：前者提供理论与方法，后者提供文化知识与数据。比如在拉美研究领域，北方提供理论和方法、南方提供知识与经验就是一种常见的合作模式。② 麻省理工学院的经济学家阿西莫格鲁发表了丰富的制度经济学成果，这些文章的合作者大多来自特定国家或者是该区域国别的研究专家：关于土耳其经济增长问题，阿西莫格鲁的合作者是曾任职于国际货币基金组织、担任土耳其财政部部长顾问的土耳其裔经济学家穆拉特·于切尔（Murat Üçer）；关于哥伦比亚问题，合作者包括哥伦比亚大学经济系哥伦比亚裔博士生达里奥·罗梅罗（Dario Romero）；关于巴基斯坦问题，合作者是巴基斯坦经济研究中心的共同创始人阿里·奇马（Ali Cheema）；关于"阿拉伯之春"问题，合作者包括任职于伦敦大学的副教授艾哈迈德·塔洪（Ahmed Tahoun）；关于智利的制度与发展议题，

---

① 陈杰、骆雪娟：《作为交叉学科的区域国别学学科构建：反思与建议》，《外语学刊》2022 年第 4 期，第 118—127 页；王中忱：《怎样建立中国区域国别学的知识谱系？》，《学海》2022 年第 2 期，第 46—49 页；初晓波：《日本地区研究的论争与发展》，《国际政治研究》2018 年第 5 期，第 50—64 页；李晨阳：《再论国别与区域研究的学科建设》，《世界知识》2021 年第 18 期，第 73 页；任晓：《本土知识的全球意义——论地区研究与 21 世纪中国社会科学的追求》，《北京大学学报》(哲学社会科学版) 2008 年第 5 期，第 87—98 页；周方银：《区域国别学科建设中的知识追求和学科建制》，《亚太安全与海洋研究》2022 年第 3 期，第 18—28 页。

② D. L. Szanton (ed.), *The Politics of Knowledge: Area Studies and the Disciplines*, Berkeley: University of California Press, 2004.

合作者是智利天主教大学的智利人弗朗西斯科·卡耶戈（Fransico Gallego）。此外，阿西莫格鲁的一位长期稳定的合作者是哈佛大学长期关注拉丁美洲和非洲的政治经济学教授詹姆斯·罗宾逊（James Robinson），在过去的 20 多年中，罗宾逊每年暑期都会去位于哥伦比亚首都波哥大的安第斯大学授课，还在世界各地组织了多场田野调查，例如在哥伦比亚、海地、刚果（金）、阿尔及利亚和塞拉利昂组织数据采集。

三、经济学研究田野调查的具体形式

随着跨学科研究越来越成为学界共识，以及经济学界内部对于因果关系论证的要求"水涨船高"，经济学者们也自发地深入研究对象及其所在区域，去努力发现真问题、寻找真答案。尽管"田野调查"四个字在经济学界被提及的频率不高，但不可否认现存的部分研究范式、资料来源具有田野调查的特征。需要说明的是，田野调查不是某一种具体的研究方法，也不是最终的研究成果，而是贯穿整个区域国别研究设计中的一种思想，一种要求研究者实事求是、杜绝空想的思想，一种要求理论不能够脱离现实的思想。具体来看，不同经济学研究成果体现田野调查思想的形式存在差异。大致可以分为两类：第一类是数据搜集型。在这类研究中，田野调查体现在研究者在对象国对特定资料的问询、搜索、拼凑、整理并汇总，最终得到可用数据的过程。这些特定资料包括统计资料、未解密/解密/公开档案等，笼统来讲，这些都是二手数据。第二大类是数据生产型。在此类研究中，数据客观上并不存在，而是需要研究者到达当地以后通过做实验或发问卷等形式获取。这类田野调查又具体包括三小类：在地实验、问卷调查以及访谈。如果按照在对象国当地所需最少时长来衡量田野调查的时长，第一类田野调查时长相对较短，第二类田野调查时间较长。

（一）数据搜集型田野调查的特征与示例

区域国别研究中的经济学研究大量使用了来自对象国或其他组织的统计数据，这些数据部分来源于对象国政府自身的统计，部分来源于第三方商业机构、公益组织或大学的统计，还有少部分数据来源于个人。在通常情况下，经济学研究只要收集了足够的数据，那么后续的统计分析、因果推断在什么地方完成并不重要。重要的是数据的质量是否够高、选用的方法是否正确且最有效利用信息。从逻辑上看，这个判断没有错，但又很难说有建设性。因为我们不知道到底什么是"所需要的数据"或"足够的数据"，而田野调查能够帮助我们筛选哪些变量是合适的、哪些是不合适的；在确定了合适的变量集合后，研究者才需要去实地或线上采集这些数据。

首先，控制变量的搜集离不开田野调查。在研究 X 对 Y 的因果影响时，我们需要将影响因变量 Y 的其他因素 C 控制住。问题是应该放入多少控制变量呢？例如，在制度与经济增长问题中，大家普遍控制的因素包括资本存量、人力资本存量、技术水平、初始经济发展水平、气候等。但还有部分因素，在一些研究中被列为控制变量，但在另一些研究中却未被列入。比如，被证明对经济发展有促进作用的金融发展水平；再比如宗教，发展中国家有不同的宗教信仰，不同的宗教信仰可能会对经济发展起到不同的作用，因此也应该纳入模型。很显然，这些控制变量在不同国家以及不同的研究问题中的权重是不一样的。对于一些国家的经济增长研究，模型中或许应该加入宗教；而对于另一些国家，则应该控制自然资源存量水平。类似地，盲目加入过多的控制变量也是不对的，反而可能引发共线性等问题，导致自变量系数错误。

除了甄别控制变量以外，田野调查还能够帮助发现工具变量等广义上的控制变量，提升因果推断的可信度和估计准确性。依然以制度与经济发展这对因果关系探索为例，虽然制度能够促进经济增长，但是反过来经济增长也能促进制度改善。经济增长率高的国家能够为制度改善提供更坚实的物质支持。然而在横截面多元回归模型中，制度质量与经济增速之间的系数即使为正且显著，也不过是说明经济增长速度快与制度质量好这两件事更可能同时出现，并没有说明谁是因、谁是果，充其量仅能作为制度促进经济增长的附加证据。工具变量法虽是一种解决内生性问题的有力工具，但是好的工具变量需要满足两个重要前提条件：与内生自变量 X 显著相关且与扰动项不相关。使用工具变量的经典案例是阿西莫格鲁等借鉴历史学研究著作《移民造成的死亡》(Death by Migration)，将其中的欧洲白人殖民者在全球各殖民地的死亡率作为制度的工具变量，从而得出制度是经济发展的最核心因素。[①] 在满足前提条件方面，殖民者死亡率与后来的制度质量显著负相关。根据史料，被殖民地区存在当时的欧洲人无法抵抗的疾病（如疟疾和黄热病），早期殖民者（士兵、传教士）对于此类疾病没有抵抗力，因此他们倾向于在死亡率较高的地方建立汲取型制度，而在死亡率较低的地方定居下来，并建立包容型制度。这就满足了相关性条件。其次，首批殖民者抵达殖民地的时间远早于后来各国取得相应经济发展的时间，故工具变量与 20 世纪 90 年代各国经济发展水平无关，得到无关性。同时，阿西莫格鲁等指出横截面回归系数低估了制度的作用。

除了帮助发现潜在控制变量、工具变量等具体的二手数据外，田野调查还直接影响选择哪些因果研究机制进行检验。比如在确定制度影响经济增长后，我们需要进一步了解，制度改善究竟是通过提升对外资吸引力促进的经济增长，还是通过减少腐败提高效率从而促进的经济增长，抑或是其他潜在的竞争性假说。梅利萨·戴尔（Melissa Dell）在阿西莫格鲁等人研究的基础上进一步寻找制度起作用的机

---

① D. Acemoglu, S. Johnson & J. A. Robinson, "The Colonial Origins of Comparative Development: An Empirical Investigation", *American Economic Review,* Vol. 91, No. 5, 2001, pp. 1369-1401.

制。①戴尔选用了另一种更新颖同时更适合分析政策效应的因果识别工具——断点回归设计，其基本逻辑是在政策边界上选取地理上毗邻（各方面都很相似）但实施了不同制度的村庄/乡镇/县市，并根据它们的长期经济表现是否存在显著差异来判断因果关系是否存在。在这份研究中，戴尔选择了秘鲁和玻利维亚地区曾长期实施的强制徭役制度作为主要自变量，并很快发现徭役区内的平均消费水平较徭役区外低约25%，儿童发育不良的比例也比徭役区外高6%左右。

然而，如果仅看所发表论文的正文，并不容易意识到其研究中田野调查的作用。论文选题起源于戴尔大学期间在秘鲁一家小微信贷组织实习的经历。②在后来的采访中她提到，当她看到制度经济学家们将长期经济增长不力的原因归因于制度时，她立马想到在秘鲁的田野调查经历，并且意识到徭役制度就是一种典型的汲取型制度，完全可以对这项具体的政策进行效果评估。

在因果关系的确定阶段，即便戴尔早年已有一定田野调查经验，并且徭役制度作为汲取型制度是显而易见的共识，剩下的似乎只需要收集各种数据进行计量分析即可，但戴尔并没有理所当然地进行书斋式研究，而是回到秘鲁再次更有针对性地进行田野调查。举例来说，断点回归的一个重要前提条件是政策边界两边的村庄必须在除政策以外的其他方面极为相似，否则后续经济绩效方面的差异就不能完全归因于政策（制度）。比如，政策两边的村庄海拔、土壤肥力、村民受教育程度、宗教信仰要基本一致。而这些因素的核实，都离不开田野调查。正是出于对严谨逻辑闭环的高要求，戴尔找到了重要的历史档案，确定了徭役制度的实施边界，并根据实地考察和其他统计数据确定了最佳的断点回归研究区域。除了历史档案以外，在确定徭役边界

---

① M. Dell, "The Persistent Effects of Peru's Mining Mita", *Econometrica*, Vol. 78, No. 6, 2010, pp. 1863-1903.
② 克里斯·韦利兹：《从长跑中汲取治学之道》，国际货币基金组织，2022年6月，https://www.imf.org/zh/Publications/fandd/issues/2022/06/going-the-distance-people-in-economics。

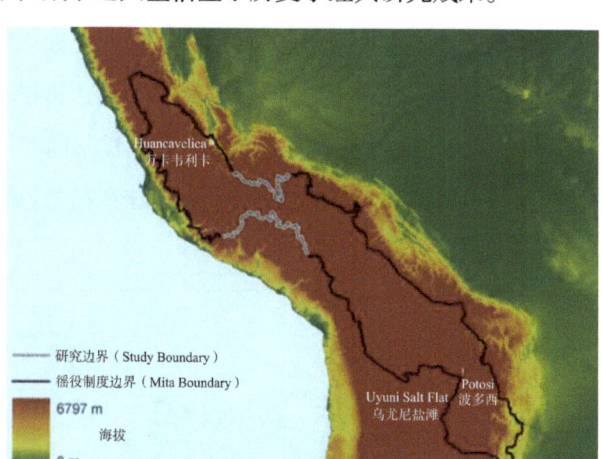

的过程中，戴尔还大量借鉴了历史学经典研究成果。①

图 1　徭役制度政策边界

资料来源：M. Dell, "The Persistent Effects of Peru's Mining Mita", *Econometrica*, Vol. 78, No. 6, 2010。

在机制分析阶段，田野调查帮助发现了土地制度、公共产品提供和劳动力市场参与度是制度对经济增长产生影响的主要渠道。以公共产品之一的铺装道路密度为例，徭役区内的铺装道路密度显著低于徭役区外，区内农民生产出来的农产品无法及时运往交易中心，其生产收入就要低于区外村庄，同时生产积极性也会受到影响。土地制度的影响机制在于，徭役作为一种极端的汲取型制度需要大量劳动力，而当时的地主阶级大庄园客观上是劳动力的潜在竞争者，因此徭役区内并不鼓励建立大庄园，大庄园数量少就导致公共投资少，劳动力更容易被徭役制度所捕获。问题在于，除了上述戴尔声称的机制外，也存在很多其他影响机制，为什么偏偏选择上述机制进行验证呢？原来，

---

① P. J. Bakewell, *Miners of the Red Mountain: Indian Labor in Potosí, 1545-1650*, Albuquerque: University of New Mexico Press, 1985; J. A. Cole, *The Potosi Mita, 1573-1700: Compulsory Indian Labor in the Andes*, California: Stanford University Press, 1985; E. Tandeter, *Coercion and Market: Silver Mining in Colonial Potosí, 1692-1826*, Richard Warren (trans.), Albuquerque: University of New Mexico Press, 1993.

在戴尔对徭役区进行田野调查并访谈村民时,村民们回答"那边有路。因为有路,他们种了玉米,就可以拿到市场上卖。如果我想把我种的玉米拿到市场上卖,玉米在半路上就烂了,因为这边根本就没有铺过的路"。村民的回答缩小了机制搜索的范围,戴尔随即通过地理信息系统比对了徭役区内外的铺装道路密度,基于严格的数据比对证实了村民的判断(图2)。

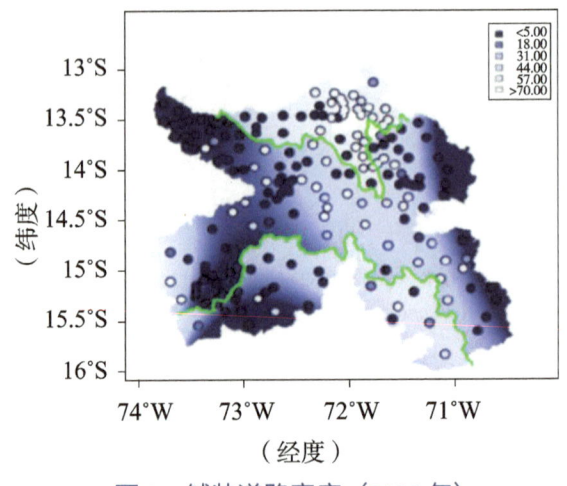

图 2　铺装道路密度(2006 年)

资料来源:M. Dell, "The Persistent Effects of Peru's Mining Mita", *Econometrica*, Vol. 78, No. 6, 2010。

不难看出,无论是研究选题、因果判断,还是机制分析,经济学研究均涉及大量的田野调查。从学科交叉的角度来看,戴尔研究所体现的学科融合并不是在经济学模型中简单地加入几个历史档案数据这么简单,而是将田野调查及其资料搜集融入了逻辑论证的链条。在缺乏上述田野证据的条件下,该研究的可信度势必将大打折扣。因而这才是我们真正期待的学科交叉模式之一。正是田野调查的存在使得该研究在同类研究中脱颖而出,不论是在经济学研究领域还是在区域国别研究领域。

综上,在使用二手数据的经济学区域国别研究中,不管是殖民者死亡率数据,还是秘鲁徭役区内外铺装道路密度的数据都客观存在。但判断这些数据中哪些能被用来回答制度与经济发展因果关系的问题,并且实际采集数据的过程就是田野调查的结果,其对于研究从无到有、研究质量从低到高起到了重要作用。

(二)数据生产型田野调查的特征与示例

区域国别学强调的是一个国家和地区的知识,但假如这个国家或地区的人恰好是那些被"遗忘"的少数派呢?很显然,现实生活中人与人、企业与企业均是异质性的。在广大发展中国家,他们有可能在经济和社会地位上是少数派,但在人数和社会稳定方面却是毫无疑问的多数派,如果对他们的研究认知不足,很可能会影响到我们对一个国家的判断。同时,随着观测数据被广泛使用,学者们也越来越意识到即便是复杂精妙的计量工具也不能完全解决内生性问题,更难以解决异质性问题。于是,实验经济学家们深入全球各地开展实地研究,力图展现这些有意思的异质性。

1. 早期实验经济学:理性人假设与社会偏好理论

实验经济学的一个应用场景是探索理性人假设。然而,现实生活中有很多人并不完全是自利的,而是存在大量的关爱弱小、追求公平和互助友爱行为,这与理性人假设中人完全追求结果最大化预测并不相符。比如,即便是穷人也有怜悯之心,愿意向食不果腹者伸出援手;再比如,理性意味着关注结果的利己性而不在乎过程的公平性,但实际上,很多人愿意牺牲一些个人利益来换取过程更加公平。社会偏好实验就是致力于检验理性人假设在多大程度上稳健以及环境对理性程度的影响的实验。很多此类实验在不同的国家、针对不同的人群组织开展,国别间丰富的社会文化差异为经济学者们检验外部环境与内部本性之间的关系提供了极好的实验环境。

最后通牒实验是社会偏好类实验的一种,其设计如下:实验中主要有2个角色,提议者和响应者就财富 W 个筹码的分配进行商量,提议者提出分配 X 个筹码给响应者，如果响应者拒绝，则谈判破裂，双方收益为 0；如果接受，则提议者获得 W-X、响应者获得 X，双方收益均大于 0。根据理性人假设进行逆向递归，由于提议者知道响应者明白其拒绝的结果是空手而归，因此响应者会接受任意高于 0 的筹码分配方案，故提议者也只会提出 X 略大于 0 的分配方案，同时预料响应者会接受。然而，拉宾（Rabin）、卡默勒（Camerer）和泰勒（Thaler）、古斯（Güth）和蒂茨（Tietz）、费尔（Fehr）和施密特（Schmidt）、奥斯特贝克（Oosterbeek）等的研究均发现，[1] 提议者不会像理论预测的那样提议一个很小的分配额 X，绝大多数（80%—90%）的提议者会提出分配 40%—50% 的总财富给响应者，响应者也基本会接受这个分配方案；如果提议者提出了特别低的分配额（比如低于 20%），响应者倾向于拒绝，宁可什么都得不到也不愿意接受这个不公平的结果。很显然，差异厌恶是对理性人假设的重要补充。除此以外，利他偏好和互惠偏好与差异厌恶偏好一起，共同构成了社会偏好理论的主要内容。[2]

这样一场针对经济学理论的"自救"，似乎在学科边界内部就可以完成，但更深层次的问题是：人性本自利还是外部环境使人变得自利（换句话说，社会偏好是不是外生形成的）。如果是后天形成的，我们至少应该观察到：在需要互助才能获得更大生活资料的环境中，分配者应该提高其分配额 X。为了验证这个猜想，必须找到不同的环境来重复实验。亨里奇（Henrich）等选择了 10 个国家的 15 个不同

---

[1] M. Rabin, "Incorporating Fairness into Game Theory and Economics", *The American Economic Review*, Vol. 83, No. 5, 1993, pp. 1281-1302; C. F. Camerer & R. H. Thaler, "Anomalies: Ultimatums, Dictators and Manners", *Journal of Economic Perspectives*, Vol. 9, No. 2, 1995, pp. 209-219; W. Güth & R. Tietz, "Ultimatum Bargaining Behavior: A Survey and Comparison of Experimental Results", *Journal of Economic Psychology*, Vol. 11, No. 3, 1990, pp. 417-449; E. Fehr & K. M. Schmidt, "A Theory of Fairness, Competition, and Cooperation", *The Quarterly Journal of Economics*, Vol. 114, No. 3, 1999, pp. 817-868; H. Oosterbeek, R. Sloof & G. Van De Kuilen, "Cultural Differences in Ultimatum Game Experiments: Evidence from a Meta-Analysis", *Experimental Economics*, Vol. 7, No. 2, 2004, pp. 171-188.
[2] 陈叶烽、叶航、汪丁丁：《超越经济人的社会偏好理论：一个基于实验经济学的综述》，《南开经济研究》2012 年第 1 期，第 63—100 页。

小型文化圈（阶层）进行实验。[1] 在绝大多数社区中，人们均具有一定的公平意识，提议者一般提出 30%—40% 的分配额，大多数响应者也接受了提议。仅有两个社区的结果略有不同，第一个是秘鲁的马奇根加社区，提议者平均提出 26% 的分配额给响应者且绝大多数响应者都选择了接受，这意味着该社区相对于其他社区更加"理性"。亨里奇等人进一步考察发现，马奇根加社区是一个以家庭经济为主的社会，社会不同家庭之间的交流很少，他们通常以家庭为单位进行狩猎和种植木薯，与陌生人交换食物的需求很少。因此，在面对实验环境时，他们不需要考虑未来合作的潜在收益。第二个例外是印度尼西亚的拉玛莱拉人，他们的平均提议率为 58%，同样大部分响应者选择接受。原因在于，他们所居住的大洋深处的小岛土地贫瘠且不适合发展种植业，村民们都依靠集体捕猎鲸鱼维生，一次成功的捕杀可以让每个家庭很长时间不用捕猎。而捕猎鲸鱼是一件危险性很高的活动，每家都会派出经验丰富的男性来参与捕猎，并且他们需要通力合作才能保证捕猎成功和自身安全。因此，拉玛莱拉人在实验中展现出合作和看重公平就不足为奇了。总之，人不完全是"纯粹自利"的，社会偏好也不完全是天生的，而是受到环境影响修正的。

在这项研究中，我们既看到了社会偏好理论在经济学理论的基础上融入心理学和社会学的公平、互利等人类社会性情感因素，从而达到修正理性人假设的目的，同时也看到了经济学所强调的一般性与特殊性辩证统一的调和状态。如果不对不同国别、文化圈进行深入田野调查，我们很难理解为什么地球两端的人会有相似的社会偏好，为什么距离很近的两个村落却有很不相似的社会偏好。[2]

---

[1] J. Henrich et al., "In Search of Homo Economicus: Behavioral Experiments in 15 Small-Scale Societies", *American Economic Review*, Vol. 91, No. 2, 2001, pp. 73-78.

[2] 关于社会偏好的跨文化实验还有很多，感兴趣的读者可以参阅 P. Jakiela, "How Fair Shares Compare: Experimental Evidence from Two Cultures", *Journal of Economic Behavior & Organization*, Vol. 118, 2015, pp. 40-54; A. Leibbrandt, P. Maitra & A. Neelim, "On the Redistribution of Wealth in a Developing Country: Experimental Evidence on Stake and Framing Effects", *Journal of Economic Behavior & Organization*, Vol. 118, 2015, pp. 360-371。

2. 随机受控实验：最优蚊帐发放策略

随机受控实验的核心思想与断点回归设计有类似之处，都是希望通过合理分组使实验组和对照组的个体性质相对一致，而仅在接受的处理上不一致，最后比较两组接受处理前后的差异大小来评估政策的净影响。与前面提到的使用观测数据不同，使用观测数据的研究者不是实验的操作者，做实验的主体可以被当成是大自然，这也是为什么此类实验被称为自然实验或准自然实验；而随机受控实验中做实验的人是研究者，可以自由改变部分环境变量，从而实现基于某些变量后样本接受政策影响呈现随机性。随机受控实验的研究者不需要到处找各种档案资料来证明无关性或相关性等前提条件，而只需要保证在田野点做好设计和实施。

随机对照试验的基本步骤如下：第一步，设计检验模型。y是因变量；α是截距项；D是观察值是否接受处理的哑变量，如果接受处理，则$D=1$，否则为$D=0$；γ即为待估干预（Treatment）的影响大小；X为一系列控制变量，其系数向量为β；μ表示不随时间变化的固定效应；t表示仅随时间统一变化的时间效应；ε为随机扰动项。$y=\alpha+\gamma D+\beta \Sigma X+\mu+t+\varepsilon$。第二步，获取样本，收集两组控制变量和因变量的值（X_i和X_j,$y_{i,0}$和$y_{j,0}$），进行事前平衡检验（Pre-Intervention Balance Test），并最终得到实验组和控制组两个组别。[①] 事前平衡检验的目的在于确保两组在因变量y和控制变量X层面不存在系统性差异，在实施干预以后两组在因变量y上的差异就可以确定是外部干预（D）导致，从而确定因果关系。第三步，引入干预。对于实验组而言，引入真实干预；对于控制组，则不引入干预或者引入的是"安慰剂"。第四步：再次记录两组每个个体因变量的值$y_{i,1}$和$y_{j,1}$，并与之前的$y_{i,0}$和$y_{j,0}$做差，得到Δy_i和Δy_j。第五步：在控制协变量、固定效应和时间效应对因变量的影响的基础上比较Δy_i和Δy_j是否存在

---

① 如果想要检验多个假设，实验组可以为多个，则总组数也相应增加。

系统性差异。如果有，则干预有效，否则干预无效。逻辑流程图如图3所示。

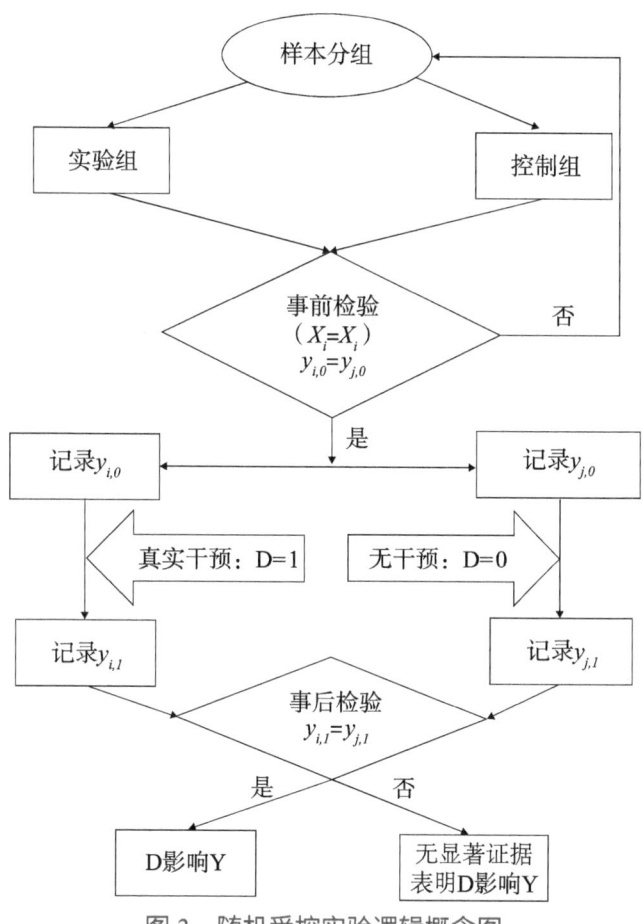

图 3　随机受控实验逻辑概念图

随机受控实验因其长期性和在地性成为经济学参与区域国别研究的另一大主要渠道。以塔罗齐等在印度进行的关于蚊帐的受控实验为例，他们共在印度当地进行了四次大规模问卷调查或实验，选择以印度奥里萨邦作为田野点，实验对象是在巴拉特综合社会福利署（Bharat Integrated Social Welfare Agency，简称 BISWA）注册有账户的家庭。

第一次田野调查是发生在 2007 年 5—6 月份的基准测试。从位于奥里萨邦且在巴拉特综合社会福利署注册有账户的所有家庭（1844个）中分层抽样选出初步符合条件的 878 个家庭，并引导这些被调查家庭参与血液测试，获得血小板数量和历史疟疾感染数据，并根据各家庭的健康状况、财产状况、心理状况进行分组，使实验组和对照组在统计上不存在显著差异。141 个村庄被分为三组，每组 47 个家庭，分别是两个实验组和一个对照组，两个实验组分别实施"小微贷款买蚊帐政策"和"免费发放政策"，对照组不特别干预。

第二次田野调查是发生在 2007 年 9—10 月的宣传访问以及发放蚊帐。由于发放蚊帐本身（不管是小微贷款还是免费发放）可能会提升村民对蚊虫叮咬引起疾病的重视以及健康知识水平，并进一步导致两个实验组的受众更加注重个人卫生从而降低被叮咬率。在这种情况下，实验结论便难以完全归因于购买或使用蚊帐。为了控制这一混淆因素，研究者们需要到被选中的所有村庄进行宣讲（information campaign），明确告诉他们疟疾和贫血症的坏处、蚊帐对于降低上述疾病的优势，以及（对于两个实验组而言）蚊帐的获取方式和使用方式。具体而言，对于免费发放蚊帐的村庄（实验组 1），研究者们直接将蚊帐发放给样本家庭；对于使用小微信贷的村庄（实验组 2），蚊帐在信贷合同签订以后的 2—3 天内发放。在蚊帐发放后的第 6 个月和第 12 个月，样本家庭需要接受蚊帐的再喷药处理，以便控制蚊帐在整个期限内具有同等驱蚊效力。再处理发生在 2008 年的 3、4、9 和 10 月份。在这段时间里，研究者们并不一定要留在当地实时监控样本家庭的蚊帐使用或再喷药情况，而是可以雇佣当地的社工代为检测。

第三次田野调查发生在干预后的信息收集阶段。研究者们于 2008 年 12 月和 2009 年 4 月重返奥里萨邦，邀请研究对象再次填写问卷，获得干预完成以后的个体健康数据。通过比较实验前后实验组和对照组的蚊帐购买率和使用率，研究者们得到初步结论：免费发放的手段并不会导致人们的使用率有明显的下降，适当收取费用的扶贫方式虽然也有效，但并未表现出更为明显的高效。

第四次田野调查发生在2012年的2月和4月。起因是有声音质疑其研究的前提"流动性约束"是否真的存在。倘若不存在，那么任何形式的蚊帐补贴其实都不是必需的。作为回应，研究者们于2012年的2月和4月重返奥里萨邦，选择了原有村庄和部分新村庄进行补充实验，并开放使用现金购买蚊帐的实验选项。补充实验的结果显示，使用现金购买蚊帐的人寥寥无几，这说明穷人即便有一定现金，也不会将其用于购买蚊帐来规避健康风险。至此，这份研究的田野证据收集工作完全结束。

与前面使用收集数据或使用观测数据的田野调查相比，随机受控实验的田野调查在时间和成本方面均有一定差异。

两种田野调查的第一个差异在于在地时间的长度和连续性。从研究者视角看，他们亲身在实验村庄待的时间差不多是一年。[①]他们有针对性地探访了各组别村庄，在探访的过程中均有非常明确而具体的研究任务。这些调查任务往往在实地调研以前就形成了详细规划，研究者到达当地后立刻开展工作，时间安排集约。如果有多个研究项目，研究者们可以在不同的研究项目之间从容协调。在某种意义上，数据搜集型田野调查是结果导向的，其目的就是找到那些能够证明因果关系的辅助资料，由于这些资料的存在地点有着不确定性，其田野调查可能呈现"打一枪换一个地方"的特点，最终以是否找到目标资料为准，故田野调查的连续性不是特别强。与之相对应的，数据生产型田野调查也追求结果，但更重要的是研究过程。只要研究设计严格执行操作流程、保证实验组和对照组基于特定变量随机，那么不论结果是发现X对Y有无因果关系，均是有意义的研究结论。从项目维度看，尽管研究者们在地时间只有一年左

---

① 具体的时间并不明确。2007年3—5月间开始分发蚊帐，随后的一段时间内，售卖蚊帐的各诊所开始随机打折；2007年7月，研究者们还会到访购买蚊帐的家庭，实地查看他们是否悬挂了蚊帐，并通过问卷调查他们睡在蚊帐中的时间。

右，但是项目持续期是从 2007 年中到 2012 年春，接近 5 年的时间。其相对较长的耗时一方面是由于因果关系发挥作用客观上需要时间（从使用蚊帐到疟疾发病率下降需要时间），另一方面也是因为学术界对于实验过程和结果的高要求（2012 年的补充性实验可能并不在研究者最初的计划中，否则，研究者可以在一开始时多设计一个实验组 3）。

两种田野调查的第二个差异在于成本。对于数据搜集型田野调查而言，主要的成本在于研究者的日常开支（交通、食宿等）和资料本身的购买、租用和维护费用。一般而言，对于区域国别研究来说，前者更可能在资金需求中占更大比例。原因在于，如果后者是主要支出，那么这笔资料已经被很好地发掘、整理并且实现了商业化，不存在搜索、寻找的必要，与之相关的研究已经比较丰富。而区域国别研究恰恰需要做一些开创性的研究，弥补部分小众研究领域的空白或从新的视角、以不那么常用的资料佐证观点。一个例子是前文提到的戴尔对越南的研究，她在与合作者搜遍了马里兰大学帕克分校的美国国家档案馆、得克萨斯理工大学的越南战争在线档案库均一无所获后，最终在麦克奈尔堡美国陆军军事历史中心才找到了梦寐以求的档案。在此项研究中，档案本身的获取成本较低，甚至可能免费，但寻找的过程较为艰辛。如果资料的可能存放地是海外，那么研究人员的日常开支更会在总资金需求中占大部分。对于数据生产型田野调查而言，主要的成本在于研究者和雇佣人员的日常开支（交通、食宿等）以及实验材料的购买、租用和维护费用。从结构上来看，数据生产型田野调查的成本结构与前者略有区别但变化不大，且两大部分在比例上不分伯仲，但就规模而言都不可小觑。以蚊帐的发放研究为例，研究者自身需要频繁往返或长期驻扎在田野点，还需要雇佣社会实践者走访家庭检查蚊帐使用情况，相关人员支出规模必然较大。事实上，此类研究基本上都需要政府或非政府组织的资金和人员支持，仅靠个别研究人员难以支撑。实验相关的材料则完全取决于实验内容，有时候是相对便宜的蚊帐，但如果研究的是信贷政策，则需要给劳动者以补贴或贷款。总体而言，数据生产型的田野调查门槛更高。当然，虽然消耗了较多资源，但是也规避了观测数据的固有弊端，是检验因果机制的另一条重要渠道。

四、总结与建议

综上，本文对经济学与区域国别学的交叉内涵进行了辨析，结合具体案例对经济学涉及的田野调查方法进行了介绍，对上述方法的优劣进行了简要的探讨。首先，经济学与其他学科交叉共同为区域国别研究作出贡献的两个方面分别是弥补对象国/区域的认知逆差和对对象国/区域相关问题因果关系的探索；其次，田野调查方法（论）作为区域国别学的核心方法论，在经济学区域国别研究的因果机制判定中发挥了重要的作用。一方面，田野调查为研究者甄别、判断和采集哪些二手数据更有利于判断因果关系提供了方向，间接减少了无意义的数据挖掘；另一方面，国别、区域间天然存在的社会文化差异为随机受控实验等实地研究方法提供了理想的实验环境，受控环境下产生的"干净"一手数据为异质性分析、行为预测等理论检验提供了土壤，也使研究更"接地气"。

在区域国别学多学科并存的现状背景下，如何在尊重既有学科范式的前提下取长补短、发挥多学科的优势是区域国别学需要解决的问题。因此，区域国别学研究应当是富有包容性的，这种包容性既体现在对不同学科研究方法的借鉴和使用上，也体现在对在地研究的要求以及相应成果表现形式的多样化上。在研究方法上，深度访谈、参与式观察、结构性访谈、档案调查、问卷调查、统计分析、回归分析、随机对照试验及其他方法等都应该被囊括其中；在研究成果的形式上，应该一定程度上尊重现有各学科的呈现形式，同时鼓励不同学科的学者在区域国别研究这个平台上做出学科融合的尝试性改变，持续将包括经济学在内的多学科前沿理论和研究方法带入对区域国别问题的探索中来，为新学科的建设与发展添砖加瓦。

[责任编辑：王霆懿]

Fieldworks in Economics: Review and Reflections
XU Peiyuan

Abstract: Fieldwork is an important methodology of area study. It emphasizes first-hand materials collecting, personal experiences and local perspective in understanding a country or a region. In pursuit of generality, economic studies usually use more second-hand data. It seems that they put less emphasis on fieldwork. As Area Study has been listed in China's official subject catalogue and economics is listed as one of the subjects that Area Study is based on, it is necessary to summarize the fieldwork methods and characteristics involved in economics research. A considerable number of economic studies have a solid foundation of fieldwork, but due to differences in discipline paradigm, narrative mode and analysis methods, the contribution and importance of fieldwork are not prominent. This paper argues that collecting data and demonstrating which data should be used are both components of fieldwork in a broad sense. Take causal inference research as an example, the fieldwork involved in such research can be divided into two categories: data search and collect fieldwork and data production fieldwork. The former is represented by searching and demonstrating which existing secondary data can be more correctly and efficiently used in making causal inferences. The latter is represented by organizing experiments and handing out surveys in target areas to generate clean first-hand data for causal inference while controlling for some environmental and individual-level variables. Usually, the former type of fieldwork has low time continuity and less physical support, while the latter type has high time continuity and more physical support. There is no good or bad between these two kinds of fieldwork. Researchers should choose the appropriate fieldwork type according to the specific problems.

Based on the development of the trend of area studies and economics, it is suggested that researchers should exchanges ideas more frequently between discipline studies and area studies, and try to break through the existing paradigm.

Keywords: fieldwork, casual inference, observational data, experimental data

反面思考的能力：社会学理论发展中的"反面案例分析法"*

丽贝卡·珍·伊麦**

摘　要：反面案例分析法是一种结合求异法和反常案例分析的研究方法，主要用于事件结果与理论假设不符的案例研究。通过将反面案例分析法嵌入到拉卡托斯的后经验主义哲学框架中，本文认为这一个案研究方法对理论发展具有至关重要的作用，能够扩展社会学理论的解释边界。本文通过关注埃玛尔和格申克龙关于"意大利经济向资本主义转型滞后"和"意大利相对滞后的工业化进程"两个欧洲案例的研究，进一步阐释反面案例分析法的研究路径。本文发现，应用反面案例分析法的研究者关注到了更有价值的历史事件，并消除了研究中由于仅关注正面案例或西方案例所带来的偏见。同时，该方法也帮助研究者区分出

---

*　本研究由加州大学洛杉矶分校教职委员会（UCLA Faculty Senate）资助完成。迪伦·莱利（Dylan Riley）对这项研究给予了莫大帮助，让笔者注意到反常案例在话语分析中的应用。笔者与伊曼纽尔·谢格洛夫（Emanuel A. Schegloff）曾针对话语中的个案分析进行了卓有成效的讨论，也与理查德·贝尔克（Richard A. Berk）针对因果关系进行了商讨。此外，笔者十分感谢迈克尔·布洛维（Michael Burawoy）对此文提出的口头或书面的建议。《理论与社会》（Theory and Society）杂志编辑对本文的评论也十分有帮助。

**　丽贝卡·珍·伊麦（Rebecca Jean Emigh），加州大学洛杉矶分校（University of California, Los Angeles）社会学系教授，主要研究方向为比较历史社会学、社会变迁、经济社会学、文化社会学、社会学研究方法与理论。
译者简介：吴嘉昊，清华大学国际与地区研究院博士研究生，主要研究方向为历史人类学和巴基斯坦研究。

历史发展进程中的重要事件和非重要事件。

关键词： 个案研究方法；反面案例；反常案例；比较社会学

导　语： 自从行为主义在 20 世纪 60 年代发展出利用大规模问卷调查获得的经验数据来检验理论方法以来，社会科学各个学科的主流都开始强调科学的研究方法。在这种背景下，以田野调查为主要研究方法的区域国别研究一直面临来自学科内部要求运用科学研究方法的压力。对许多区域国别研究者而言，经常遇到的困扰是，如何将以单一国家为分析单位的研究纳入到学科内部主流理论讨论中，以及如何为基于单一国家田野调查的研究方法提供科学的合法性？伊麦的这篇文章就以上问题进行了十分有价值的探索。她提出，反面案例分析法，即分析那些与理论预期完全相悖的案例，是以一国为分析单位的区域国别研究参与学科内部理论讨论的有效渠道。她进一步指出，当理论预期与案例展现的结果反差极大，若对案例细节的分析可以丰富理论的内容，反面案例分析法对发展社会学的理论有很大帮助。许多人认为使用单个案例的研究方法是一个缺陷，伊麦却主张这恰恰是一种优势，因为分析单个案例的目的根本不在于证明理论的普适范围，而在于通过把单个案例的详细信息与一般性理论进行比较来推动理论内容的发展，并帮助研究者把重要的事件、过程、结构和模式与非重要的区分开来。反面案例分析法对经常使用基于发达国家历史经验的理论框架来分析发展中国家的区域国别研究而言有特殊的价值。

——高柏，美国杜克大学社会学系

"比较"的名声并不好。尽管"比较"的方法是社会学常用方法，亦形成了一套"比较研究法"，但西达·斯考切波（Theda Skocpol）、玛格丽特·索莫斯（Margaret Somers）以及查尔斯·拉金（Charles Ragin）提出的理论①都曾受到攻击。举例来说，埃德加·凯泽（Edgar Kiser）和迈克尔·赫克托（Michael Hechter）曾在"归纳法"②的基础上解构了比较研究法，他们认为比较研究法无法支撑普遍化理论。③迈克尔·布洛维拒绝接受斯考切波和索莫斯的比较研究法，认为其对经验论据（Empirical Evidence）的看法过于简单浅薄。④很多人对于建立在"归纳推理"基础之上的比较研究法并无理论层面的反对，但质疑其是否能应用于实际研究中。例如，迈克尔·曼（Michael Mann）认为，在实证层面上，很难找到足够多的独立而又彼此相似的案例，能够同时在某一个特定因素上展现出极大差异性，因此这种方法无法得到正确地运用。⑤但是正如尼尔·斯

---

① Charles Ragin, *The Comparative Method: Moving Beyond Qualitative and Quantitative Strategies*, Berkeley/Los Angeles: University of California Press, 1987; Theda Skocpol & Margaret Somers, "The Uses of Comparative History in Macrosocial Inquiry", *Comparative Studies in Society and History*, Vol. 22, No. 2, 1980, pp. 174-281.

② 约翰·斯图尔特·密尔（John Stuart Mill）曾经用"演绎"（Deduction）一词来阐释"从一般到特殊"的推理过程，用"归纳"（Induction）一词来阐释"从特殊到一般"的推理过程，参见 Rudolf Carnap, *An Introduction to the Philosophy of Science*, New York: Basic Book, 1966, pp. 19-20。正如卡尔纳普指出，"演绎"和"归纳"二词的使用并不完全准确。本文中"演绎"一词指代"从已知事物中推断出结论"的各种推理方法；"归纳"一词指代"在已有知识基础上了解未知领域"的推理方式，因此，一个演绎而来的论点已经暗含了其前提中的结论，参见 David Kelley, *The Art of Reasoning*, New York: W. W. Norton & Company, 1988, p. 167。相反，一个归纳而来的论点只能表明这个结论大概率是正确的，参见 Robert Martin, *The Philosopher's Dictionary*, Ontario: Broadview Press, 1994, p. 63。这种定义在文献中比较标准，这些词语指代着理论和方法的方方面面。

③ Edgar Kiser & Michael Hechter, "The Role of General Theory in Comparative-Historical Sociology", *American Journal of Sociology*, Vol. 97, No. 1, 1991, pp. 1-30.

④ Michael Burawoy, "Two Methods in Search of Science: Skocpol Versus Trotsky", *Theory and Society*, Vol. 18, No. 6, 1989, pp. 759-805.

⑤ 以下文献均讨论了比较研究方法在应用中的效用性问题，参见 Michael Mann, *The Sources of Social Power. Volume 1: A History of Power from the Beginning to A.D. 1760*, Cambridge: Cambridge University Press, 1986, pp. 501-503; Michael Burawoy, "Two Methods in Search of Science: Skocpol Versus Trotsky", *Theory and Society*, Vol. 18, No. 6, 1989; Edgar Kiser & Michael Hechter, "The Role of General Theory in Comparative-Historical Sociology", *American Journal of Sociology*, Vol. 97, No. 1, 1991。

梅尔塞（Neil Smelser）所言，"比较"是任何系统性研究中不可或缺的部分，哪怕仅是纯粹的描述性研究。① 尽管从某些方面讲，传统的比较研究方法并不足以支撑一个研究，但不可置疑的是，想要了解某一特定现象，就无法脱离对与之相关的（尽管有些许不同的）现象的研究。②

本文勾画出一个比较研究的策略——反面案例分析法（negative case methodology），用以分析那些未出现理论预测之结果的案例。文章的主要观点是，反面案例分析法能够在两种情况下促进社会学理论的发展：第一，存在"反面性"，即事件的结果与理论预期结果间存在巨大鸿沟；第二，对经验主义论据的细致考察能够拓展现存理论解释范围。尽管社会研究中常常用到反面案例分析法的变体（比如，韦伯的"理想类型"的概念），但反面案例分析法仍然尚未被定义为一种研究策略。本文将定义这种研究方法的内在逻辑并阐释其概念，点明这种研究方法的优势，促进其在研究中的使用。为了定义这种方法，笔者借取并重整了其他比较研究方法中的要素。尤其值得一提的是，从约翰·斯图尔特·密尔到米歇尔·福柯（Michel Foucault），学者们大量的研究都强调了"差异"，而笔者将此种"对于差异的强调"与经典的"反常案例分析法"（Deviant-case analysis）相结合，并将"反面案例分析法"嵌入伊姆勒·拉卡托斯（Imre Lakatos）研究的哲学框架中。③ 拉卡托斯的哲学框架与"反面案例分析法"完美契合，因为在这个框架中，正是这些反面的、特异的案例提供了最具说服力的"关于科学发展"的证据。

诚然，反面案例分析法并不适用于所有研究。然而有时，反面案

---

① Neil J. Smelser, *Comparative Methods in the Social Sciences*, Englewood Cliffs: Prentice-Hall, 1976, pp. 2-3.
② 例如，可参考兰德尔·柯林斯的研究，Randall Collins, "Statistics versus Words", *Sociological Theory*, Vol. 2, 1984, p. 340。
③ Imre Lakatos, "Falsification and the Methodology of Scientific Research Programmes", in Imre Lakatos & Alan Musgrave (eds.), *Criticism and the Growth of Knowledge: Volume 4*, Cambridge: Cambridge University Press, 1970, pp. 91-196.

例分析法却极具启发性。尤其是在分析失败或滞后的经济发展问题时，此方法尤为有效。经济学理论预测某些地区会产生正向的经济发展规模，然而反面案例常事与愿违——这种预测的发展并不会实现，这些案例能够为理论的扩展提供指导。相比于正面案例，反面案例往往更适合做历史参照物，例如在文献中常被讨论到的"成功的欧洲经济发展案例"。关注欧洲经济发展的成功会导致研究出现偏误，而偏误会导致错误结论，即认为某些前提条件一旦得到满足，一国的经济必然会得以发展，而这些"条件"往往存在于欧洲社会中。此外，对于成功案例的关注会导致研究者很难将那些明确出现但又无关紧要的事件、发展过程、结构和模式与经济变化过程中产生重要影响的因素相分隔。本文关注了两个不同历史分期中关于意大利经济发展的研究。前工业化时期的意大利，已然具备了经济快速转型至资本主义经济的前提条件，但是期待中的快速转型并没有发生。① 结局是意大利的工业化在历史上出现的时期相对较晚，但自相矛盾的是，工业化之后意大利的经济发展道路也与其他工业化进程滞后的国家有所不同。② 对于意大利经济发展研究的回顾能够显示出反面案例分析法的主要观点，并阐明如何更有意识地将反面案例分析法运用于理论拓展中。

一、比较研究的方法论

有学者认为，比较研究法与实验研究法（experimental methods）、

---

① Maurice Aymard, "From Feudalism to Capitalism in Italy: The Case that Doesn't Fit", *Review (Fernand Braudel Center)*, Vol. 6, No. 2, 1982, pp. 131-208.
② Alexander Gerschenkron, *Eonomic Backwardness in Historical Perspective: A Book of Essays*, Cambridge: Belknap Press of Harvard University Press, 1962; Albert O. Hirschman, "The Political Economy of Import-Substituting Industrialization in Latin America", *The Quarterly Journal of Economics*, Vol. 82, No. 1, 1968, pp. 1-32; James R. Kurth, "Industrial Change and Political Change: A European Perspective", in David Collier (ed.), *The New Authoritarianism in Latin America*, Princeton: Princeton University Press, 1979.

数据分析法（statistical methods）一起构成了科学研究的三种方法。这种分类方法指出了不同研究方法的主要差异与共性，还强调了比较研究法所扮演的独特角色，即作为案例少、变量多时的常用研究方法。当然，关于这三种研究方法的哲学思想基础，以及这些方法在多大程度上是"科学"的，都存在争论。[①] 这些研究方法在实际应用中很少遵从其抽象的方法论约束，也许本身也不该遵从。[②] 尽管布洛维所说的"方法论上过多的自我意识是一种科学障碍"[③]并无偏颇，但是对于不同研究方法的利弊分析与反思依然大有裨益。在本节中，笔者回顾了一些比较研究的方法。这些观点不一定具有代表性，也不一定十分详尽，因为对于比较研究方法的思考与分析并非仅此一家。[④] 本文回顾的是一些众所周知、广受讨论的研究方法，因此不必对此进

[①] 此外，还有不同方法之间的界定问题，以及与科学定义有关的基础问题，都没有固定答案。

[②] 正如拉卡托斯指出的，寻找那种放之四海而皆准的、科学的研究方法的努力必将以失败而告终，参见 Imre Lakatos, "History of Science and Its Rational Reconstructions", in Ian Hacking (ed.), *Scientific Revolutions*, Oxford: Oxford University Press, 1981, p. 108。此外，麦克洛斯基（Deirdre McCloskey）认为，那些建立在所谓坚实数据（hard data）基础之上的论据是一种"修辞手法"，参见 Deirdre McCloskey, *The Rhetoric of Economics*, Madison: University of Wisconsin Press, 1985; Paul K. Feyerabend, *Against Method: Outline of an Anarchistic Theory of Knowledge*, London: New Left Books, 1975; Michael Polanyi, *Personal Knowledge*, Chicago: University of Chicago Press, 1958。尽管布洛维接受这些观点，但他在研究中依然坚称，这些不足并不必然导致对此种研究方法的拒绝或者对于科学中的理性的拒绝。

[③] Michael Burawoy, "Two Methods in Search of Science: Skocpol Versus Trotsky", *Theory and Society*, Vol. 18, No. 6, 1989, pp. 759-805.

[④] 对于比较研究方法及其相关论题的讨论，亦可参见 Michael Burawoy, "Two Methods in Search of Science: Skocpol Versus Trotsky", *Theory and Society*, Vol. 18, No. 6, 1989; Edgar Kiser & Michael Hechter, "The Role of General Theory in Comparative-Historical Sociology", *American Journal of Sociology*, Vol. 97, No. 1, 1991, pp. 1-30; Stanley Lieberson, "Small N's and Big Conclusions: An Examination of the Reasoning in Comparative Studies Based on a Small Number of Cases", in Charles C. Ragin & Howard S. Becker (eds.), *What is a Case? Exploring the Foundations of Social Inquiry*, Cambridge: Cambridge University Press, 1992; Arend Lijphart, "Comparative Politics and the Comparative Method", *The American Political Science Review*, Vol. 65, No. 3, 1971, pp. 682-693; Arend Lijphart, "The Comparable-Cases Strategy in Comparative Research", *Comparative Political Studies*, Vol. 8, No. 2, 1975, pp. 158-177; Neil J. Smelser, "The Methodology of Comparative Analysis", in Donald P. Warwick & Samuel Osherson (eds.), *Comparative Research Methods*, Englewood Cliffs: Prentice-Hall, 1973.

行综述和批判，在此基础上，本文的主要目标是阐述"反面案例分析法"的概念。

（一）斯考切波的比较研究法

关于比较研究法的讨论绕不开约翰·斯图尔特·密尔。他的四种比较研究的方法——求同法（method of agreement）、求异法（method of difference）、共变法（method of concomitant variation）和剩余法（method of residues），在学界被广泛地接受、精炼、并不断被再定义，尽管密尔本人拒绝承认这些方法属于社会科学领域。对于密尔及其拥护者们的批评常见诸纸上，因此不必在此赘述。[①] 笔者回顾了斯考切波对于密尔研究方法的接受过程，尤其凸显了其对求异法的关注，这对于本文所研究的反面案例分析法大有裨益，并能够指出一些比较研究法中更为普遍的、存在问题的方面。

在社会学界，关于斯考切波如何在研究中运用密尔求同法和求异法的讨论十分详尽。[②] 这种研究方法尝试揭示因果分析法（causal analyses）在研究案例很少的历史比较研究中的运用方式。这些比较

[①] Michael Burawoy, "Two Methods in Search of Science: Skocpol Versus Trotsky", *Theory and Society*, Vol. 18, No. 6, 1989; Edgar Kiser & Michael Hechter, "The Role of General Theory in Comparative-Historical Sociology", *American Journal of Sociology*, Vol. 97, No. 1, 1991, pp. 1-30. 这两篇文章对于普沃斯基（Adam Przeworski）和图尼（Henry Teune）所提到的关于"最相似的系统"（the most similar system）和"最不同的系统"（the most different system）之程度的讨论，同样来源于对密尔方法论的讨论，参见 Adam Przeworski & Henry Teune, *The Logic of Comparative Social Inquiry*, New York: John Wiley & Sons, 1970; Arend Lijphart, "The Comparable-Cases Strategy in Comparative Research", *Comparative Political Studies*, Vol. 8, No. 2, 1975, pp. 158-177; Theodore W. Meckstroth, "'Most Different Systems' and 'Most Similar Systems': A Study in the Logic of Comparative Inquiry", *Comparative Political Studies*, Vol. 8, No. 2, 1975, pp. 132-157。

[②] Theda Skocpol, *States and Social Revolutions: A Comparative Analysis of France, Russia, and China*, New York: Cambridge University Press, 1979; Theda Skocpol, "Emerging Agendas and Recurrent Strategies in Historical Sociology", in Theda Skocpol (ed.), *Vision and Method in Historical Sociology*, Cambridge: Cambridge University Press, 1984, pp. 356-391; Theda Skocpol & Margaret Somers, "The Uses of Comparative History in Macrosocial Inquiry", *Comparative Studies in Society and History*, Vol. 22, No. 2, 1980, pp. 174-281.

研究方法常被看作是对于数据分析中以变量分析为基础的逻辑的一种模仿，常关注从大语境中推测而出的因变量。[①] 求同法是通过对比两个案例展开的，这两个案例所发生的前提条件有相似也有不同，但二者的结局是完全一样的。这就指涉出，两者之间未同时具有的某项因素对事件的结果不产生任何影响。与之相反，求异法是通过对比两个具有不同结果的案例（一个正面案例和一个反面案例）展开的，在正面案例中出现的结果并未出现在反面案例中。两个案例发生的前提条件也有所不同，反面案例发生的前提条件相较于正面案例缺失一项，其余全部一样。这就证明缺失条件是事件结果的成因，因为除此之外，产生不同结局的两个案例具有同样的潜在成因。求同法不能单独应用于研究中，因为在对不同案例进行比较分析时，可能会发现此前研究中总结出的因果变量与新的案例分析并不相关。为得到更强的因果推断，必须在多个不同案例组之间进行比较研究，或者将求同法与

[①] Theda Skocpol & Margaret Somers, "The Uses of Comparative History in Macrosocial Inquiry", *Comparative Studies in Society and History*, Vol. 22, No. 2, 1980, pp. 174-281. 在数据分析和实验的研究方法中，变量常常通过数字来显示其属性。研究者通常按照数量从少到多的比例进行分类：名目（nominal）、次序（ordinal）、等距（interval）、等比（ratio）。在数据分析和实验中，名目数据常是定性的，因为其主导特征可能在场也可能缺失。名目数据常依据其主导特征是否缺失而被赋值为0或1。有些数据分析方法只关注名目数据或分类数据（最常用的方法包括名义变量、逻辑回归和对数线性模型）。当变量的数量逐渐变大，就算案例的数量依然保持较小，仍然会导致数据分析模型愈发地无法支撑研究（除了最近发展起来的小样本分析技术或重新采样）。斯考切波和索莫斯的目标是定义一种比较研究法，以支撑那种样本容量不大但变量数据多，且现行数据分析法无法提供支撑的研究。此举毫无疑问借鉴了数据分析法中建立在变量基础之上的分析逻辑。而另一方面，其他人十分反对这种以变量分析为基础的研究方法，认为定义抽象化的个人和社会事件将导致对于社会和历史的分析无法进行下去，如 Lawrence Stone, "The Revival of Narrative: Reflections on a New Old History", *Past & Present*, No. 85, 1979, pp. 3-24。因此，我们能够十分清晰地区分那些认同建立在变量分析基础上的研究方法的学者和那些明确反对这种逻辑的学者。在本文中，笔者的首要论点就是反对那些认为"只应该进行以变量分析为基础的研究"的学者。将基于变量分析开展的研究和基于文本分析开展的研究区分开来并不容易。大多数历史社会学的研究都同时运用了定量和定性研究，当然也本该如此，如 Christopher Lloyd, *The Structure of History*, Oxford: Blackwell, 1993。诚然，叙事性解释与变量分析性解释之间的界限也存在诸多问题。有一种极端的观点认为，通过创建一系列能够被当作名目变量的主体清单，是可以将历史叙事简化为各种变量的。

求异法结合起来使用。显然，求异法比求同法更有说服力，因为求异法中不同案件的结果与缺失的前提条件能够有效地隔离解释变量，使因果判断成为可能。①

斯考切波运用求异法思考如下三个变量（斯考切波也称其为"条件"）对革命结果的影响——国际社会的压力、统治阶级的结构和农业经济。②按照求同法的逻辑，其中两个变量——国际社会压力和农业经济中的社会关系，推动了农民起义运动，这可以雄辩地解释法国、中国和俄国出现社会革命的原因，因为这三个国家中发生社会革命之时都具备这两个变量。而根据求异法的逻辑，在英国、日本和德国/普鲁士这些没有发生社会革命的国家中，当时的社会并不具备上述两个变量。尤其是英国，完全不具备那种能够促进农民起义的本土农业社会结构，社会革命也并未发生。因此可以推断，对农民起义具有推动作用的农业社会结构是发生社会革命的一个必要条件。斯考切波认为，当国际社会压力与农民起义共同导致行政系统的崩溃时，官僚君主制下的农业社会就会发生革命。

然而，斯考切波的分析广受诟病。尤其是有一些学者认为，理论不可能诞生于归纳式的研究，要求明确演绎理论的发展逻辑。③比如

---

① Theda Skocpol & Margaret Somers, "The Uses of Comparative History in Macrosocial Inquiry", *Comparative Studies in Society and History*, Vol. 22, No. 2, 1980, p. 183.

② Theda Skocpol, *States and Social Revolutions: A Comparative Analysis of France, Russia, and China*, New York: Cambridge University Press, 1979. 尤其应注意斯考切波在第154—157页所写的总结。斯考切波和索莫斯在《比较历史分析法在宏观社会研究中的运用》中又回顾了此研究，参见 Theda Skocpol & Margaret Somers, "The Uses of Comparative History in Macrosocial Inquiry", *Comparative Studies in Society and History*, Vol. 22, No. 2, 1980, pp. 174-281。

③ Michael Burawoy, "Two Methods in Search of Science: Skocpol Versus Trotsky", *Theory and Society*, Vol. 18, No. 6, 1989, pp. 759-805; Edgar Kiser & Michael Hechter, "The Role of General Theory in Comparative-Historical Sociology", *American Journal of Sociology*, Vol. 97, No. 1, 1991, pp. 1-30. 斯考切波在《现代世界的社会革命》一书的结论部分回应了对她的批评。当然，在实际应用中，所有的研究都包含演绎和归纳两个部分，问题只在于更强调哪一部分。斯考切波认为她并没有只用归纳的方式开展研究，凯泽和赫克托则认为有一些归纳十分必要。参见 Theda Skocpol, *Social Revolutions in the Modern World*, Cambridge: Cambridge University Press, 1994, p. 319; Edgar Kiser & Michael Hechter, "The Role of General Theory in Comparative-Historical Sociology", *American Journal of Sociology*, Vol. 97, No. 1, 1991, p. 24.

凯泽和赫克托认为，归纳法永远不可被用于探究因果解释，而因果解释才是他们所认为的"理论的核心"。相反，他们主张使用普遍化的、演绎而来的理论，以具体说明因果关系及产生的因果作用机制。他们认为，有时也可以从经验主义的观察中推断因果关系，但因果作用机制只能产生于普遍化的理论，因为这种机制是无法通过观察得到的。① 布洛维同样声援演绎而来的理论，但是他从不同的层面进行阐述，认为斯考切波的研究方法是基于一种过时的、实证主义的科学概念，其中"事实"往往被建构为因素或变量，它不言自明并形成了能够被普遍化的理论。②

有时，对于变量的关注也会带来一些难题。比如，尽管求异法研究比求同法研究更有说服力，但其应用却存在问题。如密尔曾指出，求异法的研究对象是案例彼此间仅有一个不同变量的案例组，但找到这些案例绝非易事。③ 同样，如布洛维所说，解释未发生的事件（non-event）并不容易。④ 但解释未发生的事件（此类事件中一部分是反面案例）并非难在解释事件本身，而难在找到能够用求异法分析的恰当研究对象。所以至少从某些维度来说，运用密尔的求异法去分析反面案例的内在逻辑是建立在变量基础上的。

值得注意的是，斯考切波深谙使用密尔的求同法和求异法时所面临的难题。她同样强调，如果没有对于历史的理解、对于理论框架的想象和历史叙事，比较历史分析法单独并不足以支撑一个研究。⑤ 因

---

① Edgar Kiser & Michael Hechter, "The Role of General Theory in Comparative-Historical Sociology", *American Journal of Sociology*, Vol. 97, No. 1, 1991, pp. 1-30.
② Michael Burawoy, "Two Methods in Search of Science: Skocpol Versus Trotsky", *Theory and Society*, Vol. 18, No. 6, 1989, pp. 759-805.
③ Michael Burawoy, "Two Methods in Search of Science: Skocpol Versus Trotsky", *Theory and Society*, Vol. 18, No. 6, 1989, pp. 759-805.
④ Michael Burawoy, "Two Methods in Search of Science: Skocpol Versus Trotsky", *Theory and Society*, Vol. 18, No. 6, 1989, p. 800. 相关观点另见 Edwin Amenta, "Making the Most of a Case Study: Theories of the Welfare State and the American Experience", in Charles C. Ragin, *Issues and Alternatives in Comparative Social Research*, Leiden: E. J. Brill, 1991, p. 174.
⑤ Theda Skocpol, *States and Social Revolutions: A Comparative Analysis of France, Russia, and China*, New York: Cambridge University Press, 1979, pp. 38-40.

此，在总结自己的研究时，斯考切波阐明自己研究的主要方法并非以描述为主，而是更偏分析，她还密切关注密尔的研究，甚至多于关注对社会革命的阐释。①

（二）反常案例分析法

"反常案例分析"（Deviant Case Methodology）的研究方法在社会学文献中以各种形式出现，导致任何关于这种方法的明确定义和总结都变得虚幻无比。但此词有两个最基本的用法。首先，它指代关于定量研究中与其他数据集模式不一致的数据的研究。斯梅尔塞指出，在反常案例分析中，研究者们通过一般趋势之外的特殊案例来定位那些对结果有影响，但之前未被定义的独立变量。② 曾有一个经典研究探析为什么奥逊·威尔斯（Orson Welles）编导的广播剧《世界大战》(*War of the Worlds*) 播出后，有三分之一的听众都认为这是新闻报道，而不认为这是由小说改编而成的广播剧。研究者们假定，相比于全程听完节目的听众，那些没有听到广播剧开头的听众更倾向于把这个剧目当成某种新闻报道，这种假设能够解释85%的案例。在剩余的案例（也就是那些反常案例）中，听众们从头至尾听完了节目，但依然认为这个广播剧是一场新闻报道。进一步的研究显示，有一些观众习惯于在收听节目时听到插播的新闻报道，因为在《世界大

---

① Theda Skocpol & Margaret Somers, "The Uses of Comparative History in Macrosocial Inquiry", *Comparative Studies in Society and History*, Vol. 22, No. 2, 1980, pp. 174-281; Theda Skocpol, *States and Social Revolutions: A Comparative Analysis of France, Russia, and China*, New York: Cambridge University Press, 1979, pp. 38-40. 通过对以上两篇文章的比较，一些批评斯考切波的学者也质疑她是否将自己的研究方法一以贯之，参见 Michael Burawoy, "Two Methods in Search of Science: Skocpol Versus Trotsky", *Theory and Society*, Vol. 18, No. 6, 1989, pp. 759-805。有时求同法或求异法可能只是"理想的模型"或者是希望去遵循的抽象框架，而不会在实际应用中被严格地遵守，此处感谢一位匿名评审的意见。

② Neil J. Smelser, "The Methodology of Comparative Analysis", in Donald P. Warwick & Samuel Osherson (eds.), *Comparative Research Methods*, Englewood Cliffs: Prentice-Hall, 1973. 李帕特（Arend Lijphart）提到了这个词的另外一个相似用法：特例（deviant case），参见 Arend Lijphart, "Comparative Politics and the Comparative Method", *The American Political Science Review*, Vol. 65, No. 3, 1971, pp. 682-693。

战》播出前的一个月，很多听众就常在收听节目时听到关于慕尼黑危机（Munich Crisis）的插播新闻。因此，"听众对于插播新闻的期待程度"的相关信息也应该被纳入研究分析的范围之中。反常案例分析显示，那些与整体格格不入的特例能够扩展理论的内容，方法通常是将变量放在另一个定量研究中进行研究。①

尽管拥护者们认为这种反常案例分析能够促进理论发展，但实际上，他们声称的那种理论发展是相对狭隘的，因为这种发展常被局限于归纳性变量的数目增长中。②一方面，反常案例分析法是狭隘的，

---

① 关于此研究的综述，参见帕特丽夏·肯德尔（Patricia L. Kendall）和凯瑟琳·沃尔夫（Katherine M. Wolf）的文章，Patricial L. Kendall & Katherine M. Wolf, "The Analysis of Deviant Cases in Communications Research", in Paul F. Lazarsfeld & Frank N. Stanton (eds.), *Communications Research, 1948-1949*, New York: Harper and Brothers, 1949, p. 154。对反常案例分析方法的应用可以说是被拉扎斯菲尔德（Paul Felix Lazarsfeld）和默顿推广起来的，尽管在他们之前也有人做过类似的研究，参见 Patricial L. Kendall & Katherine M. Wolf, "The Analysis of Deviant Cases in Communications Research", in Paul F. Lazarsfeld & Frank N. Stanton (eds.), *Communications Research, 1948-1949*, New York: Harper and Brothers, 1949, p. 153; Milton Gordon, "Sociological Law and the Deviant Case", *Sociometry*, Vol. 10, No. 3, 1947, pp. 250-258; Paul Horst et al., *The Prediction of Personal Adjustment*, New York: Social Science Research Council, 1941; Robert K. Merton, "Definitions of a Situation", in Paul F. Lazarsfeld & Morris Rosenberg (eds.), *The Language of Social Research: A Reader in the Methodology of Social Research*, Glencoe: The Free Press, 1955, pp. 170-173。学界关于反常案例分析最著名的研究之一是李普塞特（Seymour Martin Lipset）、特罗（Martin Trow）和科尔曼（James Samuel Coleman）的研究，他们精确地运用了肯德尔和沃尔夫的反常案例分析法。实际上，他们引用肯德尔和沃尔夫的观点去论述迈克尔的"寡头政治的铁律"（iron law of oligarchy）是一种过于简单化的论述，强调"需要将更多的变量纳入……预测的方案中"，参见 Seymour Martin Lipset, Martin A. Trow & James S. Coleman, *Union Democracy: The Internal Politics of the International Typographical Union*, Glencoe: The Free Press, 1956, p. 418; 亦可参见乔治·莫尔娜（George Molnar）对于李普塞特、特罗和科尔曼之研究的讨论，其中尤其关注了反常案例分析，参见 George Molnar, "Deviant Cases Analysis in Social Science", *Politics*, Vol. 2, No. 1, 1967, pp. 1-11。李普塞特、特罗和科尔曼认为自己并非想要驳倒迈克尔的理论，而是希望能够通过细化这个理论能够应用的条件进而改进它。因此，他们认为，"在实际的研究中，出现了一些额外的变量，这些变量也许可以使观察者更准确地预测何时何地可能发生对寡头政治模式的重大偏离"（Seymour Martin Lipset, Martin A. Trow & James S. Coleman, *Union Democracy: The Internal Politics of the International Typographical Union*, Glencoe: The Free Press, 1956, pp. 413-414）。

② Patricial L. Kendall & Katherine M. Wolf, "The Analysis of Deviant Cases in Communications Research", in Paul F. Lazarsfeld & Frank N. Stanton (eds.), *Communications Research, 1948-1949*, New York: Harper and Brothers, 1949, p. 178; Neil J. Smelser, "The Methodology of Comparative Analysis", in Donald P. Warwick & Samuel Osherson (eds.), *Comparative Research Methods*, Englewood Cliffs: Prentice-Hall, 1973.

因为所能支持的研究必须是在包含变量和排除变量的逻辑之上；但另一方面，这种方法又是宽广的，因为它对于理论发展无疑有重大贡献。在这种反常案例分析中，研究者对于变量的使用与密尔在求同法和求异法中对变量的强调是一致的。

反常案例分析法的第二个主要用途出现在最近的文献中。这些分析主要侧重于对不符合理论预测的单独案例进行分析，以显示理论普遍化的局限性、对自相矛盾的经验主义论据进行分析，或为更深远、有待检验的问题提供建议。比如，巴雷特（Richard E. Barrett）和怀特（Martin King Whyte）曾探讨台湾地区的案例对依附理论（Dependency Theory）的挑战，依附理论认为，外国资本渗透会减缓一国的经济增长速度并加剧不平等。[1] 在最近的研究中，反常案例分析在理论构建中的作用更加有限，尽管它已经超越了基于变量的实证研究，综合运用了历史的、比较的、定量的和定性的研究方法。[2]

密尔的求异法和早期使用的反常案例分析法根植于变量分析的逻辑中，其中用来支持理论解释的是抽象变量之间被推测出的因果关系。以变量为基础的比较研究法模仿了一种特定类型的数据分析法，其中由实验设计所控制的自变量被当作随机因变量的因果决定因素。[3] 斯考切波认为数据分析与归纳法之间存在相似性，然而在某种

---

[1] Richard E. Barrett & Martin King Whyte, "Dependency Theory and Taiwan: Analysis of a Deviant Case", *American Journal of Sociology*, Vol. 87, No. 5, 1982, pp. 1064-1089.
[2] 此类研究的其他案例，可参见 Edwin Amenta, "Making the Most of a Case Study: Theories of the Welfare State and the American Experience", *International Journal of Comparative Sociology*, Vol. 41, No. 4, 2000, p. 369; Richard E. Barrett & Soomi Chin, "Export-Oriented Industrializing States in the Capitalist World Systems: Similarities and Differences", in Frederic C. Deyo (ed.), *The Political Economy of the New Asian Industrialism*, Ithaca/London: Cornell University Press, 1987, pp. 23-43; Dwight B. Billings & Kathleen M. Blee, "Bringing History Back in: The Historicity of Social Relations", *Current Perspectives in Social Theory*, Vol. 7, 1986, pp. 51-68; Diane Mitsch Bush, "The Routinization of Social Movement Organizations: China as a Deviant Case", *The Sociological Quarterly*, Vol. 19, No. 2, 1978, pp. 203-217。
[3] Arend Lijphart, "The Comparable-Cases Strategy in Comparative Research", *Comparative Political Studies*, Vol. 8, No. 2, 1975, p. 161; Theda Skocpol & Margaret Somers, "The Uses of Comparative History in Macrosocial Inquiry", *Comparative Studies in Society and History*, Vol. 22, No. 2, 1980, p. 182.

程度上，二者之间是不相干的，因为社会研究中很多数据分析并没有赋予研究此种特性。很多定量分析研究没有固定的自变量，而当自变量和因变量都被随机确定时，二者间是否能够真正建立因果关系这一问题依然存疑。① 相反，社会科学研究中的大部分数据分析都是在一个松散的演绎性框架中进行，框架中的普遍性理论解释结果与属性或事件之间的关联。从变量的角度看，这种关联完全可行，在定量研究中，关联的紧密程度需要经过实证检验。在此类数据分析中，变量并不能代替原因或理论，但提供了具有理论意义的论据。因此，具有固定自变量和随机因变量的理想化、典型的数据分析也许并不适用于比较研究方法的模型。

在以上两种应用中，反常案例分析的本质是一种比较研究法，② 尽管人们并不常使用它的理论建构能力。和密尔的求异法一样，反常案例分析法利用事件初始条件下的不同来解释出现不同结果的原因。而与"使用相同的分析单位"开展研究的求异法不同，反常案例分析法将单一的案例与大量案例信息概括而来的普遍性进行对比。③ 反常案例分析法采用了斯考切波和索莫斯所说的两种比较方法中相对更有力的一种，即求异法。反常案例分析法的另外一个优点在于对演绎法的依赖：对反常案例的分析是在演绎法的指导下进行的，分析开始于

---

① 参见 Richard A. Berk, "Toward a Methodology for Mere Mortals", *Sociological Methodology*, Vol. 21, 1991, pp. 315-324; Hubert M. Blalock, "Are There Really Any Constructive Alternatives to Causal Modeling?", *Sociological Methodology*, Vol. 21, 1991, pp. 315-324; David A. Freedman, "Statistical Models and Shoe Leather", *Sociological Methodology*, Vol. 21, 1991, pp. 291-313; David A. Freedman, "A Rejoinder to Berk, Blalock, and Mason", *Sociological Methodology*, Vol. 21, 1991, pp. 353-358; William M. Mason, "Freedman Is Right As Far As He Goes, But There Is More, and it's Worse. Statisticians Could Help", *Sociological Methodology*, Vol. 21, 1991, pp. 337-351。
② Arend Lijphart, "The Comparable-Cases Strategy in Comparative Research", *Comparative Political Studies*, Vol. 8, No. 2, 1975, p. 160; Arend Lijphart, "Comparative Politics and the Comparative Method", *The American Political Science Review*, Vol. 65, No. 3, 1971, p. 693.
③ Neil J. Smelser, "The Methodology of Comparative Analysis", in Donald P. Warwick & Samuel Osherson (eds.), *Comparative Research Methods,* Englewood Cliffs: Prentice-Hall, 1973, p. 56.

普遍化的解释，随后在这种解释的语境下考虑其中自相矛盾的论据。求异法依赖于归纳，而演绎法的应用则帮助研究者们克服这种依赖带来的难题。

二、反面案例分析法

反面案例分析法结合了求异法和反常案例分析法，并将其重铸于"松散的"演绎性理论框架中。它考察反面案例，即那些未按照理论预测发展的案例。反常案例分析和求异法都关注事件的异常结局，和反常案例分析一样，反面案例分析也是将单一的案例与大量案例信息概括而来的普遍性进行对比。所以反常案例分析法与反面案例分析法的本质都是比较和演绎。与现代研究中使用的反常案例分析法相似，反面案例分析法也涉及各种定性和定量研究来支持对历史事件发展轨迹的详细探索。反面案例分析法让研究者们关注到理论与历史间的关联，这种方法指导下的早期研究的目标是拓宽理论解释的范围。反面案例分析法可以嵌入拉卡托斯研究式的科学模型中。下文将对该研究方法进行详细解释。

反面案例分析法具有独特优势，但它并不是放之四海而皆准。在某些情况中（即理论预测的结局未出现时），反面案例分析法对研究大有裨益。尤其是当预期结果与理论预测之间差距巨大且理论解释的重构成功时，反面案例分析法是有用的。此外，反面案例分析法需要依赖其他定性和定量的研究方法，以考察某一案例的历史发展轨迹。

有三点原因可以说明为何关注反面案例（即没有发生理论预测结果的案例）比关注正面案例（即发生了理论预测结果的案例）更有用。第一，反面案例分析法利用更普遍的现象（即事件的结果是多变的）来优化解释分析。比如在密尔的研究框架中，求异法利用单一缺失的前提条件和不同的结果来促进因果逻辑论断，因而显得更有力。① 对差异的应用在新尼采主义者（neo-nietzscheans）的后实证主义研究（post-positivist）策略中十分常见，最著名的是福柯，他使用并发展了尼采的谱系学（genealogy）。② 谱系学的研究方法需要将某一特定"模式"放置于时间长河中追溯，直到发现当前的社会实践与历史实践具有的显著差异。研究者利用这种社会实践间的差异解构"当下之实践是合理的"这种普遍性观点。③ 因此，很多的研究策略都从差异性结果所带来的"机会"中受益。

在关注事件不同结果的同时强调出现单一、反常案例的可能性并不奇怪。斯梅尔塞认为，他所说的那种"反常案例分析法"与反面案例分析法是平行的。④ 斯梅尔塞还指出，韦伯通过界定与差异性结果相关的自变量来运用反面案例分析法，进而去分析资本主义的崛

---

① 其他案例可参见查尔斯·蒂利（Charles Tilly）的研究，其中的数据分析同样考察了结果的变化，很多数据分析方法在变量（尤其是因变量）之间的差异很小时无法发挥作用，Charles Tilly, *Big Structures, Large Processes, Huge Comparisons*, New York: The Russell Sage Foundation, 1984, pp. 105-115。
② 参见查尔斯·勒梅（Charles Lemert）对于"差异"一词之概念的评论，Charles Lemert, "General Social Theory, Irony, Postmodernism", in Steven Seidman & David G. Wagner (eds.), *Postmodernism and Social Theory: The Debate Over General Theory*, Cambridge: Blackwell, 1992, pp. 17-46。
③ 马克·博斯特（Mark Poster）指出，密尔的求异法与尼采的谱系学有两点相同之处。第一点是对于差异的强调；第二点，就像斯考切波的比较研究方法一样，谱系学是归纳性质的，因为很少有可以用来定位显著差异的那种精准的、前置的指导，参见 Mark Poster, *Foucault, Marxism and History*, Cambridge: Polity Press, 1984, p. 89. 因此，布洛维对于斯考切波"对'事实'的实证主义定义过于简单化"的批评同样可以被应用在福柯身上，因为福柯同样强调两类历史事件之间的差异性本身即可彰显其特点，参见 Michael Burawoy, "Two Methods in Search of Science: Skocpol Versus Trotsky", *Theory and Society*, Vol. 18, No. 6, 1989, pp. 772-774. 这种比较十分有趣，因为斯考切波希望尽力使自己的研究方法科学严谨，而与她完全不同，福柯认为自己的研究方法与科学毫不沾边，甚至将其与经验性研究并置，参见 Michel Foucault, *Power/Knowledge: Selected Interview and Other Writings, 1972-1977*, New York: Pantheon Books, 1980, pp. 83-83；相关观点另见 Dick Hebdige, *Hiding in the Light*, London: Routledge, 1988. 因此，很难界定福柯的研究是实证主义的还是反实证主义的，因为他从未对这些不同的哲学思想加以区分。相反，他认为所有的研究策略都被镶嵌在一套制度之中，与权利和知识权力分配息息相关。
④ Neil J. Smelser, "The Methodology of Comparative Analysis", in Donald P. Warwick & Samuel Osherson (eds.), *Comparative Research Methods*, Englewood Cliffs: Prentice-Hall, 1973, p. 56.

起。① 在对韦伯的分析中，斯梅尔塞试图用变量的语言来解释韦伯对资本主义崛起的研究，这在某种程度上是值得商榷的。但在其他地方，斯梅尔塞对韦伯的比较研究进行了更详细的讨论，并较少使用限制性语言。斯梅尔塞指出了密尔的求异法和他所称的韦伯使用的"间接求异法"（indirect method of difference）之间的共同点。② 纵观全局，斯梅尔塞点明韦伯的研究很难被称作是符合变量方法的规定，只是在结果上运用了求异法。

学界常认为仅使用单一案例分析是一种缺陷，但是对反面案例分析法而言，仅关注单一的案例却是一种优势。在反面案例分析法中，单一案例的详尽知识能够与普遍性理论相比较，而普遍性理论则基于众多案例信息。因此，这种方法并不会被局限于小范围案例中的一系列相似与差异之中。批评单一案例研究的学者们认为，这种研究毫无用处，因为其无法在一个案例的基础上形成普遍化的理论概括。③ 诚然，从研究的内在逻辑和设计角度看，将研究结果普遍化无疑会遇到各种限制，而小样本的案例数量则可能会加剧这些限制。然而，单个案例研究结果的最佳用途也许并非是进行普遍化。相反，反面案例分析法能够推动理论内容的发展，而非扩展其适用范围，也许前者更为重要。斯廷奇科姆（Arthur Stinchcombe）认为，社会理论所依据的"类比"最好由对单个案例进行的因果解释形成。④ 同样，沃尔顿

---

① Neil J. Smelser, "The Methodology of Comparative Analysis", in Donald P. Warwick & Samuel Osherson (eds.), *Comparative Research Methods*, Englewood Cliffs: Prentice-Hall, 1973, p. 52.
② Neil J. Smelser, *Comparative Methods in the Social Sciences*, Englewood Cliffs: Prentice-Hall, 1976, pp. 114-150.
③ 参见 Donald T. Campbell, Julian C. Stanley, *Experimental and Quasi-Experimental Designs for Research*, Chicago: Rand McNally, 1966; Neil J. Smelser, *Comparative Methods in the Social Sciences*, Englewood Cliffs: Prentice-Hall, 1976, pp. 198-200。同样，李帕特认为对于特殊案例的分析只能改善或者完善现存的假说，参见 Arend Lijphart, "Comparative Politics and the Comparative Method", *The American Political Science Review*, Vol. 65, No. 3, 1971, p. 692。
④ Leonard Stinchcombe, *Theoretical Methods in Social History*, New York: Academic Press, 1978, pp. 21-22.

（John Walton）主张，案例研究是许多社会学知识的基础，因为深入的单一案例分析能够揭示新的解释性法则，这些法则通常适用于（或者说，可以被推广到）各种情景中。① 因此，单一案例分析是丰富理论应用范围的重要途径。

反面案例分析法能够帮助研究者更加轻松地区分出那些重要的和无关紧要的事件、过程、结构和模式，因为在实践中，当某一案例未出现理论预测的结果时，研究者很难假设"历史发展进程中的所有要素都对结果产生了影响"。② 此外，反面案例分析法是求异法的普遍

---

① 沃尔顿的观点是，"一般化"（generalization）一词在狭义和广义上的使用是不同的。狭义上，这个词是一种立足实证的预测方面的推广，而在广义中，这一词谈论的是理论的实用性。沃尔顿关于"一般化"的这个论述是建立在单一案例研究基础上的，因此该论述实际上讨论的是"一般化"这个词在狭义上的含义这个观点也许是正确的。笔者希望借助反面案例分析的方法来拓宽理论的应用情景，这一观点与沃尔顿所建议的用单一案例研究的方法来推广广义的"一般化"的观点相契合，参见 John Walton, "Making the Theoretical Case", in Charles C. Ragin & Howard S. Becker (eds.), *What is a Case? Exploring the Foundations of Social Inquiry*, Cambridge: Cambridge University Press, 1992。

② 这里提到很多术语，包括事件（events）、进程（processes）、结构（structures）和模式（patterns），笔者希望以此来强调：反面案例方法不能仅考虑那些能够被抽象化为"变量"的事件，还应该考虑那些无法通过"变量的语言"去阐释的历史事件中的各种要素。因此笔者十分赞同劳埃德的观点，重要的是去检查"事件、行动和各种话语之间的聚合模式，因为只有通过这样，才能够去分析规则、角色、关系和意义的结构"（Christopher Lloyd, *The Structure of History*, Oxford: Blackwell, 1993, p. 53）。因此，理想化的反面案例分析方法中应当包括使用各种研究方法进行不同层次分析的那些现象。不同分析对象之间的联系尤其成问题。案例研究有时会受到批判，因为它们往往忽视同一案例组内部不同分析对象之间的相互依赖关系。这个问题在文献中偶有讨论，作者们常引用密尔的研究方法，被归纳为"加尔通（Johan Galtung）的问题"，参见 Edgar Kiser & Michael Hechter, "The Role of General Theory in Comparative-Historical Sociology", *American Journal of Sociology*, Vol. 97, No. 1, 1991, p. 13; Arend Lijphart, "The Comparable-Cases Strategy in Comparative Research", *Comparative Political Studies*, Vol. 8, No. 2, 1975, p. 171。此外，改变所分析的案例组往往会改变对于问题的定义，进而改变解释，就像沃勒斯坦对于世界体系的解释所展示的，关注历史轨迹的细微之处不仅能够明晰不同案例之间的相互依赖，还有助于指出不同分析层次之间的关系，参见 Immanuel Wallerstein, *The Modern World-System I: Capitalist Agriculture and the Origins of the European World-Economy in the Sixteenth Century*, New York: Academic Press, 1974; Randall Collins, "Statistics Versus Words", *Sociological Theory*, Vol. 2, 1984, p. 341; Charles Tilly, *Big Structures, Large Processes, Huge Comparisons*, New York: The Russell Sage Foundation, 1984, pp. 62-65。因此，反面案例方法对于不同类型现象的关注有助于研究者找出其中的相互依赖关系和联结，同时还能关注到某一具体案例。当然，这个分析对象的案例组应当是全然或部分地由研究所决定。

化应用，在求异法的研究案例中，某一前提条件的缺失能够让研究者轻易区分出重要的和无关紧要的变量。下文将以欧洲经济转型的例子说明这一点，这些例子无一不在表明，如果把研究重点放在那些向资本主义经济快速转型或实现经济发展的正面案例上，研究者很难将案例中对经济发展有利的方面和不利的或无关紧要的方面区分出来。选择正面或反面案例会产生思维惯性，对正面案例的关注会产生一种刻板印象，认为除了一些发生在特殊情况中的案例外，某些结果是注定不可避免的。笔者认为，研究者们所习惯的那种对于欧洲历史中正面案例的关注导致文献中常带有一种"西方偏见"，认为经济发展必须重复相同的条件、事件或过程。

（一）反面案例分析法在研究中的作用

讨论"反面案例分析法是强有力的方法论"之第三点原因前，我们有必要先回顾拉卡托斯的后经验主义哲学。在拉卡托斯的研究中，反面案例提供了比正面案例更强大的方法论指导，因为反面案例呈现出"异常"，这种异常号召研究者去重新思考对理论的应用[①]，进而拓宽了理论的适用范围。

反面案例分析法可以嵌入拉卡托斯的后实证主义哲学。拉卡托斯认为，知识并非建立在反驳的基础之上，而是在把对原有理论具有"潜在毁灭性"的反常案例重新整合至现有理论后形成的。拉卡托斯从研究的角度来描述科学探索。这些研究与库恩（Thomas Kuhn）的范式相似，由硬核（核心假设）、先前的研究成果（或早已被学界广泛接受和认可了的理论）构成。从定义讲，核心假设的正确性不容置疑。因此，反常案例对于核心假设而言无疑具有潜在灾难性。科学家们应对反常案例通常采用两种方法。第一种是不予理睬，将反面案例定义为一种"例外"。拉卡托斯认为这种研究是落后的。第二种方法

[①] Michael Burawoy, "Two Methods in Search of Science: Skocpol Versus Trotsky", *Theory and Society*, Vol. 18, No. 6, 1989, p. 800.

是通过引入辅助性的理论来扩大原有理论的解释范围，这些辅助理论既符合核心假设，又可以解释反常案例。拉卡托斯认为这种研究是进步的。① 进步的研究可以预测新的实证发现，并且利用核心假设进行解释。② 正是学者们对于反常案例和不易解释的发现的处理方式决定了这个研究进步还是落后。③

反面案例分析法能够轻而易举地嵌入拉卡托斯的后实证主义哲学中，因为在一个"进步研究"中，研究者们尝试用核心假设来解释这些反面案例，理论的内容才得以扩展。而那些"落后的研究"则将反常案例视为例外，这种处理方式相当于个案研究在反面案例分析法中的应用，表明了理论在某些情境中的不适用性。反常案例的应用侧重于通过证明理论在某些情景中的不适用性来阐明理论的普遍化程度。因此笔者认为，那种认为"个案分析无法支撑普遍化理论，因此对于实证研究毫无用处"的批评，在某种程度上有失偏颇。任何理论都无法在固定的语境中通过对个案的分析得以普遍化，④ 科学活动并不

---

① Imre Lakatos, "Falsification and the Methodology of Scientific Research Programmes", in Imre Lakatos & Alan Musgrave (eds.), *Criticism and the Growth of Knowledge: Volume 4*, Cambridge: Cambridge University Press, 1970, pp. 91-196；相关观点另见 Michael Burawoy, "Two Methods in Search of Science: Skocpol Versus Trotsky", *Theory and Society*, Vol. 18, No. 6, 1989, pp. 759-805。
② Imre Lakatos, "History of Science and Its Rational Reconstructions", in Ian Hacking (ed.), *Scientific Revolutions*, Oxford: Oxford University Press, 1981, p. 117.
③ 在某种程度上，在拉卡托斯的研究框架中，所有的案例都是反面的或特异的，尽管有的案例可能相比于其他案例更显异常。拉卡托斯之所以强调特异性，一部分原因是他曾试图找到知识增长的标准。因此，相较于那些能够用核心假设（或"库恩常态科学"）轻松加以解释的例子，他更关注特异性。然而，正如"库恩常态科学"是通过将证据整合到已有的范式中进行一样，研究也是由正面的案例驱动的，而非特异的案例。正如拉卡托斯所说："决定他选择研究问题的主要是来自正面案例的启发，而非特异性。"见 Imre Lakatos, "History of Science and Its Rational Reconstructions", in Ian Hacking (ed.), *Scientific Revolutions*, Oxford: Oxford University Press, 1981, p. 116。与之相反，反案例为拓宽理论的解释范围和评估理论知识的发展程度提供了很好的机会。
④ 柯林斯有一个很有价值的讨论，彰显了这种论调的内在逻辑中存在的谬误，即不能依据个例分析对理论进行一般化。参见 Randall Collins, "Statistics versus Words", *Sociological Theory*, Vol. 2, 1984, pp. 341-343。此外，他认为"基于少量历史实例（有时甚至只有1个）的理论，只要能够积累足够多与模型相匹配的详细论据，就是可以被坚定接受的"，参见 Randall Collins, "Statistics versus Words", *Sociological Theory*, Vol. 2, 1984, p. 343。这种观点与笔者所主张的使用单一反面案例进行研究的观点相似。

局限于展现理论的普遍性。科学活动还包括对于知识和理论内容的延展。在一个研究中，关注反面案例往往是延展理论内容的理想方式。

拉卡托斯的科学哲学实际上为正确应用和评价反面案例分析法提供了一种相当完善的指导。拉卡托斯强调，科学是一种规范化的事业。因此，理论的核心假设与辅助性假设之间的区别，以及一种论述是否能够成功，都应由特定研究准则来评判。[①] 然而，评判一项研究进步与否的标准，在判别反面案例分析法是否拓宽理论解释范围时依然适用。一项"落后的"研究常将反常案例当作一种例外处理，或引用其他辅助性的假设（即那些与其他假设相比没有充足经验主义内容的假设、经验主义内容无法得到证实的假设，或者是与核心假设关联不密切的假设）来解释。相反，一项进步的研究通过扩展核心假设的应用范围来解释反常案例。[②]

（二）"演绎"的运用

在哲学发展的漫长历史中，侧重不同角度的各类研究都证明单纯的"归纳法"无法形成知识的基础。[③] 尽管归纳性推理和演绎性推理都被广泛应用于研究中，但单独的归纳性推理并不能用于扩展解释范围，因为事件并不存在于分析它们的解释框架之外。最有名的是，波普尔（Karl

---

① 如拉卡托斯所说，很难提前确定哪一种研究相较于其他研究将更成功。参见 Imre Lakatos, "History of Science and Its Rational Reconstructions", in Ian Hacking (ed.), *Scientific Revolutions*, Oxford: Oxford University Press, 1981, p. 118。
② Imre Lakatos, "History of Science and Its Rational Reconstructions", in Ian Hacking (ed.), *Scientific Revolutions*, Oxford: Oxford University Press, 1981, p. 117.
③ 诚然，在科学哲学的发展过程中，关于"什么构成了知识"这个问题也有很多争论，尤其是关于"科学知识的特点是什么"的争论极热烈，甚至有些学者将归纳法或演绎法直接等同于科学知识本身。本文无法解决这些争论。在此，笔者认为拉卡托斯的科学哲学对于"科学知识构成"这一问题的回答大有裨益，尽管学界关于科学模型存在对拉卡托斯的批评，参见 R. S. Cohen, P. K. Feyerabend & M. W. Wartofsky (eds.), *Essays in Memory of Imre Lakatos*, Dordrecht: D. Reidel Publishing Company, 1976; Paul Feyerabend, "How to Defend Society Against Science", in Ian Hacking (ed.), *Scientific Revolutions*, Oxford: Oxford University Press, 1981, pp. 156-167; Gerard Radnitzky & Gunnar Andersson (eds.), *Progress and Rationality in Science*, Dordrecht: D. Reidel Publishing Company, 1978。

Popper）反对将归纳性推理与朴素的实证主义相结合，① 尽管相当一部分历史叙述也建立在演绎逻辑之上。因为，虽然选取素材的标准并不明晰，但没有任何一种叙述是对某一主题详尽的、事无巨细的叙述，其中一定会省略掉一些信息。② 所以，很多研究方法的实际应用以及绝大多数理论的发展，都要求研究者结合使用演绎性和归纳性的方法。也有学者围绕"理论的恰当形式"展开辩论。演绎法建构理论的方式十分多样，既可以在公理中严格应用演绎逻辑，亦可进行那种仅提前说明将包含何种内容的温和演绎推理形式。笔者反对严苛的演绎推理形式，支持拉卡托斯的研究中所使用的那种较为"松散的"演绎方法。

波普尔和布雷思韦特（Richard Bevan Braithwaite）认为，公理由具有不同普遍化程度的论述所组成，这些论述彼此之间可以相互演绎。③ 普遍化程度更低的论述必须从普遍化程度更高的论述中逻辑推演而出，而普遍化程度更高的论述则自身就指涉程度更低的论述。普遍化程度更低的论述必须具有可被证伪的经验性暗指（empirical implications）。凯泽和赫克托为这种形式的推演做了辩述，他们认为只有演绎性理论才有可能完美阐释因果关系以及因果机制，这是进行充分论述的必要条件。他们还认为，演绎性理论也是唯一经得起检测的理论形式。④

学界对于建立在演绎理论和可证伪度基础之上的哲学研究有不少批评，比如凯泽和赫克托的研究。⑤ 尽管笔者在此并未对这些批评进

---

① Karl Popper, *The Logic of Scientific Discovery*, New York: Routledge, 1992.
② Michael Burawoy, "Two Methods in Search of Science: Skocpol Versus Trotsky", *Theory and Society*, Vol. 18, No. 6, 1989, p. 760; Edgar Kiser & Michael Hechter, "The Role of General Theory in Comparative-Historical Sociology", *American Journal of Sociology*, Vol. 97, No. 1, 1991, p. 11.
③ Richard Bevan Braithwaite, *Scientific Explanation: A Study of the Function of Theory, Probability and Law in Science*, Cambridge: Cambridge University Press, 1968.
④ Edgar Kiser & Michael Hechter, "The Role of General Theory in Comparative-Historical Sociology", *American Journal of Sociology*, Vol. 97, No. 1, 1991, pp. 1-30.
⑤ Paul K. Feyerabend, *Against Method: Outline of an Anarchistic Theory of Knowledge*, Minneapolis: University of Minnesota Press, 1970; Imre Lakatos, "Falsification and the Methodology of Scientific Research Programmes", in Imre Lakatos & Alan Musgrave (eds.), *Criticism and the Growth of Knowledge: Volume 4*, Cambridge: Cambridge University Press, 1970, pp. 91-196; Thomas S. Kuhn, *The Structure of Scientific Revolutions*, Chicago: University of Chicago Press, 1962.

行详尽回顾，但是将着重指出两个十分重要的批判。首先，几乎所有的理论都是可以被证伪的，如果所有理论在受到质疑时就被立刻抛弃，那科学也不可能存在。真理常是与个例相对抗的，人们永远都能发现普遍化的理论所无法解释的反常案例。[①] 其次，在实际操作中，几乎不可能形成那种严苛意义上的演绎逻辑，即各种论述彼此间相互推演，足够普遍化并具有实践意义。因此，严苛的推理逻辑、公理式的理论是很难成功的。

拉卡托斯是为数不多的尝试提供科学发展标准的后经验主义哲学家之一，他认为科学不应局限于波普尔所提倡的可证伪度中。在拉卡托斯的研究框架中，研究者可以通过评定研究是"进步的"还是"落后的"来评定某一研究是否成功。通过提供这样的评判标准，拉卡托斯的研究框架并不是说科学缺乏理性基础，这与更激进的哲学不同。此外，他的科学模型比以波普尔思想为基础的模型更加现实。拉卡托斯在研究中所使用的演绎法是一种"松散的"演绎法，因为其核心假设以演绎的方式生成并组织实证研究。

正如凯泽和赫克托指出的，严苛的演绎法和公理式的理论并非极其有用。[②] 乍一看，凯泽和赫克托的理性选择理论（rational-choice theory）是一个拉卡托斯式的研究。凯泽和赫克托对于理性选择理论的表述并非一直遵循波普尔和布雷思韦特的规定，即构成演绎理论的论述必须在逻辑层面相互推演，且这些论述都具有高可证伪度。凯泽和赫克托从对个人行为的假设开始，说明因果机制都来自于现有理论，而非来自这些假设。[③] 因此，这三组论述——假设、理论和具有经验意义的论述——彼此间并非是严苛演绎的。因为这些假设在逻辑上没有包括可以被检验的命题，他们超出了证伪的范畴。因此，他

[①] Arend Lijphart, "Comparative Politics and the Comparative Method", *The American Political Science Review*, Vol. 65, No. 3, 1971, pp. 682-693.
[②] Edgar Kiser & Michael Hechter, "The Role of General Theory in Comparative-Historical Sociology", *American Journal of Sociology*, Vol. 97, No. 1, 1991, p. 17.
[③] Edgar Kiser & Michael Hechter, "The Role of General Theory in Comparative-Historical Sociology", *American Journal of Sociology*, Vol. 97, No. 1, 1991, p. 19.

们关于理性选择的研究实际上与拉卡托斯的研究十分相像，在拉卡托斯的研究中，核心假设（比如说合理性和理性选择理论）产生实证研究。他们的核心假设（即理性），单从定义上来说，是永远无法被证伪的。这并非是因为他们没有遵从指导演绎性理论发展的守则，而是因为严苛的演绎性理论不切实际。相反，拉卡托斯在研究基础上发展出的科学则提供了一个更好的理论建构模型。

（三）历史偶然性与历史进程的作用

关于"何种模型最适合理论建构"的讨论与对因果关系的定义有关。因果关系一般有两种用途，一是显示抽象的物质间的逻辑关系，二是解释历史偶然性结果。第一个定义意味着，当结果总在某一先前事件之后发生时，这个先前事件会导致事件的结果。[1] 其次，当一系列的事件在特定的历史背景下产生结果时，事件本身就形成了因果关系。因果关系的第一个定义通常是在方法论层面通过变量完成的；第二个定义则是通过对系列事件的描述完成的。[2]

社会解释必须包含因果关系的这两种应用。除非将社会科学与自然科学画等号，否则必须考虑到人的主体性。[3] 尽管这种认知并未导

---

[1] 在此很难严格地界定"因果关系"，参见 Richard A. Berk, "Causal Inference for Sociological Data", in Neil J. Smelser (ed.), *Handbook of Sociology*, Beverly Hills: SAGE Publications, 1988; Margaret Mooney Marini & Burton Singer, "Causality in the Social Sciences", *Sociological Methodology*, Vol. 18, 1988, pp. 347-409; Michael E. Sobel, "Causal Inference in the Social and Behavioral Sciences", in G. Arminger, Clifford C. Clogg & Michael E. Sobel (eds.), *Handbook of Statistical Modeling for the Social and Behavioral Sciences*, New York: Plenum Press, 1995。

[2] 劳埃德认为变量（他在文中用"分析"一词来指代变量）与对于结构的论述紧密关联，而"叙述"则与对于事件的论述息息相关。他认为进行社会分析时必须关注这两种类别的论述，应该避免在叙述和变量之间、在基于结构和基于事件的论述之间做出错误的二分法研究，参见 Edgar Kiser & Michael Hechter, "The Role of General Theory in Comparative-Historical Sociology", *American Journal of Sociology*, Vol. 97, No. 1, 1991, pp. 1-30。

[3] 这里也许可以列出来一个警告：社会科学并不是"精确的"，参见 Edgar Kiser & Michael Hechter, "The Role of General Theory in Comparative-Historical Sociology", *American Journal of Sociology*, Vol. 97, No. 1, 1991, p. 5。但是"精准性"也许并不切题。

致对于"理论"的否定,但其确实表明,无论是普遍化的理论还是纯粹的描述都不可能在社会科学中提供充分的论述。其还表明,只使用变量或者叙述的方式不能支持这两种类型的因果解释。尽管承认历史的偶然性并非错事,但很难将理论与历史因果关系之间的关联进行理论化概括。

凯泽和赫克托提倡演绎性理论,但依然没能解决这个问题,因为他们没有质疑普遍化的理论和历史事件之间的关系。他们声称历史是重要的,① 但他们却没有阐明如何将历史的偶然性纳入普遍化的理论框架中。所以可以说,凯泽和赫克托实际上仅讨论了第一种类型的因果关系,即抽象的物质之间的逻辑关系。② 社会事件的历史偶然性特点也意味着普遍化的解释与精确描述之间存在矛盾。凯泽和赫克托意识到,普遍性的代价是失去准确性:放之四海而皆准的理论往往缺乏实质性的内容。③ 然而,凯泽和赫克托并未质疑这种关系。相反,他们强调通过一种与斯考切波所说的"历史的平行论证"(parallel demonstration of history)相似的方式,来阐明理论如何跨越时间与空间(尽管相比于斯考切波和索莫斯提到的那些作者,凯泽和赫克托提供了一种更精确的定义"理论"的方法)。④ 从经验上讲,这实际迫

---

① Edgar Kiser & Michael Hechter, "The Role of General Theory in Comparative-Historical Sociology", *American Journal of Sociology*, Vol. 97, No. 1, 1991, p. 17.

② 此外,凯泽和赫克托认为社会科学中存在着对于"论述的特征和因果关系的定义"的广泛共识,这种思想是错误的,参见 Edgar Kiser & Michael Hechter, "The Role of General Theory in Comparative-Historical Sociology", *American Journal of Sociology*, Vol. 97, No. 1, 1991, p. 4。这两个话题都广受争论,例子可见 Richard A. Berk, "Causal Inference for Sociological Data", in Neil J. Smelser (ed.), *Handbook of Sociology*, Beverly Hills: SAGE Publication, 1988, pp. 155-172; Christopher Lloyd, *The Structures of History*, Oxford: Blackwell, 1993, pp. 159-161; Margaret Mooney Marini & Burton Singer, "Causality in the Social Sciences", *Sociological Methodology*, Vol. 18, 1988, pp. 347-409; Michael E. Sobel, "Causal Inference in the Social and Behavioral Science", in G. Arminger, Clifford C. Clogg & Michael E. Sobel (eds.), *Handbook of Statistical Modeling for the Social and Behavioral Sciences*, New York: Plenum Press, 1995。

③ Edgar Kiser & Michael Hechter, "The Role of General Theory in Comparative-Historical Sociology", *American Journal of Sociology*, Vol. 97, No. 1, 1991, pp. 21.

④ Theda Skocpol & Margaret Somers, "The Uses of Comparative History in Macrosocial Inquiry", *Comparative Studies in Society and History*, Vol. 22, No. 2, 1980, pp. 174-281.

使他们忽视了历史发展轨迹中的细节。

此外，因为凯泽和赫克托坚持要为"因果关系"和"解释"单独定义，他们借用休谟基于事件发生规律推导出的因果关系概念，仅提供了简化的解释方式。① 劳埃德（Christopher Lloyd）建议，这种对于因果关系的定义方法需要将过程分解并简化成单独的事件。② 凯泽和赫克托也意识到了这一点，他们建议可以通过考察"宏观"变量间的"微观"联系来确定因果机制。虽然他们注意到对微观层面的解释并不总有必要，但他们依然认为这种解释相当可取。③ 然而，似乎提出一种更有力的观点同样合乎情理，凯泽和赫克托拒绝接受休谟对于因果关系的定义，这使其陷入了过于简化的解释之中，在他们的案例中，解释建立在微观层面理性行为的假设之上。④

诚然，马克思和韦伯著作的伟大之处在于指出理论与历史之间矛盾的解决方案，进而解决了两种因果关系间的矛盾。韦伯对通则式知识和表意知识的概念区别持批评态度——这种对于方法论的讨论在他生活的年代十分盛行。他关于理想类型的方法论跨越了这一区别。理想类型的本质实际上是一种在现实生活中从未出现过的抽象现象，因此能够支持普遍性理论。同时，理想类型的基础是那些有意义的范畴，即"理解"（verstehen），因此保留了人的主体性。可以说，所谓的"理想类型"实际上是那些基于变量的阐释与历史叙述的结合。⑤ 此外，正如本文此前提到的一样，韦伯在研究资本主义的崛起时，还利用了事件结果上的差异性，尤其利用一些反面案例，即在有利的前

---

① "当且仅当改变 X 会影响 Y 时，变量 Y 在因果关系上依赖于变量 X。"（Edgar Kiser & Michael Hechter, "The Role of General Theory in Comparative-Historical Sociology", *American Journal of Sociology*, Vol. 97, No. 1, 1991, p. 4）劳埃德用不同的术语去描述同一个因果概念 "B 总是由 A 引起的"。（Christopher Lloyd, *The Structures of History*, Oxford: Blackwell, 1993, p. 159）
② Christopher Lloyd, *The Structures of History*, Oxford: Blackwell, 1993, p. 159.
③ Edgar Kiser & Michael Hechter, "The Role of General Theory in Comparative-Historical Sociology", *American Journal of Sociology*, Vol. 97, No. 1, 1991, p. 7.
④ 感谢匿名评审提出的这一观点。
⑤ 柯林斯也提到了这一点，他重点关注了韦伯如何用因果关系链和抽象的分类来研究资本主义的发展。

提条件下资本主义没有发展起来的案例。① 韦伯的追随者们还拓展了他的"理解"和"理想类型"的概念。例如，舒茨（Alfred Schutz）将这些概念运用到他关于"类型化"和"主体间性"的研究中。②

马克思解决理论解释和历史阐释之间矛盾的方法是指出资本主义发展的普遍化规律，即发展是通过阶级斗争展开的，因此包含了一个主观层面、历史性的维度。可以说，资本主义的普遍化发展规律为这一过程设定了总参数，但阶级斗争的偶然性决定这一规律以何种形式展开。因此，马克思把对抽象变量的分析与对历史细节的强调结合起来，马克思思想的阐释者们发展了这种方法。布洛维审视托洛茨基对于革命的分析，托洛茨基展示了全球资本发展图景中各地不平衡的阶级斗争，不同国家的民族特性不同，因此阶级斗争的强度也不尽相同。③ 古德曼（David Goodman）和雷德克里夫特（Michael Redclift）同样认为，资本主义发展有一种单一的理论范式，但它在不同条件下的发展态势不同。因此，他们主张在阐释农业资本主义时关注历史和地理的特定差异，并希望能有一种承认资本主义的系统性和揭示其转型本质的普遍化理论。④ 此类对于韦伯和马克思思想的延伸，无疑都是对韦伯或马克思研究的贡献。⑤

笔者在此无法为普遍化理论和历史偶然性之间的矛盾提供一个解决方案——除了将这种矛盾问题化并重申马克思和韦伯的解决方法。

---

① Neil J. Smelser, "The Methodology of Comparative Analysis", in Donald P. Warwick & Samuel Osherson (eds.), *Comparative Research Methods*, Englewood Cliffs: Prentice-Hall, 1973, pp. 114-150.
② Alfred Schutz, *The Phenomenology of the Social World*, George Walsh & Frederick Lehnert (trans.), Evanston: Northwestern University Press, 1967.
③ Michael Burawoy, "Two Methods in Search of Science: Skocpol Versus Trotsky", *Theory and Society*, Vol. 18, No. 6, 1989, p. 783.
④ David E. Goodman & Michael R. Redclift, "Problems in Analysing the Agrarian Transition in Europe", *Comparative Studies in Society and History*, Vol. 30, No. 4, 1988, pp. 790-791.
⑤ 对于马克思思想的同类型研究，参见布洛维的研究，Michael Burawoy, "Two Methods in Search of Science: Skocpol Versus Trotsky", *Theory and Society*, Vol. 18, No. 6, 1989, pp. 759-805; Michael Burawoy, "Marxism as Science: Historical Challenges and Theoretical Growth", *American Sociological Review*, Vol. 55, No. 6, 1990, pp. 775-793。

但是，反面案例分析法对于理论与历史间的矛盾有所涉及，并有助于揭示两者间的关系。正如前文所提，韦伯的"理想类型"的概念是一个维护理论和历史间矛盾的方法论。反面案例分析法与韦伯的理想类型相似，尽管应用情景相对更少。在这两种方法论中，某一案例的细节必须与理论框架相协调，无论这个理论框架是韦伯的理想类型还是其他研究，因此，这些方法保留了历史的细节和普遍化理论。[1] 斯廷奇科姆倡导，最有力的普遍化理论往往包含着最多的细节。[2]

在分析普遍化理论与历史偶然性之间的关系时，前文所提的反常案例分析法之前两种用途能够体现出反面案例分析法的可用性，然而研究中对变量分析的依赖使求异法很难发挥作用。这些研究方法首先强调对因果关系（即抽象事物间的逻辑关系）的关注和使用，而忽视了对历史中的偶然事件的解释。反常案例分析法的第二种用途综合了各类研究方法，以克服过于依赖变量分析的问题，但是鲜有反常案例分析能够拓宽理论内容。反面案例分析法结合以上种种方法，从反常案例分析法的早期应用，到后期加入了对事件历史发展轨迹考量的反常案例分析，因此得以将对理论建构的强调一脉相承地保留下来。

在开始讨论反面案例分析法在经济变化之中的应用前，很有必要先简要总结反面案例分析法的要点，反面案例分析法将密尔的求异法与反常案例分析法结合起来。笔者认为，反常案例分析法能够被用来分析反常案例，即没有发生理论预测结果的案例。这些案例提供了发展理论内容的机会。这种研究方法的基础是拉卡托斯的后实证主义哲学，拉卡托斯的讨论为本研究方法提供了情境背景，也为判别知识增

---

[1] 因此，尝试在拉卡托斯式的研究计划中运用反面案例方法去构建理论的方式与反常案例分析法形成了鲜明的对比，类似波普尔式的研究策略已经强调了后者的局限性。正如拉卡托斯所强调的，波普尔式的证伪代表明学习是发生在辩论之中的，参见 Imre Lakatos, "History of Science and Its Rational Reconstructions", in Ian Hacking (ed.), *Scientific Revolutions*, Oxford: Oxford University Press, 1981, p. 116。一位匿名评审帮忙阐释清晰了这一点。

[2] Leonard Stinchcombe, *Theoretical Methods in Social History*, New York: Academic Press, 1978, p. 21.

长以及判别方法论成功与否提供了普遍化的指导方针。进步的研究通过反面案例发展理论的内容，因此这些反面案例对于研究而言大有裨益。此种研究方法强调事件的完整性、历史细节以及案例不同方面之间的联系。对于反面案例的关注具有现实意义，因为细致观察未出现过的事件结局能够消除偏见。相比之下，对于正面案例的分析则让研究者轻易假定所有可见的前提条件都是必要的，结局也是理所当然、不可避免发生的，认为历史发展轨迹上的所有因素实际上都促成了结果的出现。接下来，笔者将通过一些案例进一步解释反面案例分析法。

三、应用：经济发展

关于经济发展的大量研究为反面案例分析法提供了用武之地。[1] 这些研究具有高度可比性，因为经济变化的长期特点和方向只能在一个长期的时间维度下明晰。[2] 例如，框架问题——"为什么后殖民国

---

[1] 虽然在这篇文章中，笔者主要考虑反面案例方法在宏观历史层面的应用，但是比较在社会学子领域中应用反面案例方法的可能性（比如应用于历史社会学和话语分析中）也会为方法论的发展作出重要贡献。例如，谢格洛夫曾经展示了一个"反常案例"：一个不符合语境规定的对话片段。他认为这种特异的对话片段可以用一个更普遍的规则来解释，这个规则其中就包含了能够解释反常案例的特殊规则。但是他争论道，他并没有使用反常案例分析法，而是把反常案例视为一种例外，参见 Emanuel A. Schegloff, "Sequencing in Conversational Openings", *American Anthropologist*, Vol. 70, No. 6, 1968, pp. 1075-1095。笔者认为，谢格洛夫使用的正是反面案例方法。结果，即对话的开始，与对话规则和理论阐释所预测的并不相符。谢格洛夫隐晦地运用了反面案例方法，他通过将异常的对话重新纳入到他的整理理论议程中（对话受到规则的支配）来扩大理论阐释的内容。在其他地方，谢格洛夫对反面案例方法的使用提出了相关的观点，参见 Emanuel A. Schegloff, "Reflections on Quantification in the Study of Conversation", *Research on Language and Social Interaction*, Vol. 26, No. 1, 1993, p. 110。一位匿名评审建议反面案例方法同样可以用来分析革命和革命领袖。

[2] Jorge I. Dominguez, *Insurrection or Loyalty: The Breakdown of the Spanish American Empire*, Cambridge: Harvard University Press, 1980; Elizabeth J. Perry, *Rebels and Revolutionaries in North China 1845-1945*, Stanford: Stanford University Press, 1980; David Vital, *The Origins of Zionism*, Oxford: Clarendon Press, 1975; David Vital, *Zionism: The Formative Years*, Oxford: Clarendon Press, 1982.

家未能复制欧洲向资本主义转型的经验（更具体地说，是英国的转型经验）？"一直是讨论经济发展的社会学理论的重点话题。对这个问题的思考形成了许多现代化理论和世界体系理论的基础。一些早期比较研究的基础是对欧洲历史高度程式化的描述，产生的理论模型与后殖民国家或欧洲国家的实际变化过程几乎没有任何相似之处。随后的研究对单线发展模型提出质疑，同时更多借鉴那些比较后殖民国家和西方国家之间异同的研究。对于政治发展的研究卓有成效地比较了殖民国和被殖民国，[1] 在这两类地区，社会阶层之间经济变化的形态差异巨大，并且不随时间流逝而消失。[2] 这些研究没有局限于将过去的欧洲经验投射到后殖民国家的语境中。[3] 许多历史文献中的"欧洲偏见"，即假定欧洲的经验是一种普遍适用的经济变化模型，在某种程度上实际是错误阐释欧洲历史之产物，因此，精准的历史证据能提供更好的历史经验参照，进而发展出更强有力的理论模型。[4]

---

[1] Jane E. Adams, "The Decoupling of Farm and Household: Differential Consequences of Capitalist Development on Southern Illinois and Third World Family Farms", *Comparative Studies in Society and History,* Vol. 30, No. 3, 1988, pp. 453-482; Alexander Gerschenkron, *Eonomic Backwardness in Historical Perspective: A Book of Essays,* Cambridge: Belknap Press of Harvard University Press, 1962; Juan J. Linz & Alfred Stepan, *The Breakdown of Democratic Regimes,* Baltimore: Johns Hopkins University Press, 1978; Joel S. Migdal, "Studying the Politics of Development and Change: The State of the Art", in Ada W. Finifter (ed.), *Political Science: The State of the Discipline,* Washington, D. C.: American Political Science Association, 1983; Nicos Mouzelis, *Politics in the Semi-Periphery: Early Parliamentarianism and Late Industrialization in the Balkans and Latin America,* London: Macmillan, 1986; Guillermo A. O'Donnell & Philippe C. Schmitter, *Transitions from Authoritarian Rule,* Baltimore: Johns Hopkins University Press, 1986; Dieter Senghaas, "European Development and the Third World: An Assessment", *Review (Fernand Braudel Center),* Vol. 11, No. 1, 1988, pp. 3-54.

[2] Joel S. Migdal, "Studying the Politics of Development and Change: The State of the Art", in Ada W. Finifter (ed.), *Political Science: The State of the Discipline,* Washington D. C.: American Political Science Association, 1983, pp. 314-315.

[3] Peter B. Evans & John D. Stephens, "Development and the World Economy", in Neil J. Smelser (ed.), *Handbook of Sociology,* Beverly Hills: SAGE Publications, 1988, p. 748.

[4] Dieter Senghaas, *The European Experience: A Historical Critique of Development Theory,* Dover: Berg Publishers, 1985, p. 8.

尽管对于历史的重新审视能够提供更加准确的关于欧洲经济变化的经验主义描述，产生更好的理论解释，但是现存文献依然只专注于欧洲经济成功发展的案例。本文同样围绕这一问题展开，即"为什么很多后殖民国家未能复制欧洲向资本主义转型的经验？"但是这个问题具有一些对固有理论方向的依赖，因此本文也提及一些文献中常见的偏见。首先，以正面案例作为历史参照物并非发展理论的最佳方法，因为很难区分在历史发展过程中对经济发展有利的因素和不利的或者无关紧要的因素。这很好理解，当一个事件出现了理论预测的结果时，实际上其所有的组成事件、进程、结构和模式都对结果产生了一定影响。第二，对于正面事件的关注，实际上是在尝试建立一种比较，来对比"经济发展的前提存在、发展的结果应然发生"的事件和那种"经济发展的前提条件不足够，且发展未发生"的事件。这种比较往往会产生关于经济变化的高度程式化的理论，这些理论往往认为，一旦具有经济发展的前提条件，那么无可避免地就会出现"发展"这一结果。它表明，迈向资本主义的转型是按照其自身逻辑自然而然地展开的，在没有外部"扭曲的"政治因素（比如税收或国家干预）的条件下促进经济增长。这延续了一种刻板印象，即认为如今后殖民主义的发展方式在某种程度上是异常的，而历史上欧洲式的发展才是典型的。

因此，笔者认为，那些反面案例，即经济没有发展或者向资本主义的经济转型发展滞后的案例，反而必须在关于欧洲历史的参考文献中被凸显出来。[1]扩大案例选择范围能够促进理论发展，并且在一定程度上消除目前研究中的偏见。反面案例分析法对研究而言大有裨益，因为从本质上讲，它是一种比较研究方法，关注特定历史发展轨迹的细节，因此不会假定"历史发展进程中的事件、过程、结构和模

---

[1] 斯考切波在研究革命的时候同样强调了对于"反面案例"的使用，参见 Theda Skocpol, *Social Revolutions in the Modern World*, Cambridge: Cambridge University Press, 1994, p. 6。

式等都对结果产生影响"。为了展示反面案例分析法的应用方式，本部分回顾两种关于"意大利经济发展"的研究，以表明此类研究如何通过反面案例分析法被重新定义。

例1：莫里斯·埃玛尔（Maurice Aymard）对意大利经济向资本主义转型滞后的分析。

意大利北部地区，尤其是托斯卡纳区（Tuscany），对于研究经济向资本主义转型而言是一个复杂的案例，因为在中世纪晚期，那里具有向资本主义快速转型的诸多前提条件，比如说相对高效的农业生产、发达的商业和制造业、没有强大封建贵族势力或封建束缚、规模庞大而早熟的城市经济。但令人匪夷所思的是，这些先决条件并没有导致该地区经济迅速向资本主义过渡。① 可以说，意大利北部地区是一个反面案例，即有利于早期工业化的先决条件没有导致资本主义的全面发展。笔者认为埃玛尔对于意大利经济向资本主义转型滞后的分析是运用反面案例分析法的一个例子。

埃玛尔认为，13—15世纪，意大利的北部和南部地区都已经发生了向资本主义过渡所必须具备的条件。比如，传统封建关系的分崩离析和农业公社制的消失，分散的小农生产被整合为连成一片的大农场，雇佣劳动力的使用得到推广，农业生产商品化，农产品市场得到发展等。这些变化，再加上农作物种植种类的增多，大大提高了农业

---

① Maurice Aymard, "From Feudalism to Capitalism in Italy: The Case that Doesn't Fit", *Review (Fernand Braudel Center)*, Vol. 6, No. 2, 1982, pp. 131-208; Carlo M. Cipolla, "The Italian Failure", in Paul M. Hohenberg & Frederick Krantz (eds.), *Failed Transitions to Modern Industrial Society: Renaissance Italy and Seventeenth Century*, Montreal: Interuniversity Centre for European Studies, 1975; Jere Cohen, "Rational Capitalism in Renaissance Italy", *American Journal of Sociology*, Vol. 85, 1980, pp. 1340-1355; Jere Cohen, "Reply to Holton", *American Journal of Sociology*, Vol. 89, No. 1, 1983, pp. 181-187; Rebecca Jean Emigh, *Tuscan Transformations: The Undevelopment of Capitalism*, Ph.D. Dissertation, Chicago: University of Chicago Press, 1993; R. J. Holton, "Max Weber, 'Rational Capitalism', and Renaissance Italy: A Critique of Cohen", *American Journal of Society*, Vol. 89, No. 1, 1983, pp. 166-187; Renato Zangheri, "The Historical Relationship between Agricultural and Economic Development in Italy", in E. L. Jones & S. J. Woolf (eds.), *Agrarian Change and Economic Development*, London: Methuen, 1969.

生产力。同时，意大利也是贸易、银行业和城市制造业的中心。因此埃玛尔认为，当时意大利经济向资本主义转型的前提条件可与英国媲美，但结果却不尽相同。[1]

埃玛尔回顾了三种对于这一反常案例的阐释，但都不甚满意。前两种阐释在不同程度上低估了意大利12—16世纪农业和工业的转变程度。最严苛的一个解释版本认为，一直到19世纪，由城乡斗争所主导的经济和社会结构基本上保持不变。[2] 其他学者关注到生产关系领域出现的巨大变革，但否认其广泛的影响。例如，有学者认为经济转型是区域性的，或者是只影响农业，不影响商业。[3] 这些论点认为，尽管中世纪晚期，经济似乎是按照资本主义的方式被组织起来的，但是它实际依然保留着封建性。沃勒斯坦（Immanuel Wallerstein）支持第三种观点，认为意大利经济未能成功转型的原因在于"时机"，因为16世纪的意大利在向资本转型的有利时期中失去了世界经济的核心地位。[4]

埃玛尔指出，这些观点实际上对应着对马克思思想的不同解读。马克思也意识到，意大利的经济发展，至少在某种程度上来说，是特异的，因为封建制度在意大利消亡的时间要比其他地方早得多。马克思认为意大利的封建制度消失得过早，导致农民阶级重新得以

---

[1] Maurice Aymard, "From Feudalism to Capitalism in Italy: The Case that Doesn't Fit", *Review (Fernand Braudel Center)*, Vol. 6, No. 2, 1982, pp. 132-174.
[2] Ruggiero Romano, "Uno tipologia economica", in Ruggiero Romano & Corrado Vivanti (eds.), *Storia d'Italia*, Vol. 1, Torino: Einaudi, 1972; Ruggiero Romano, "La Storia economica: Dal secolo XIV al Settecento", in Ruggiero Romano & Corrado Vivanti (eds.), *Storia d'Italia*, Vol. 2, Turin: Einaudi, 1974.
[3] Georgio Giorgetti, "La rendita fondaria capitalistica in Marx e i Problemi dell'evoluzione agraria italiana", in *Capitalismo e argicoltura in Italia*, Roma: Editori Riuniti, 1977; Renato Zangheri, "I rapporti storici tra progresso agricolo e sviluppo economic in Italia"and "The Historical Relationship between Agricultural and Economic Development in Italy", in E. L. Jones & S. J. Woolf (eds.), *Agricoltura e sviluppo economico: Gli aspetti storici*, Torino: Einaudi, 1973.
[4] Immanuel Wallerstein, *The Modern World-System I: Capitalist Agriculture and the Origins of the European World-Economy in the Sixteenth Century*, New York: Academic Press, 1974.

获得对农业的控制权，成为根深蒂固的农业持有者。所以与英国不同，意大利以固定期限雇佣和租赁劳动力为基础的农业资本主义并未发展起来。埃玛尔对意大利经济发展的阐释也基本沿用了马克思的土地资本主义理论，认为如果意大利的农业资本主义发展起来，那么意大利经济就会全面过渡到资本主义。既然未出现全面的资本主义，那么向资本主义农业生产的转变也必然是不完全的。① 沃勒斯坦的观点实际是一种改良，因为其中考虑了时间性和世界其他大国的影响。② 但是他的观点也保留了马克思思想的核心，他认为即使这种农业转型在意大利发生了，也不会产生任何影响，因为它发生在错误的时间点上。

埃玛尔对所有这些阐释都不以为然，因为它们全部把农业生产力设定为最小值，并且没有解释中世纪晚期意大利农村发生的天翻地覆而又真实的转变。意大利农业和制造业内部发生的改变实际与当时世界其他国家类似，其进程甚至超过了包括英国在内的很多国家，所以在马克思的"意大利的农业依然是封建性的"这一论点之上的研究是站不住脚的。沃勒斯坦关于时间点的讨论则必须解释清楚为什么相比于英国，意大利的农业和制造业相对衰落。③ 埃玛尔的分析表明，意大利的经济转型仍然是一个反面案例，尽管有人尝试用马克思主义的理论去解释它向资本主义转型滞后的原因。

笔者认为埃玛尔对这个特殊案例的阐释应用了反面案例分析法。他举例说明了这个反面案例（即没有发生向资本主义的过渡），尽管

---

① Maurice Aymard, "From Feudalism to Capitalism in Italy: The Case that Doesn't Fit", *Review (Fernand Braudel Center)*, Vol. 6, No. 2, 1982, pp. 180-183.
② 这种对于沃勒斯坦的讨论说明了反面案例方法如何在不同分析单元之间建立起联系。例如，这里的分析单元是一个地理实体，是一个现代的民族国家——意大利。因为反面案例方法着重考虑对历史发展进程中的细节的分析，因此不同分析单元之间的联系至少是部分地也被考虑进去了。埃玛尔可以讨论沃勒斯坦的世界体系理论，以及意大利案例的不同子案例之间的关系，比如意大利的城市与农村之间的关系或者是南北部意大利之间的关系。感谢一位匿名评审指出这一点。
③ Maurice Aymard, "From Feudalism to Capitalism in Italy: The Case that Doesn't Fit", *Review (Fernand Braudel Center)*, Vol. 6, No. 2, 1982, pp. 184-185.

诸多马克思主义的理论都表明，如果存在恰当的经验主义证据和前提，这种过渡就应该发生。其研究的论点集中于单一的实证案例——意大利，通过考察其历史发展进程来推进研究。他的研究使用了反面案例分析法，但是与求异法不同，他没有关注抽象变量之间的关系。研究的本质是比较性的，有不少其他类似的欧洲案例可做参考，意大利的经济发展总是被放置在一个特定的演绎理论框架中来考虑，这一框架也支撑了该论据。

然而最重要的是，埃玛尔利用意大利经济发展的例子作为一个特例，以此为契机来拓展理论。他认为，意大利向资本主义经济转型滞后的最好解释就是意大利社会内部发展出来的二元结构关系，最终阻碍了经济的进一步发展。埃玛尔运用了沃勒斯坦的关于"中心与边缘"（core and periphery）的概念，但将这些概念运用到意大利内部的两组关系之上。埃玛尔概述了意大利社会内部"中心与边缘"之间存在的互补且相互依赖的二元关系，认为这是导致意大利向资本主义经济转型滞后的原因。这些相互对立的关系——第一种是城市与乡村（Contado，隶属于城市的农村地区）之间的对立关系；第二种是南北意大利之间的对立关系——只有通过统一才能得以解决。第一种关系将农村地区与城市紧密联系在一起，尽管这的确刺激了农村地区的生产，但最终形成了一些与其他地区联结有限的市场。因此，曾经带动经济发展的城市主导性（urban domination）最终导致了经济的衰落。其次，南北意大利之间也有联结。随着时间的推移，意大利南方地区成为农业原材料的出口国，而北部城市则形成一种"四边形"式的发展，这种发展模式在 16 世纪以失败告终。①

埃玛尔认为，16 世纪的意大利已经发展到了它自己的极限。从 16 世纪开始，当意大利社会内部的二元结构关系逐渐显现出来，经济就开始迅速衰退。城市的主导无法再刺激经济增长，且因为城市千

---

① Maurice Aymard, "From Feudalism to Capitalism in Italy: The Case that Doesn't Fit", *Review (Fernand Braudel Center)*, Vol. 6, No. 2, 1982, p. 187.

方百计地去获取食物,这种主导只能带来压迫。此外,北方城市减少了对南方城市的投资,随着意大利北部城市逐渐减少对南方地区进口的依赖,他们也大量减少了对意大利南部的投资。这种投资的空缺很快被其他商业势力(比如英国、荷兰和法国)填充,形成了在统一之前所没有被整合出来的地方市场。① 因此,在分析意大利半岛内部的发展时埃玛尔扩展了马克思关于非平衡发展和外围化的理论。将意大利作为一个反面案例进行研究的尝试可以更深远,可以强调不平等发展理论的适用性,比如不平等的交易或非平衡的发展。②

例2:亚历山大·格申克龙(Alexander Gerschenkron)对意大利工业化滞后的分析。

第二个关于反面案例分析法的示例关注意大利工业化的滞后,这个例子与第一个关于"意大利经济向资本主义转型滞后"的例子相关。很多作者关注滞后的工业化(比如发生在德国、意大利、俄罗斯和日本的工业化)与超前的工业化之间的不同,因为滞后工业化与超前工业化发生的背景大不相同。尤其是,在工业化发展滞后的国家中,政府在经济发展中扮演着重要的角色,并常通过发布新政策来促进经济发展。③欧洲工业化发展滞后的国家,尤其是南欧的中央集权制共和国,与后殖民国家的处境十分相似,能够为经济发展研究提供很好的参考。④

---

① Maurice Aymard, "From Feudalism to Capitalism in Italy: The Case that Doesn't Fit", *Review (Fernand Braudel Center)*, Vol. 6, No. 2, 1982, pp. 188-196.

② Samir Amin, *Unequal Development: An Essay on the Social Formations of Peripheral Capitalism*, Brian Pearce (trans.), New York: Monthly Review Press, 1977; Arghiri Emmanuel, *Unequal Exchange: A Study of the Imperialism of Trade*, New York: Monthly Review Press, 1972; Ernesto Laclau, "Feudalism and Capitalism in Latin America", *New Left Review*, Vol. 67, 1971, pp. 19-38. 关于对马克思主义非平衡发展的概念的回顾,可参见 Richard McIntyre, "Theories of Uneven Development and Social Change", *Rethinking Marxism*, Vol. 5, No. 3, 1992, pp. 75-105。

③ Alexander Gerschenkron, *Eonomic Backwardness in Historical Perspective: A Book of Essays*, Cambridge: Belknap Press of Harvard University Press, 1962; Cynthia Taft Morris & Irma Adelman, "Nineteenth-Century Development Experience and Lessons for Today", *World Development*, Vol. 17, No. 9, 1989, pp. 1417-1432.

④ Raymond Grew, *Crisis of Political Development in Europe and the United States*, Princeton: Princeton University Press, 1978.

格申克龙思考工业化开始的时间点和速度之间是如何相互作用并产生了欧洲国家的不同发展模式。在滞后的工业化的案例中,他假定这些国家因为有政府干预,所以发展相对更为迅猛。工业化滞后发展的国家更倾向于强调大型企业和生产者,而非强调消费品,通过中央管辖的机构(比如银行和政府)增加资本供应,并依赖由国内的农业部门转化而成的工业品的市场。威权政府常常使用各种强制手段来调动资本,并将工资保持在相对较低的水平上。[1]

意大利的案例是格申克龙关注的主要案例之一。他对于意大利工业化滞后发展的分析方式能够通过反面案例分析法被重新定义。在工业化方面,意大利是一个反面案例,因为理论预测意大利的工业化发展速度在所有的后发国家中应该是迅猛的,但实际上与理论预测相反,意大利的工业化速度是相对缓慢的。对这一现象的研究能够揭示为何政府的干预会产生不同的结果。总的来说,意大利符合滞后发展的模式,其包括以下几个特征:工业生产者之间存在垄断契约、投资银行试图组织经济活动、政府援助大量补贴和关税保护。但是格申克龙发现,意大利与其他国家的工业化滞后发展的模式有所不同,因为消费品(尤其是纺织品)对于国家经济发展的支持作用比其他国家更突出,关税保护所产生的负面影响也相对更大。[2] 政府干预并非仅有正面影响,而是一把双刃剑。

把意大利作为一个反面案例进行分析,能够展示反面案例分析

---

[1] Alexander Gerschenkron, *Eonomic Backwardness in Historical Perspective: A Book of Essays*, Cambridge: Belknap Press of Harvard University Press, 1962; 相关观点另见 Peter Evans & John D. Stephens, "Studying Development Since the Sixties: The Emergence of a New Comparative Political Economy", *Theory and Society*, Vol. 17, No. 5, pp. 713-745; James R. Kurth, "Industrial Change and Political Change: A European Perspective", in David Collier (ed.), *The New Authoritarianism in Latin America*, Princeton: Princeton University Press, 1979, pp. 319-362.

[2] James Kurth, "Industrial Change and Political Change: A European Perspective", in David Collier (ed.), *The New Authoritarianism in Latin America*, Princeton: Princeton University Press, 1979, pp. 319-362.

法促进理论发展的作用机制。尤其是赫希曼（Albert Hirschman）还将格申克龙的观点扩展到对于后发国家和更后发国家的差异比较中。赫希曼认为，格申克龙关于后发国家的看法实际上无法应用到更为后发的国家中。尽管后发国家和更后发国家之间有相同点，比如工业生产者之间存在垄断契约、投资银行进行直接干预、政府通过补贴和关税制度提供大量援助等，[①] 但它们之间也有重要区别。尤其是工业化发展更为滞后的国家往往会关注能够促进国内市场的轻型消费品，因为这些国家取得进口消费品的机会有限。工业化滞后国家的发展往往是迅猛的，但工业化更为滞后的国家则发展缓慢。[②] 因此库尔斯（James Kurth）认为赫希曼关于更滞后工业化发展的观点与格申克龙关于滞后工业化发展的观点不同，这种不同好比意大利与其他欧洲滞后发展的国家之间的不同。意大利以及西班牙和葡萄牙的发展轨迹与拉丁美洲的更滞后工业化发展的国家更为相似。[③] 在意大利和拉美地区，工业化的进程更缓，这些国家更加重视轻工业的发展，关税所产生的负面影响更大。意大利和这些更为后发国家的政府实际上阻碍了经济的发展。相比之下，后发国家的政府则推动了工业化的发展。赫希曼发展了关于国家干预的观点，以区分进口替代型的工业化发展和出口导向型的工业化发展模式。他认为在扶持进口替代工业生长萌芽之时，国家发挥着重要作用。然而从长期看，这些保护反而是有害的，因为它们阻止了国家经济从进口替代转向出口导向型增长。政府在拉美式的进口替代工业化和东亚式的

[①] James Kurth, "Industrial Change and Political Change: A European Perspective", in David Collier (ed.), *The New Authoritarianism in Latin America*, Princeton: Princeton University Press, 1979, p. 323.
[②] Albert Hirschman, "The Political Economy of Import-Subsituting Industrialization in Latin America", *The Quarterly Journal of Economics*, Vol. 82, No. 1, 1968, pp. 8-9.
[③] James Kurth, "Industrial Change and Political Change: A European Perspective", in David Collier (ed.), *The New Authoritarianism in Latin America*, Princeton: Princeton University Press, 1979, p. 323.

出口导向工业化之中所应该扮演的角色一直饱受争议。①

有趣的是，这里并未严格地运用求异法，因为意大利和其他工业化发展滞后国家之间的特征有两个（而非一个）重要差异，即消费品的作用和关税。此外，严格来说，欧洲发展的不同案例不具有可比性，因为任何国家的发展都依赖于他国的工业化进程。② 格申克龙的思想通过赫希曼、库尔斯和关于拉美与东亚经济发展差异的大量研究得到了进一步发展，最终形成与拉卡托斯研究范式十分相似的模式。经济发展的理论通过对反常案例的比较得到了扩展。尽管有些国家被当作单个案例进行分析，但它们依然处在一个广阔的理论框架中，研究者以此探析国家是如何偏离理论的既定预测的。将格申克龙、库尔斯和赫希曼的研究作为一个整体，我们能够看出反面案例分析法的另外一个重要特点，这对欧洲工业化滞后发展案例（意大利、西班牙和葡萄牙）的分析极具启发性。这些案例为理论发展提供了绝佳的机会和有力的比较研究，并为当代后殖民国家的发展提供了很好的历史参照，而非仅仅是早期（英国）或晚期（德国）成功发展的例子。

---

① 例子可参见 Bela Balassa, "Exports and Economic Growth: Further Evidence", *Journal of Development Economics*, Vol. 5, No. 2, 1978, pp. 181-189; Bela Balassa, "The Lessons of East Asian Development: An Overview", *Economic Development and Cultural Change*, Vol. 36, No. 3, 1988, pp. 273-290; Richard E. Barrett & Soomi Chin, "Export-Oriented Industrializing States in the Capitalist World System: Similarities and Differences", in Frederic C. Deyo (ed.), *The Political Economy of the New Asian Industrialism*, Ithaca: Cornell University Press, 1987; Neng Liang, "Beyond Import Substitution and Export Promotion: A New Typology of Trade Strategies", *The Journal of Development Studies*, Vol. 28, No. 3, 1992, pp. 447-472; Ching-yuan Lin, "East Asian and Latin America as Contrasting Models", *Economic Development and Cultural Change*, Vol. 36, No. 3, 1988, pp. 153-197; James E. Mahon, "Was Latin America too Rich to Prosper? Structural and Political Obstacles to Export-Led Industrial Growth", *The Journal of Development Studies*, Vol. 28, No. 2, 1992, pp. 241-263; William I. Wilbur & Mohammed Z. Haque, "An Investigation of the Export Expansion Hypothesis", *The Journal of Development Studies*, Vol. 28, No. 2, 1992, pp. 297-313。

② Alexander Gerschenkron, *Eonomic Backwardness in Historical Perspective: A Book of Essays*, Cambridge: Belknap Press of Harvard University Press, 1962, p. 41.

四、结论

　　本文提出了一个"反面案例分析法"的概念。这种研究方法适用于事件结果与理论假设结果不符的案例。反面案例分析法能够促进拓展社会学理论内容，反面案例中的否定，即预期结果与理论假设之间存在的鸿沟，以及对经验性论据的详尽探析扩大了理论的解释范围。反面案例分析法将求异法与反常案例分析法结合起来，在一个较为松散的演绎性框架内重构二者。反面案例分析法能够嵌入到拉卡托斯的后经验主义哲学框架中，在这一框架下，反面案例分析法对理论发展的作用至关重要，正是因为存在那些与理论不符的反常案例，才导致了理论解释范围的拓展。相比之下，"落后的"研究只将反常案例当做例外不予讨论。

　　文中列举了两个关于欧洲发展的例子来阐释反面案例分析法是如何发挥作用的。笔者认为，关于欧洲经济发展滞后的一系列反面案例能够为研究者提供更有价值的历史参考并消除研究中的一些偏见。对正面案例（即经济发展如期发生了的案例）的关注表明，一旦具有某些前提条件，资本主义自然而然地就会发展起来，或者在没有外生因素施加影响的条件下必然会促进经济增长。此外，对于欧洲成功案例的前提条件的过度关注会导致文献中出现"西方偏见"，因为它表明，想要成功就必须复刻这些前提条件。相比之下，关注反面案例则帮助研究者更轻松地区分出历史发展进程中对结果至关重要和无关紧要的因素。

　　反面案例分析法能够通过两个例子得以展现。第一是埃玛尔将反面案例分析法应用于对"意大利经济向资本主义转型滞后"的分析中。因为根据理论预测，意大利的经济会相对较早并迅猛地向资本主义过渡，但实际并没有发生。埃玛尔讨论了马克思主义理论的诸多版本，认为其均无法解释转型滞后的原因。他最终认可的解释勾画出意大利内部二元结构关系对经济转型的影响。这一问题能够通过对马克思主义非平衡发展或不平等交换的理论的再思考进一步推进理论化。

同样，格申克龙关注意大利相对滞后的工业化进程，并且得到了库尔斯和赫希曼的进一步拓展，最终形成了反面案例分析法的另外一个例子。按照格申克龙的假设，迅猛的工业化应该是滞后发展工业化的国家所共有的特点。总的来说，意大利的经济变化符合这种滞后工业化发展的假设，因为其中能够看到很多滞后工业化国家的典型特征。但是格申克龙也发现，意大利偏离了滞后工业化发展的模式，因为当工业化发展时，相比于其他工业化滞后发展的国家而言，意大利的消费品（尤其是纺织品）的作用更突出，且关税保护具有不利影响。赫希曼拓展了这些观察，深入讨论更滞后的工业化发展模式。他认为，国家干预在工业化滞后发展的国家具有消极影响，因为从进口替代型的工业化模式转向出口主导模式本身就十分艰难。进口替代和出口导向的工业化之间的差异催生了大量关于拉美和东亚经济发展的研究。因此笔者认为，反面案例分析法能够为此理论的发展提供一个重要的工具。

[责任编辑：傅聪聪]

The Power of Negative Thinking: The Use of Negative Case Methodology in the Development of Sociological Theory

Rebecca Jean Emigh

Abstract: Negative case methodology is a research method that combines the method of difference and deviant case analysis, which is mainly applied in cases where the hypothesized outcome is absent. Embedding the negative case methodology into Lakatos's post-empiricist philosophy of science, the paper argues that this methodology plays an important role in enlarging the context of sociological theory. To illustrate the usage of this methodology, the paper takes two studies about European development as examples, Aymard's research on the delayed transition to capitalism in Italy and Gerschenkron's analysis of the late industrialization in Italy. This paper finds that research using the negative case methodology focuses on more valuable historical events and eliminates the bias caused by only focusing on the positive cases, the cases of economic development that occurred as expected, or Western cases. Meanwhile, the methodology helps researchers distinguish crucial historical events from irrelevant subjects in historical development.

Keywords: case study research, negative case, deviant case, comparative sociology

Introduction: Since the development of behaviorism in the 1960s to verify theories using empirical data from large-scale questionnaires, the mainstream of every social science discipline began to emphasize the scientific approach. In this context, the discipline of area studies, in which fieldwork is the primary research method, has been constantly under pressure from within the discipline of scientific research methods. For many scholars doing area studies, a recurring problem is incorporating single-country research into the mainstream theoretical discourse within the discipline and providing scientific legitimacy to research methods based on single-country fieldwork. The article by Rebecca Jean Emigh provides a valuable exploration of this issue. She proposes that negative case methodology, which applies to cases without hypothesized outcomes, is an effective research method for scholars in the discipline of areas studies, especially for the work related to the theoretical discussion. She further points out that if the gap between the expected outcome and the theoretical explanation is large, the detailed analysis of a single case can lead to the development of the content of the sociological theory. While many consider the use of individual cases as a shortcoming of the research method, Emigh argues that it is precisely an advantage because the single-case analysis aims not to prove the possibility of generalizing a theory but to promote the theory's range of explanations and help researchers distinguish important events, processes, structures, and patterns from the unimportant ones. The negative case methodology has particular value for area studies that often use theoretical frameworks based on the historical experience of developed countries to analyze developing countries.

by Bai Gao, Department of Sociology, Duke University, USA

《田野调查》征稿启事

一、刊物简介

《田野调查》(*Tsinghua Journal of Field Research*)是由清华大学国际与地区研究院主办、商务印书馆出版的中文学术集刊,每年出版两辑。本刊旨在以兼具现场感和纵深感的实地调研为基石,反思既有学科、主题的田野研究方法和理论,在注重基础性和多样性的田野研究中探索区域国别研究的长远发展路径,为架构区域国别学交叉学科奠定方法论基础。本刊以推动田野调查的系统性和创新性研究为主要目标,致力于为国内外学者提供一个田野对话和经验反思的平台。

《田野调查》的办刊方向定位于区域国别研究方法论型集刊,关注并探讨区域国别研究中的田野调查与多学科发展、田野调查的理论与方法、田野调查的伦理以及田野调查的案例研究等方面,优先考虑学理性研究,倡导田野调查在学科属性和研究方法上的多样性,围绕特定主题刊发多学科、多国别或跨地区视角下的田野调查方法论的原创性学术论文,为辨析、论证和提炼田野调查相关的认识论和方法论问题提供思想引领,促进具有更高学术价值的创新性研究。

《田野调查》创刊号于2023年夏季出版,现正筹备第二辑,热诚欢迎海内外学界同仁投寄稿件或推荐优秀作品。为确保用稿的公正性和客观性,本刊采用国际通行的匿名评审制度,以保证所刊文章能为田野调查研究作出切实的学术贡献。

二、稿件要求

1. 本刊主要刊登与田野调查相关的方法论或实证研究类文章、研究述评，适当刊载翻译国内外已公开发表的文章（含书籍章节、网络首发期刊文章）。

2. 来稿一般应为具有一定学理性的原创性研究论文，正文应包含研究问题、文献回顾和结论，文章应做到问题明确、语言流畅、论证合理、逻辑清晰，符合本刊的内容定位要求。

3. 原创性学术论文来稿请附中英文标题、中英文摘要、中英文关键词、作者简介及项目信息。中文摘要字数在500字以内为宜，应充分体现文章的核心观点和创新之处。关键词3—5个，应高度概括文章内容及核心观点。作者简介应包括所有作者的姓名、二级工作单位、职务或职称、主要研究领域以及通讯作者的联系电话和电子邮箱。基金项目须提供项目名称及编号。

4. 研究述评类来稿，除正文外，仅需提供作者的二级工作单位、职务或职称以及通讯作者的联系电话和电子邮箱。

5. 稿件正文体例及注释方法，以《〈田野调查〉正文体例及注释方法》为准。

6. 字数要求（含注释）：中文学术论文以15 000—20 000字为宜，英文学术论文以7000—9000词为宜。

7. 为保证印刷效果，图片需尺寸合适并清晰（分辨率为600dpi的tif格式图片，或可编辑的矢量图）。

三、说明

1. 本刊采用国际通行的双盲匿名评审制度。坚决杜绝剽窃、抄袭等各类学术不端行为，请勿一稿多投。

2. 稿件中的观点不代表本刊观点，请作者自负文责。

3. 本刊拟许可中国知网等网络知识服务平台以数字化方式复制、汇编、发行、信息网络传播本刊全文。

4. 稿件一经采用，本刊即享有中文版权，版权归清华大学国际与地区研究院和商务印书馆所有。

5. 本刊唯一投稿渠道为 fieldresearch@tsinghua.edu.cn。来稿时，正文请提交 Microsoft Word 文档，同时提交一份作者个人信息文档。本刊收到来稿后，会及时向作者发出收稿通知。若投寄本刊 3 个月内未收到用稿通知，作者可自行处理。

图书在版编目(CIP)数据

田野调查. 第 1 辑 / 毕世鸿,张静,高柏主编. —北京：商务印书馆,2023
ISBN 978-7-100-22574-8

Ⅰ.①田… Ⅱ.①毕…②张…③高… Ⅲ.①社会调查—丛刊 Ⅳ.① C915-55

中国国家版本馆 CIP 数据核字（2023）第 099779 号

权利保留，侵权必究。

田野调查
（第 1 辑）
毕世鸿　张　静　高　柏　主编

商 务 印 书 馆 出 版
（北京王府井大街 36 号　邮政编码 100710）
商 务 印 书 馆 发 行
北京虎彩文化传播有限公司印刷
ISBN 978-7-100-22574-8

| 2023 年 10 月第 1 版 | 开本 710×1000 1/16 |
| 2023 年 10 月北京第 1 次印刷 | 印张 15 |

定价：98.00 元